M. DE MONTALEMBERT

EN FRANCHE-COMTÉ,

PAR

M. L'ABBÉ BESSON,

SUPÉRIEUR DU COLLÉGE SAINT-FRANÇOIS-XAVIER.

> Nous parlerons surtout de cette pauvre Comté, qui s'en va comme tout le reste, mais dont il reste assez pour que je me sente tout-à-fait enclin à dire comme votre héros, le président Boyvin : « Toute mon ambition se termine à vouloir estre » tenu pour naïf et véritable Franc-Comtois. »
>
> *(Lettre de M. de Montalembert à M. le président Clerc.)*

BESANÇON,

TURBERGUE, LIBRAIRE-ÉDITEUR,

Rue Saint-Vincent, 33.

1872.

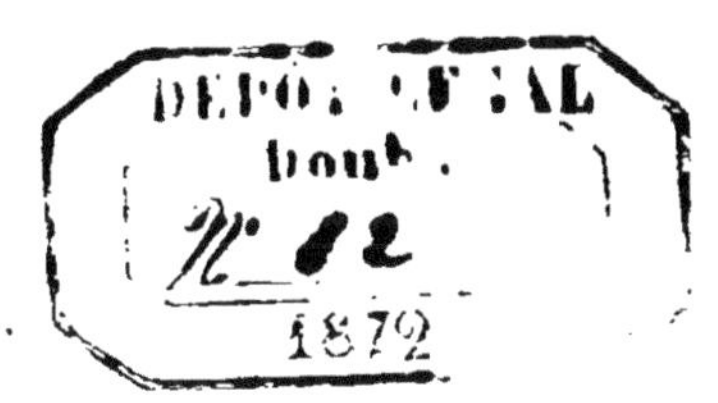

M. DE MONTALEMBERT

EN FRANCHE-COMTÉ.

BESANÇON, IMPRIMERIE DE J. JACQUIN.

M. DE MONTALEMBERT

EN FRANCHE-COMTÉ,

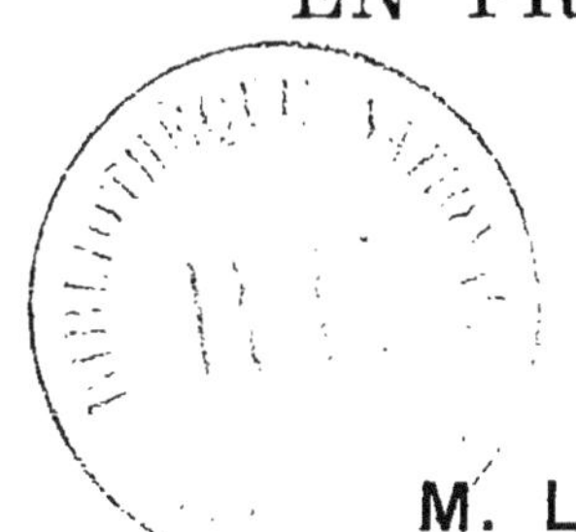

PAR

M. L'ABBÉ BESSON,

SUPÉRIEUR DU COLLÉGE SAINT-FRANÇOIS-XAVIER.

> Nous parlerons surtout de cette pauvre Comté, qui s'en va comme tout le reste, mais dont il reste assez pour que je me sente tout-à-fait enclin à dire comme votre héros, le président Boyvin : « Toute mon ambition se termine à vouloir estre » tenu pour naïf et véritable Franc-Comtois. »
>
> *(Lettre de M. de Montalembert à M. le président Clerc.)*

BESANÇON,

TURBERGUE, LIBRAIRE-ÉDITEUR,

Rue Saint-Vincent, 33.

1872.

Ce travail, imprimé il y a un an par les *Annales franc-comtoises*, ne devrait pas porter d'autre nom que celui de l'homme célèbre qui en est l'objet. L'auteur qui l'a signé n'est qu'un humble metteur en pages. Il s'est donné la tâche de recueillir les lettres adressées par M. de Montalembert à des Franc-Comtois, et de les relier ensemble par quelques phrases explicatives sur les événements du pays, déjà si oubliés, et sur les impressions du temps, si diverses et si fugitives.

Cette tâche avait ses charmes dans les tristes circonstances au milieu desquelles elle a été entreprise. La Franche-Comté était envahie, Besançon bloqué et toujours à la veille d'une surprise, d'un siége ou d'un incendie, la France aux mains de ses ennemis et plus incertaine que jamais de ses destinées. Parmi de telles préoccupations et de telles douleurs, il y avait une secrète consolation à s'entretenir avec un si illustre mort, et on reprenait, en le lisant, espérance et courage. Je n'ai point effacé les lignes qui se rapportent à ces graves conjonctures. Elles doivent garder l'empreinte de leur date et la trace de nos larmes.

La grande publicité n'est pas faite pour un tel recueil. Il y a dans les lettres et les conversations de M. de Montalembert en Franche-Comté un abandon plein d'attrait, une simplicité mêlée de grandeur, qui ne peuvent être compris et goûtés que dans l'intimité même, et surtout au milieu de nos sites et de nos sapins. Ceux qui liront cet ouvrage feront, pour le comprendre, une part à l'amitié, comme nous faisons un appel à leur confiance. Les souvenirs, les livres, les hommes de notre province, ont leur prix, mais il ne faut guère les séparer de leurs franches et religieuses montagnes. Ce sont des portraits et des tableaux qui perdraient leur vie si on les transportait sous un autre ciel et dans un autre cadre.

Un poëte comtois, dont le nom revient plusieurs fois et toujours avec honneur sous la plume de M. de Montalembert, M. Edouard Grenier, ayant fait tenir à M. Vitet, de l'Académie française, la première édition de ce livre, en a reçu la réponse suivante, qui servira de préface et d'excuse à la seconde.

« Versailles, 23 mai 1871.

» Voilà huit jours, Monsieur, que j'ai reçu votre aimable lettre, suivie le lendemain du travail de M. l'abbé Besson. J'avais dessein de vous remercier plus tôt de l'un et de l'autre ; deux causes m'en ont empêché, deux causes très différentes : d'abord je suis souffrant, très souffrant depuis tout à l'heure trois semaines ; une grippe obstinée me retient à la chambre, loin de l'Assemblée, de tous mes travaux, de tous mes devoirs, et ce m'est encore presque une fatigue que de tenir la plume ; puis à cette cause de retard s'en est jointe une seconde de tout autre nature : j'ai jeté les yeux sur ce récit *comtois*, seulement pour pouvoir vous dire que j'en avais lu quelque chose ; mais pas du tout, il m'a pris et si bien pris qu'il ne m'a pas lâché jusqu'à ce que je sois arrivé à la dernière page. J'ai la passion de l'histoire générale vue et racontée d'un observatoire provincial. Les choses qu'on sait le mieux prennent ainsi, à ce point de vue localisé, une physionomie nouvelle. Le récit de M. l'abbé Besson ne m'apprenait rien de nouveau sur l'homme incomparable que nous avons perdu, ni sur son caractère, ni sur aucun des faits importants de sa vie; mais ces détails franc-comtois éclairent cette noble figure d'une lumière vraiment particulière, et lui prêtent des charmes que je ne lui connaissais pas. Tout ce petit intérieur d'élite où vous prenez si bien votre juste part, où M. l'abbé Besson joue un si noble rôle, et Mlle de Saint-Juan un si charmant personnage, tout cela fait un tableau hollandais exquis, d'une excellente harmonie, d'une touche fine, délicate, et sur lequel ces lumineuses et onctueuses lettres de Montalembert jettent un incomparable éclat. Faites, je vous prie, à l'auteur de cette œuvre attrayante mes plus sincères remercîments et félicitations . . . . .

» L. VITET. »

M. DE MONTALEMBERT

EN FRANCHE-COMTÉ.

Je ne crois pas qu'il soit jamais trop tôt de parler des morts dans le pays qu'ils ont illustré par leur vie et par leurs écrits. Dès qu'ils nous ont quittés, leurs contemporains doivent leur payer un juste tribut de louanges, qui, mêlé à des larmes sincères, est déjà comme un premier jugement. Nous ne nous flattons pas de juger sans appel ; mais nous avons le droit, peut-être le devoir de dire très haut ce que nous pensons sur ceux dont l'éloquence nous a ravis, dont la vaillance nous a entraînés, dont la vie a été pour les autres un perpétuel encouragement à la foi, à la vertu et à l'honneur.

Ces réflexions s'appliquent surtout à M. de Montalembert, parce qu'il a tous ces titres ensemble à notre reconnaissance et à notre admiration. Encore ne puis-je essayer qu'une esquisse imparfaite et hâtive d'un côté de sa vie et de son caractère. Ce grand homme appartient, par sa gloire et par ses ouvrages, à tout l'univers ; par son rôle politique, à l'histoire même de notre France ; par son influence et ses services, aux annales de l'Eglise. Voyageur, l'Angleterre, l'Allemagne, la Suède, l'Italie, l'Espagne, l'ont possédé et retenu tour à tour, et il a laissé partout de nobles et grandes impressions. La Belgique et la France ont eu la meilleure part de sa carrière militante. Il passait d'habitude l'hiver et le printemps à Paris, mais il partageait son été et son automne entre la Bourgogne et la Franche-Comté. Citoyen du monde, il se sentait partout à l'aise, partout chez lui, en qualité de catholique. Il n'en éprouvait pas moins pour les deux provinces qu'il avait épousées, pour la Comté surtout, cette affection vive, étroite, vraiment tendre, qui caractérise nos montagnards. Il s'était planté, pour ainsi dire, au milieu de nos sapins, se faisant une joie de les revoir et comme un honneur d'en parler. C'est M. de Montalembert en Franche-Comté que je voudrais peindre. Il nous a laissé des lettres qui aideront singulièrement à cet ouvrage ; mais les circonstances ne m'ont pas permis de réunir tous les documents de mon sujet. Avec un présent si douloureux, avec un avenir si incertain, qui songe à la veille, qui regarde encore vers le passé ? Hâtons-nous cependant, le temps presse :

Qui sait si nous serons demain ?

Il y a d'ailleurs je ne sais quel charme et quelle secrète consolation, au milieu de nos ennuis, à converser encore avec cet illustre mort. Une si grande âme, une âme si française, n'a point été séparée à jamais de tout ce qu'elle aimait. Dans le monde invisible et lumineux qu'elle habite, elle pense à nous, elle nous écoute, elle hâte par ses prières le jour de notre délivrance, et nous avons la confiance que Dieu, qui l'a déjà sans doute récompensée de ses rares mérites, sera sensible à son intercession pour sa patrie.

Cette étude se divise en trois périodes bien distinctes, qui embrassent toute la vie de l'illustre orateur. La première s'étend de 1829, date à laquelle il vint en Franche-Comté pour la première fois, jusqu'en 1848, date de son élection à l'Assemblée constituante. La seconde, de 1848 à 1857, comprend les neuf années durant lesquelles il a représenté notre département dans les assemblées législatives. Devenu simple citoyen, de 1857 à 1870, il est demeuré aussi fidèle à la Comté dans les jours de la disgrâce et de l'oubli que dans les jours de la confiance et du triomphe. Quand il eut cessé d'être député du Doubs, il ne cessa pas de fréquenter et d'aimer nos montagnes, en nous donnant de nouvelles preuves de sa bienveillance et de son amitié.

I.

1829-1848.

Charles-Forbes-René, comte de Montalembert, naquit à Londres le 29 mai 1810. Son père appartenait à une vieille maison de la Saintonge dont les premiers faits d'armes remontent jusqu'aux croisades. Sa mère, issue d'une ancienne famille écossaise, celle des lords Forbes, était Anglaise de naissance et anglicane de religion. Pendant sa première enfance il ne parla qu'anglais ; on sait que le sang de la libre et fière Albion, qui coulait dans ses veines, s'est trahi, pendant toute sa vie, par une vive admiration pour les caractères et les institutions d'outre-Manche. Son père, ramené en France par la Restauration, fut appelé par Louis XVIII à occuper un siége à la chambre haute, et sa jeune famille reçut une éducation française. Charles était l'aîné. Il avait douze ans quand il eut la consolation de voir sa mère abjurer le schisme entre les mains du cardinal de Latil. Ici commencent ses premières relations avec la Franche-Comté. Ce fut un prêtre comtois, d'une sainte vie et d'une grande mémoire, M. l'abbé Busson, qui lui parla le premier de notre province et qui lui fit apprécier le caractère de nos montagnards. M. l'abbé Busson, professeur de théologie au séminaire des Missions-Etrangères, avait gagné, sans y prétendre, la confiance intime de tout le faubourg Saint-Germain ; il était le confesseur des plus hauts personnages et se trouvait mêlé à tous leurs intérêts spirituels. Madame de Montalembert lui demanda des explications sur quelques points de nos croyances encore obscures pour elle. Cette circonstance providentielle décida de la foi de son fils et en fit un soldat de l'Eglise. « Je me rappelle très bien, dit M. de Montalembert, que ce fut en écoutant et en transcrivant de ma main d'enfant les éclaircissements réclamés par ma mère, que je fus porté à réfléchir pour la première fois aux preuves historiques de la religion et à prendre du goût pour ce genre d'études (1). » Ce fut M. l'abbé de la Bourdonnaye, alors directeur du catéchisme de Saint-Thomas d'Aquin, qui l'instruisit et le prépara à sa première communion ; mais M. l'abbé Busson était déjà son confesseur, et il l'a été tant qu'il est resté à Paris.

« Tous les mois, dit-il, j'allais, avec mon frère Arthur (2), aux Missions-Etrangères, me confesser à

(1) Lettre à M. l'abbé Besson, 28 septembre 1861.

(2) Le comte Arthur de Montalembert, page du roi Charles X en 1829, entra au service militaire en 1831 ; fait colonel du 1er régiment de chasseurs d'Afrique après la bataille de Solférino, il est mort pendant la campagne du Maroc, en novembre 1859. Il était resté profondément imbu des enseignements que lui avait prodigués dans son enfance M. l'abbé Busson, avec une paternelle sollicitude. Il en a donné la meilleure preuve dans le dernier ordre du jour adressé à son régiment, décimé par la maladie qui, quelques jours plus tard, devait enlever le colonel :

« Mes braves chasseurs ! nous sommes tous éprouvés par Dieu ; ayez

M. l'abbé Busson. Des prêtres vénérables, de grandes dames, les principaux personnages de la cour, venaient, comme nous, s'agenouiller à ses pieds et y déposer le fardeau de leur conscience. C'était le confesseur à la mode ; mais quand j'y réfléchis et que je me demande d'où venait cette vogue, en vérité je n'y peux voir que l'ascendant même d'une sainteté reconnue et admirée de tout le monde. Il n'avait ni un nom brillant ni des fonctions élevées ; son abord était plus sévère qu'avenant ; et, malgré cela, on le préférait aux autres. Jamais le moindre soupçon n'a effleuré sa vertu ; jamais la plus légère critique ne s'est exercée sur sa vie; on oubliait tout, sa jeunesse, son air mêlé en apparence de rudesse et d'austérité, pour ne voir en lui que le prêtre. C'était le prêtre, et rien que le prêtre dans toute sa simplicité et dans toute sa grandeur. »

Le comte de Montalembert appartenait au parti libéral qui s'était formé dans la chambre des pairs ; mais il servait avec une grande loyauté et une distinction rare le gouvernement de la Restauration. Ministre plénipotentiaire à Stuttgard sous Louis XVIII, à Stockholm sous Charles X, il emmena son fils d'abord en Allemagne, puis en Suède, et lui fit commencer de bonne heure dans les cours du Nord l'ap-

» confiance et priez, il n'abandonnera pas le 1er chasseurs d'Afrique.
» Mettons toute notre confiance en lui, et s'il y en a qui succombent,
» qu'ils n'oublient pas qu'en mourant ils remplissent une mission, qu'ils
» sont des martyrs et qu'ils iront au ciel. Si votre colonel doit être du
» nombre, n'oubliez pas non plus qu'il priera pour vous. En attendant,
» bravons la mort, c'est notre métier, et que le découragement ne nous
» gagne pas. Dieu sait bien ce qu'il fait pour ses enfants.

» Votre colonel, MONTALEMBERT. »

prentissage de la politique et des voyages. Charles, bien loin d'oublier M. l'abbé Busson, lui écrivait souvent et le consultait en toute chose. Voici la réponse qu'il reçut de ce vénérable ecclésiastique, pour qui son âme était, comme elle fut envers tout le monde, d'une franche et complète ouverture :

« Quant à vous, marchez sans dévier dans la route que vous avez prise. Elle est sûre, cette route, elle vous conduira au terme désiré. Vous entendez ce que je veux dire. Craignez toujours Dieu. Evitez avec soin tout ce que votre conscience, je dis votre conscience avec toute sa délicatesse, vous montrera comme coupable. Ne donnez dans aucun extrême; gardez toujours en tout le juste milieu, que choisit de préférence une vertu éclairée. Même dans les opinions purement spéculatives, il est rare que le milieu ne soit pas plus vrai que les extrêmes. L'éclectisme est en tout ce qu'il y a de plus rationnel, et l'éclectisme, presque toujours, consiste à réunir les extrêmes dans le milieu en rapprochant ce qu'ils ont de bon et de vrai et en rejetant tout le reste. Aimez vos parents, respectez-les. Rien, cher Charles, ne pourrait, comme vous le savez, vous autoriser à manquer à ces devoirs. Priez bien et souvent. Examinez souvent votre conscience et travaillez sans relâche à vous rendre meilleur. Il me semble que je puis vous dire avec Jésus-Christ : *Faites tout cela, et vous vivrez....*

» Quand vous recevrez ma lettre, vous saurez déjà, cher Charles, que j'ai été nommé secrétaire général du ministère des affaires ecclésiastiques. Plusieurs personnes m'en félicitent, d'autres m'en témoignent du regret. Quoi qu'il en soit, je tâcherai d'y faire le bien, si je le puis; dans le cas contraire, j'adorerai les desseins de Dieu, et n'en attendrai pas moins la récompense due aux bonnes intentions. Cette carrière est tout à fait nouvelle pour moi ; aussi suis-je bien novice. On y est occupé du matin au soir. A peine si j'ai le temps de faire les autres choses que le devoir commande (1). »

Quelques mois après, M. l'abbé Busson donnait à Charles deux lettres de recommandation pour l'Angleterre, accompagnées du billet suivant :

« Voilà, cher Charles, deux lettres pour deux personnes infiniment recommandables, auxquelles je crois pouvoir vous adresser à Londres pour obtenir les renseignements que vous demandez. En leur présentant ces lettres, assurez-les, je vous prie, *vivâ voce*, de tout mon attachement pour elles. Ce sera pour moi le *bis repetita placent*.

» J'ai oublié dans ma lettre de vous dire d'offrir mes hommages et mes amitiés à Mme de Montalembert; je répare cet oubli. Mes plus tendres affections à la petite Elisa. Quand même l'adjectif *petite* ne lui conviendrait plus au physique, il lui conviendrait toujours dans mon cœur. Je l'aime toujours comme quand elle était petite. »

La charmante enfant que saluait ainsi le prêtre comtois, mourut l'année suivante, et ce fut dans cette circonstance que Charles de Montalembert vint pour la première fois à Besançon. Sa sœur avait été atteinte, sous le climat du Nord, d'une langueur pour laquelle on lui avait ordonné l'air et le soleil d'Italie. Elle fut

(1) Lettre de M. l'abbé Busson. Paris, 24 novembre 1828.

confiée aux mains de Charles, qui la conduisit à petites journées à travers l'Allemagne et gagna, non sans de vives appréhensions, la route de Strasbourg. Mais, arrivée à Besançon, la jeune malade était désormais incapable de supporter la fatigue du voyage. La tendresse et les soins affectueux de son frère ne purent la sauver. Elle mourut à l'hôtel de France le 3 octobre 1829, et fut enterrée le surlendemain dans notre cimetière. Charles de Montalembert a pleuré jusqu'à la fin de sa vie cette petite sœur, dont il avait reçu le dernier soupir. Il lui fit élever un monument, et il le visita pendant quarante ans avec une piété touchante, dont l'exemple devient plus rare chaque jour. S'il passait à quelque distance de Besançon, il se détournait de sa route pour revoir cette tombe si chère. Dans les rapides séjours qu'il fit au milieu de nous, sa sœur eut toujours sa première et sa plus longue visite. Il lui portait des fleurs et des prières, et en sortant du cimetière, il allait recommander son âme au curé de Bregille. M. l'abbé Busson fut encore ici son principal consolateur. Il lui écrivit, avec l'accent de la condoléance et de l'intimité (1) :

« Cher Charles, je suis au désespoir d'être obligé de quitter Paris pour quelques jours. J'aurais aimé dans cette circonstance malheureuse remplir les devoirs de l'amitié que je vous porte. Pleurer avec vous, vous consoler, compatir à toutes vos douleurs, nous entretenir ensemble de ce que vous avez perdu, eût été tout à la fois doux et pénible à mon cœur. Il y a trois jours

(1) Lettre de M. l'abbé Busson à M. de Montalembert, le 12 octobre 1829.

seulement que je sais votre malheur. Nous vous attendions plus tôt. Aussitôt que je serai de retour, je vous verrai, je vous embrasserai. Que la piété, la foi, soient votre consolation. Pauvre petite ! elle vous regarde du haut du ciel avec amour. Elle jouit à la fois de vos regrets, de votre résignation et du pouvoir qu'elle a de vous être utile. Priez pour elle, mais en même temps adressez-lui aussi vos prières.

» Je vous embrasse tendrement. »

La révolution de 1830 surprit M. de Montalembert à Stockholm, et M. l'abbé Busson à Paris. Mais le jeune vicomte ne tarda pas à quitter la Suède, et, au lieu de revenir directement en France, il se rendit en Irlande, d'où il continua sa correspondance avec son vénérable directeur. Voici la réponse que lui fit M. l'abbé Busson :

« J'ai reçu, mon bien cher ami, la lettre que vous m'avez écrite de Dublin, en date du 13 du courant. Je me réjouis avec vous de vous voir enfin arrivé dans ce pays que vous aviez un si vif désir d'étudier. Vous en rapporterez sans doute de nombreuses observations et un fonds de richesses que vous saurez exploiter au profit de notre patrie. Que j'aime à vous voir persévérer dans les sentiments religieux qui remplissent votre âme depuis longtemps ! La religion de Jésus-Christ aura besoin de défenseurs désormais, comme dans les siècles antérieurs. Vous compterez dans leurs rangs. Les combats que vous livrerez pour elle seront votre gloire et contribueront à son triomphe. Quelle joie pour moi, cher ami, si l'on peut dans tous les temps dire de vous : *Erat lucerna ardens et lucens.*

» Le journal de M. l'abbé de Lamennais n'a pas encore paru. La publication ne doit dater que du premier du mois prochain. Le titre en est heureusement choisi. L'ouvrage, je l'espère, y répondra. La main qui en dirigera la rédaction est exercée. Les idées qu'on y exprimera ne seront, j'ai lieu de le croire, ni étroites ni surannées; elles seront larges, universelles comme les besoins de l'époque, et propres à raffermir bien des convictions ébranlées dans l'ordre politique et dans l'ordre religieux. Si l'on suit cette ligne dans la composition de cette nouvelle feuille périodique, elle peut faire beaucoup de bien; mais *si l'esprit de système venait à s'y mêler*, ce qu'à Dieu ne plaise, ce ne serait qu'une source de plus de disputes, de discordes même, d'agitation et de haines. »

M. l'abbé Busson termine par ces réflexions, bien dignes d'être comprises du noble cœur à qui il s'adressait :

« Ne cherchons pas trop à fuir la croix. Elle doit être, et elle sera toujours notre partage. Nous n'avons en cela que la liberté du choix, et cette liberté, le mieux, le plus sûr est de n'en pas faire usage. Dieu seul sait avec certitude ce qui nous convient, et les épines que lui-même a semées sur notre route sont toujours celles qui ensanglantent le moins nos pas. Soyez heureux, cher ami, soyez fort, soyez généreux, acquérez de la gloire, mais une gloire pure et vertueuse. C'est celle des grandes âmes, c'est la récompense des sentiments élevés et magnanimes (1). »

Quelques jours après, Charles de Montalembert

(1) Lettre de M. l'abbé Busson à M. de Montalembert, le 24 septembre 1830.

rentrait à Paris, mais M. l'abbé Busson en sortait pour aller achever à Holy-Rood l'éducation religieuse de Mademoiselle et la préparer à sa première communion. Le prêtre qui avait refusé plusieurs fois l'épiscopat à la cour de Charles X, ne refusa point d'aller partager l'exil du roi détrôné et de se faire le catéchiste de la fille du duc de Berry. Il laissa en partant ce billet à son cher Montalembert :

« Je pars avec bien du regret sans voir mon bon Charles de retour de son voyage. J'espère revenir dans quelques mois ; alors nous causerons ensemble et nous renouvellerons notre ancienne amitié.

» Je suis si pressé que je ne puis dire à Charles qu'une seule chose, savoir que je l'aime, que je l'embrasse, que je lui souhaite toute sorte de prospérités. Je le prie de remettre ces trois volumes à Cornudet en l'embrassant de ma part.

» Quelques heures avant mon départ pour Edimbourg. »

Le pieux et docile disciple ne tarda pas à lui écrire. Il lui apprenait que son père était rappelé de l'ambassade de Stockholm ; il le consultait sur la carrière qui lui restait à choisir, après la révolution où les espérances de sa famille venaient d'être anéanties. M. Busson le détourne de l'instruction publique et lui conseille le barreau. Puis, s'élevant à des considérations plus hautes, il parle en ces termes de l'Eglise et des combats intérieurs de son jeune ami :

« Les destinées du christianisme sont assurées, cher Charles, et elles ne peuvent être que brillantes et dignes de sa céleste origine. Il régénérera entièrement le monde. Sa mission s'accomplira. C'est la *lumière*-

qui éclaire tout homme venant à la vie ; c'est le sel de la terre, le sel qui prévient la corruption ou qui la guérit. Ne perdez pas votre temps, cher ami, il est trop précieux pour ne pas en tirer tout le parti possible.

» Non, vous ne succomberez pas au mal. La grâce vous soutiendra toujours dans la lutte qui vous est imposée, comme elle l'est à tous les hommes, contre les passions. Priez, cher ami; élevez souvent votre cœur vers celui *en qui nous pouvons tout, parce qu'il nous fortifie*. Je comprends vos combats; ils doivent être violents et continuels. Ils ne finiront qu'avec votre vie. Il importe, cher Charles, de connaître notre nature et le triste apanage que la dégénération nous a légué. Mais le découragement serait plus triste encore, parce qu'il serait injurieux à la divine Providence. Surtout, cher ami, prenez garde de faire un premier pas dans le mal. Cette voie est glissante, et une fois qu'on s'y est engagé, il est difficile de n'en pas suivre longtemps la pente. Travail, prière, fuite des occasions qui peuvent enflammer l'imagination et exciter les sens, réception des sacrements, communion, voilà les principaux moyens mis en votre disposition pour persévérer dans votre innocence. Oh ! qu'il me tarde, cher ami, de vous revoir ! Je vous retrouverai dans les sentiments d'amour de Dieu avec lesquels je vous ai laissé. Vous serez alors mon enfant d'autrefois, pur, pieux, résigné, patient, et de plus un athlète éprouvé dans les combats du Seigneur. Vous serez donc aussi doublement l'objet de mon affection, de mon estime et de mon admiration. Je vous embrasserai non-seulement de toutes les forces de mes bras, mais encore de toutes celles de mon cœur.

» Dites, je vous prie, à Arthur que je lui recommande comme à vous la patience et la résignation. Ses épreuves lui serviront pour cette vie et pour l'autre. Je l'embrasse. Je prie aussi M. Cornudet de m'aimer toujours comme je l'aime, et je lui demande comme à vous, comme à Arthur, de ne pas m'oublier dans vos prières. »

A son retour d'Holy-Rood, M. l'abbé Busson trouva à Paris d'autres devoirs. Il fut appelé dans la même nuit auprès du comte de Boisgelin et du comte de Montalembert, leur administra les secours de la religion, leur ferma les yeux, et laissa leur famille consolée par les paroles fermes et touchantes dont il avait le secret. Il reprit ensuite le chemin de nos montagnes. Son cœur était brisé, mais sa voix avait encore toute son autorité, et son nom paraissait désormais comme le symbole de la charité et de l'abnégation. Il consacra le reste de sa vie à l'instruction des servantes, à la direction des prêtres qui lui donnaient leur confiance, à l'édification et à l'honneur de toute la province.

Charles de Montalembert était devenu, par la mort de son père, membre de la chambre haute. Son âge ne lui donnait encore que le droit d'y siéger; une généreuse ardeur lui valut, avant le temps, l'honneur d'y parler, non pas à la tribune, mais à la barre. Il y fut cité pour avoir usurpé la qualité et les fonctions de maître d'école, et y fit comparaître avec lui ses deux complices, dont l'un était son maître, l'autre son ami, l'abbé de Lamennais et l'abbé Lacordaire. Le procès de l'école libre le fit voir tout entier, avec son caractère militant, sa verve, son entrain, son amour pour Dieu, pour l'Eglise et pour la liberté. Les pairs le condamnèrent, mais en souriant, selon la remarque du prince de Broglie, à cette éloquence pleine de verdeur, comme un aïeul à la vivacité généreuse et mutine du dernier enfant de sa race (1). Le jeune orateur paya de cent francs d'amende

L'inexcusable tort d'avoir trop tôt raison.

Ce n'était pas trop payer, quoique vingt ans d'avance, l'honneur de faire ouvrir, en 1850, cent colléges libres dans toute la France.

Les cinq années qui suivirent furent pour M. de Montalembert pleines de débats, de troubles et de dangers. Lié avec M. de Lamennais, mêlé à toutes ses entreprises, sincèrement trompé par l'empire de ce fatal génie, il s'était réfugié en Allemagne, où les appels de ce prêtre fameux le poursuivaient encore. Il n'était pas rebelle, mais hésitant et troublé. Ce fut alors que Lacordaire le sauva, en lui apprenant à vénérer le seul pouvoir devant lequel on grandit en s'inclinant. « Captif de l'erreur et de l'orgueil, dit-il lui-même, j'ai été racheté par celui qui m'apparut alors l'idéal du prêtre, tel qu'il l'a lui-même défini : « Fort comme le diamant » et plus tendre qu'une mère (2). » Le 8 décembre 1834, M. de Montalembert, par un mouvement tout spontané, souscrivit à Pise sa soumission aux deux encycliques qui avaient condamné Lamennais. La rupture fut définitive entre Lamennais et le plus illustre de ses disciples. Le jeune et vaillant orateur de la chambre des pairs était gagné à tout jamais à la cause de la vérité.

Il est permis de croire que M. de Montalembert,

(1) Discours de réception à l'Académie.

(2) *Le P. Lacordaire*, par le comte DE MONTALEMBERT, 76-80.

après avoir résisté, comme il le dit lui-même, aux douces instances de l'abbé Lacordaire, qui était venu de sa personne le chercher et le prêcher auprès du tombeau de sainte Elisabeth, emporta d'Allemagne en Italie, outre le souvenir de son ami, la secrète influence de ce commerce qu'il venait de commencer avec cette *chère sainte* du XIIIe siècle, dont il songeait à écrire l'histoire. Les saints ne laissent point égarer et périr ceux qui les honorent. La reine de Hongrie se montra reconnaissante envers celui qui voulait tirer sa mémoire de l'oubli et populariser les merveilles de sa vie. Elle fit encore pour lui quelque chose de plus : elle lui procura la grâce d'un mariage chrétien avec une de ses arrière-petites-filles, Marie-Anne-Henriette comtesse de Mérode.

Cette belle et heureuse alliance avait été préparée dès 1834 par un prêtre franc-comtois déjà célèbre dans l'histoire de l'Eglise de France, et qui, après la chute de Lamennais, dont il fut le dernier disciple, était venu chercher à Trelon, chez M. le comte Félix de Mérode, une diversion et un repos nécessaires à sa douleur filiale. M. l'abbé Gerbet ne pouvait oublier, en goûtant l'intimité de cette noble famille, le jeune et éloquent pair de France, frappé comme lui dans son espérance et dans son amitié, et qui se reposait à sa manière, en voyageant et en étudiant sur un autre théâtre. Il lui parla de Trelon et piqua sa curiosité par des détails curieux sur ce château, sur les légendes qui s'y rattachent, sur l'histoire et la fontaine de sainte Hiltrude. Voici quelques fragments de cette lettre, prélude du discours de mariage que devait prononcer deux ans après M. l'abbé Gerbet :

« Trelon, 29 juillet 1834.

» Une bonne pensée vient de me venir, mon cher ami : c'est la pensée de vous envoyer quelques notes sur le pèlerinage à la fontaine Sainte-Hiltrude, vierge du VIIIe siècle, dont je vous dirai tout à l'heure l'histoire. Je bénis cette pensée, qui fera diversion pendant quelques instants, pour vous comme pour moi, à des méditations tristes. Je l'accueille avec empressement, je la salue avec cet air de respect tendre, pieux et émerveillé, qui passe sur votre front quand vous voyez tout à coup, à travers les brouillards du XIXe siècle, une vision des anciens jours.

» J'ai d'ailleurs toutes sortes de raisons pour vous envoyer ces notes. Et d'abord, je vous les adresse à titre de redevance, car je vous reconnais pour le propriétaire féodal de toutes les légendes, l'aumônier de toutes les chapelles gothiques, l'abbé de tous les monastères en ruine, le grand-maître de toutes les chevaleries, le connétable, le seigneur suzerain, le roi de tous les souvenirs poétiques du moyen âge. C'est pourquoi, Monseigneur, je viens, moi, votre féal et humble vassal, vous faire hommage de quelques souvenirs que j'ai glanés sur vos domaines. Et puis, mon cher ami, il y a dans la fontaine de Sainte-Hiltrude quelque chose de meilleur que toute la poésie que vous saurez y trouver. Le bon peuple des environs croit seulement que son eau guérit les souffrances du corps. Pour moi, je crois beaucoup plus; je crois, et pourquoi pas? qu'elle a aussi quelque secrète vertu pour apaiser les troubles de l'âme. Si quelque jour vous en faites l'expérience, vous souscrirez à mon acte de foi, je vous le prédis.

» Mais, avant d'arriver à la fontaine miraculeuse, je dois vous parler de ses alentours, car je sais qu'une description séparée de tout détail sur les mœurs locales vous fait l'effet d'un paysage sans horizon. Je pourrais vous donner, sur l'intérieur où je viens de passer un mois, des détails qui vous intéresseraient même au fond de l'Allemagne, ou plutôt qui y redoubleraient d'intérêt pour vous. Je crois, en effet, que, malgré l'enthousiasme patient qui vous retient captif de la société allemande, vous regrettez de temps en temps une autre société et d'autres conversations. Malheureusement, après avoir piqué votre curiosité, je ne vous dirai rien ici de cet intérieur, parce que ma lettre doit passer sous des yeux que des compliments, même indirects, offusqueraient, et qui seront charmés de voir ce chapitre-là en blanc. Il est bien entendu que, pour l'acquit de ma conscience, je me réserve la ressource du *post-scriptum*.

» Vous ne saurez donc rien en ce moment, sinon que je suis à Trelon, autrefois chef-lieu du marquisat de ce nom, ancienne province du Hainaut. Je me suis trop peu répandu dans la brillante société du bourg, j'ai été trop avare de visites, pour vous mettre convenablement au courant de toutes les nouvelles importantes du lieu. Deux remarques seulement, l'une sous le rapport politique, l'autre sous le rapport de l'art. J'ai été presque témoin d'une émeute, d'une espèce de guerre de la Fronde, que la haute aristocratie féminine du bourg a soutenue contre le château, au sujet d'une salle de danse en plein air qu'on a voulu lui enlever, prétendant que la liberté de danser est la première des libertés communales et provinciales. Voilà pour ce qui concerne la politique. Et quant à l'art, vous saurez que l'église n'a pas seulement des statues de saints de toutes couleurs, mais encore, ma parole d'honneur, des confessionnaux dorés, ou plutôt à cornes dorées; car la dorure de ces confessionnaux a été infligée particulièrement à des lames de bois pointues, placées de telle sorte qu'une imagination un peu vive transforme aisément ce confessionnal en un taureau symbolique. Je connais des paroissiennes très ferventes, auxquelles ce taureau de bois a fait une telle peur, qu'elles s'en vont chercher, à une distance considérable, à travers la pluie, la boue ou la poussière, un confessionnal qui n'ait pas des cornes dorées. Je me hâte de sortir aussi des réflexions biscornues que je vous condamne à lire. Allons respirer en plein air.

» Le beau village de Trelon est voisin d'une grande et superbe forêt longue de plusieurs lieues. Elle touche, par une de ses extrémités, à une habitation qui appartient, que sainte Hiltrude me pardonne! à M. de Talleyrand. Mais, par un effet tout particulier de la protection de la sainte, le propriétaire de cette demeure paraît avoir pour elle une bienheureuse aversion. L'autre extrémité de la forêt, prise dans sa longueur, aboutit à une plaine, terminée par les collines où est assise la petite ville de Chimay avec son château.

» Entre les deux points extrêmes que je viens de vous indiquer, et à quelque distance du chemin qui conduit à la fontaine de la sainte, les grands arbres de la forêt, rangés en demi-cercle, forment, avec leurs colonnades de verdure, une espèce de cirque dont l'intérieur est une belle pièce d'eau. Ici, nous commençons à entrer dans le moyen âge. Une tradition historique est attachée à ce lieu. Le sire de Trelon partit pour la croisade, je ne me rappelle pas en quelle année. Je voudrais pouvoir vous transcrire en entier une ballade qui exprime les pensers belliqueux et doux qui remplissaient l'âme du bon chevalier au moment de son départ. Je ne puis en citer que trois strophes :

Quand fus reçu dans la chevalerie,
J'allai veiller non loin de mon castel,
Où se tenait une chapellenie
Pour honorer monseigneur saint Michel.
Lors, à genoux, par devant son autel,
Je lui vouai, d'un cœur ferme et sincère,
Que, comme il fut un grand preux dans le ciel,
Aussi bien moi le serais sur la terre.

Las! faut quitter le manoir de mes pères!
Près de leur tombe ils ne me verront pas!
M'en vais mourir aux plaines étrangères :
O mon tombeau, que loin d'eux tu seras!
Fier Sarrasin, ah! ne t'éjouis pas;
Triste soupir n'est point lâche murmure;
Je pleure ici, mais au champ des combats
Pas ne serai pleurant, je te le jure.

Adieu, Trelon; adieu surtout, ma mie,
De votre époux espérez le retour;
Votre doux sire en partant se confie
Aux oraisons que dira votre amour;
Pour voir s'il vient monterez à la tour,
Mais ne courrez ni les bois ni la plaine;
Ne sortirez que pour faire, en un jour,
A sainte Hiltrude une courte neuvaine.

» Après ces recommandations, le sire de Trelon partit tout triste de l'ennuyeuse vie que la dame châtelaine allait mener. Mais la dame châtelaine n'était point d'une humeur aussi sédentaire que son bon mari le croyait. Un jour qu'elle chevauchait à travers champs, l'idée lui vint de faire creuser à grands frais un vaste étang dans la forêt. Idée de femme, c'est chose faite; l'étang fut creusé : Trelon eut sa Sémiramis. Mais, à son retour de Palestine, le sire de Trelon, qui ne tenait pas du tout à trouver dans sa femme une rivale de la reine de Babylone, et qui tenait beaucoup plus à avoir une femme peu remuante, peu dépensière, et ne jetant pas de beaux écus d'or dans l'eau pour se passer une envie, s'écria en voyant l'étang : « Ah! quelle folie! » et depuis ce temps jusqu'au jour d'aujourd'hui, le nom d'Etang de la Folie lui est resté. Folie! folie! nom monumental des vanités humaines, dont bien peu valent un étang, qui après tout fait aller des usines.

» Vous savez, mon cher ami, que dans ce monde d'apparences où nous vivons, les plus petites choses sont des figures de grandes et invisibles réalités; que les circonstances qui semblent le plus fortuites, le plus insignifiantes, ont une signification supérieure; que ce sont des mots dont nous devons chercher les idées. Dans la traduction de cette langue divine que parle la nature entière, nous sommes souvent exposés à faire des contre-sens, à prêter à ces mots mystérieux un sens imaginaire. Mais qu'importe que l'imagination se trompe, si, en se trompant, elle fournit à la raison une pensée qui l'élève, à l'âme un sentiment qui lui fait du bien? Pour moi, mon cher ami, j'ai un plaisir infini à trouver dans chaque scène de la nature ou de la vie des hiéroglyphes à interpréter, des inscriptions à traduire. Quand je suis parvenu à rattacher, bien ou mal, aux phénomènes les plus vulgaires une idée qui les consacre et les spiritualise, je m'en applaudis avec la joie d'un enfant qui commence à comprendre quelque chose dans le livre qu'on lui a donné à épeler. Mais voilà que, sans m'en apercevoir, j'entre dans une théorie, et ce préambule est déjà beaucoup trop long. Je voulais donc vous dire tout bonnement que, dans mon amour pour le symbolisme, je serais désolé qu'il n'y ait pas, près de la fontaine de Sainte-Hiltrude, un étang de la Folie. Je prétends que lorsqu'on veut faire, suivant toutes les règles, le pèlerinage spirituel et idéal dont le pèlerinage extérieur n'est que l'emblème, on doit, avant de se rendre à la source sacrée, paisible image de la paix que donnent la sagesse et les bonnes pensées, visiter l'étang de la Folie, s'asseoir sur le sable mouvant de ses rives, contempler cette eau tour à tour croupissante ou agitée, et ces grands joncs qui se courbent à tous les vents. Ainsi l'âme fidèle, sans se livrer jamais à la mer inconstante du monde, s'arrête sur ses bords, et, après avoir jeté un coup d'œil sur son calme faux ou sur ses flots troublés, reprend avec plus d'ardeur le chemin qui conduit à la source des vrais biens.

» A quelque distance, comme je vous l'ai dit, de l'étang de la Folie, sur la gauche, s'ouvre une route qui traverse la forêt dans toute sa largeur, et qui mène tout près de la fontaine. Comme nous allons y arriver, il est temps que je vous donne la légende de la sainte. La voici, d'après des documents extraits des *Actes des bénédictins* et de la *Gaule chrétienne :*

« Wibert, comte de Poitou, que Gaifre, duc d'Aquitaine, persécutait, reçut de Pépin tout le pays situé sur l'Hêpre, depuis Vault jusqu'à Molhain. Il bâtit un château à Merlemont, et ayant tué à la chasse un sanglier à Liessies, il trouva ce lieu propre à l'établissement d'un monastère. Il le fit construire en 751, après avoir obtenu les reliques de saint Lambert. L'évêque de Cambrai en consacra l'église sous l'invocation de ce saint. Wibert confia le gouvernement de cette maison à son fils Gontrad, qui faisait ses délices des lectures saintes, et pratiquait dans une vie privée les devoirs et les austérités monastiques. Gontrad y assembla quelques disciples, qu'il forma à la piété par son exemple et ses discours. Hiltrude, l'une de ses sœurs, n'était pas moins portée que lui à fuir le monde et à consacrer à Dieu sa virginité. Ses parents la promirent à son insu à Hugues, seigneur de Bourgogne. Mais elle leur déclara qu'elle n'aurait pas d'autre époux que Jésus-Christ, et se retira la nuit dans le bois voisin avec quelques compagnes. Hugues s'étant rendu au jour marqué, Wibert lui exposa la répugnance d'Hiltrude pour le mariage, et lui offrit en sa place Berthe, sa seconde fille, qui avait les mêmes agréments du corps et de l'esprit. Hugues accepta ses offres et emmena en Bourgogne la jeune épouse, qui se fit religieuse quelque temps avant sa mort. On rappela ensuite Hiltrude : elle reçut le voile des mains de l'évêque de Cambrai, et se retira dans une cellule contiguë à l'église de Liessies. C'est là que la sainte, jouissant de Dieu dans le repos de la contemplation, passait ses jours dans la prière, les jeûnes et les veilles. Sa retraite n'était interrompue que par les visites de son frère Gontrad, qui, dans ses instructions, lui expliquait les vérités de la religion, qu'elle méditait et pratiquait avec zèle. Son exemple donna lieu à la construction d'un monastère de filles qui subsistait encore à Liessies au dixième siècle. Wibert légua toutes ses possessions, depuis Molhain jusqu'à Vault, à Hiltrude, qui accepta la donation, à condition que tous ces biens retourneraient après sa mort au monastère de Liessies. Son père avait fait bâtir une église à Molhain, près de Couvin; c'est une collégiale occupée par un doyen et dix chanoines, dont les prébendes sont conférées par le seigneur. Hiltrude mourut dans de grands sentiments de piété, le 27 septembre 769. Son corps fut enterré avec celui de Gontrad dans l'église de Saint-Lambert; ceux de Wibert et d'Ade son épouse reposent à l'entrée de la maison. » (*Hist. du diocèse de Laon.*)

» Voilà la légende écrite conservée par les livres; mais la tradition orale est plus riche que l'histoire écrite, et la mémoire des peuples, gardienne plus attentive des souvenirs des saints, veille, de siècle en siècle, à les conserver dans toute leur fraîcheur. C'est par elle que nous voyons, à travers un intervalle de mille ans, et aussi vivement que si nous eussions été des compagnes de la sainte, le banc de pierre où elle se reposait, la fontaine qu'elle fit jaillir et l'écuelle en fer où elle buvait. On a construit près de la fontaine une petite chapelle; le jour de sa fête on y dit la messe, et les villages des environs s'y rendent en procession avec des chants et des bannières. Mais, tous les jours de l'année, ceux qui souffrent connaissent le chemin de la fontaine de sainte Hiltrude. Souvent, au soleil couchant, quand le temps du travail est fini, un pèlerin solitaire se hâte d'y arriver. C'est un pauvre vieillard appuyé sur un bâton blanc, une paysanne qui ne peut marcher bien vite parce qu'elle porte un petit enfant malade, et ce soir-là, la joie et l'espérance rentrent dans la chaumière. De temps en temps une voiture s'arrête à l'entrée du sentier : ceux qui en descendent apportent avec eux des souffrances supérieures, ignorées du pauvre villageois, et quelquefois aussi des mystères de vertu que sa vertu simple ou ignorante ne pourrait pas même soupçonner.

» Il y a plusieurs manières d'accomplir le pèlerinage de sainte Hiltrude. Dans les cas ordinaires, on se borne à boire trois fois à la fontaine, après avoir prié quelques instants à l'entrée de la chapelle. Lorsque la ferveur que l'on sollicite par son intercession est grande et difficile, on fait une neuvaine, et chaque jour, avant de prendre l'eau sainte, on récite neuf *Pater* et neuf *Ave*. Mais, quand il s'agit d'obtenir l'accomplissement d'un de ces *vœux suprêmes* qui, en montant vers le ciel, emportent avec eux toute l'âme, ou bien quand on se trouve dans ces moments critiques où un avenir espéré, entrevu, s'enfuit dans une obscurité menaçante, tandis que le passé semble revenir avec ses douleurs ; dans ces moments où l'âme implore un de ces rayons d'en-haut qui éclairent toute la vie, alors le pèlerin de sainte Hiltrude ne croit pouvoir compter sur ce miracle que lorsqu'il a fait les stations, avec les prières et les méditations qui y sont attachées. Il y a sept stations dont voici les noms : la Fuite, la Vallée, l'Oratoire, le Banc de pierre, la Fontaine, le Tombeau....

» Vous avez vu, dans la légende de sainte Hiltrude, qu'elle fut inhumée dans l'église de Saint-Lambert, attenante à l'abbaye de Liessies, située à une demi-lieue du vallon que nous venons de visiter. Cette abbaye, un des plus remarquables monuments de la Gaule par ses magnifiques constructions, comme il était un des plus vénérables par son antiquité, par les grands souvenirs carlovingiens qui planaient sous ses dômes, a été la victime du plus indigne meurtre qui ait été commis par le vandalisme révolutionnaire. Il avait oublié l'écuelle en fer de la fontaine, mais il n'oublia pas les calices d'or de l'abbaye, et les destructions suivirent de près les spoliations. En parcourant ce champ de désolation, en cherchant à reconnaître, à des débris de murs, l'antique enceinte de l'abbaye, j'ai compris, comme je ne l'avais jamais fait, la page inimitable où Tacite a peint la consternation des soldats de Germanicus lorsqu'ils rencontrèrent, au fond d'une forêt de Germanie, les ossements de quatre légions romaines, dans l'enceinte à demi détruite du camp de Varus. Là aussi je retrouvais un camp, mais un camp chrétien ; pendant six siècles, des légions pacifiques s'y étaient retranchées contre les assauts du monde. Je voulais deviner l'église, le cloître, les cellules, les tombes ; j'en découvrais à peine quelques vestiges. Cependant, un vaste bâtiment qui ne formait autrefois qu'une dépendance de l'abbaye, avait survécu aux dévastations ; mais les outrages n'étaient pas finis. Lors de l'invasion de 1814, on abattit les murs intérieurs de plusieurs salles, de manière à les transformer en un grenier pour y loger les Russes. Tandis que leurs chevaux broutaient l'herbe qui couvrait les sépultures des moines de Gontrad, quatre cents Cosaques, sales et ivres, juraient en fumant leurs pipes dans l'appartement où Louis de Blois avait composé ses délicieux écrits ascétiques. Ce n'est pas encore tout : le propriétaire est un prêtre, âgé de quatre-vingt-trois ans, qui a depuis longtemps apostasié, mais que le peuple condamne à s'entendre encore nommer le chanoine.

» Ce débris vivant de la Révolution, ce prêtre en ruines, a été poussé, par un incompréhensible instinct, à venir habiter d'autres ruines moins lamentables que lui. Il assiste, avec une impassibilité qui stupéfait, à l'agonie du vieux monastère; il y préside, il l'accélère, il laisse les crevasses se multiplier, s'élargir, sans y mettre une seule pierre pour les boucher. Depuis qu'il est là, il n'a jamais occupé qu'une très petite partie du bâtiment ; mais cette partie même, il ne daigne pas en retarder la chute par quelques faciles réparations. Quand, dans l'appartement qu'il habite, les belles boiseries qui ornaient les salles de l'abbaye sont devenues toutes vertes d'humidité et de moisissure ; quand les sculptures du plafond menacent, en tombant, de le tuer dans son lit ; quand les poutres pourries s'affaissent, que le vent et la pluie entrent par les fenêtres, et que les débris des corniches et des colonnettes de marbre, s'amoncelant à la porte de sa chambre, semblent vouloir la fermer comme un tombeau, alors il fait porter son lit et sa chaise dans un autre coin de sa maison, en attendant qu'un nouveau progrès des ruines vienne l'en chasser. »

Deux ans après, M. l'abbé Gerbet revint à Trelon pour y bénir le mariage de Charles, comte de Montalembert, pair de France, avec Marie-Anne-Henriette, comtesse de Mérode et du saint-empire. La cérémonie eut lieu le 16 août 1836. Ainsi un prêtre comtois, l'ami commun des Montalembert et des Mérode, forma et bénit le lien de ces deux grandes familles dans ce moment solennel qui mêla à jamais leur gloire et leurs destinées. La pensée de M. de Montalembert se porta, comme à l'époque de sa première communion, vers la province qui, avant de devenir la sienne, lui députait deux de ses prêtres, M. Busson et M. Gerbet, pour consacrer sa foi et fixer son avenir. Voici le discours prononcé par M. l'abbé Gerbet dans la cérémonie du mariage :

« Epoux chrétiens,

» La providence de Dieu, qui se mêle à toutes choses, n'intervient dans aucune circonstance de la vie humaine avec plus d'empressement et de sollicitude que dans le grand acte qui vous réunit en ce moment au pied des autels. Celui qui a disposé avec une si admirable sagesse les petits détails du monde matériel pour qu'ils fussent en harmonie avec les besoins de l'homme, a pourvu, avec un soin plus merveilleux encore, à l'ordre du monde spirituel. Les saints qui ont été le plus avant dans les secrets de Dieu ont pensé qu'il a établi entre les âmes qu'il place sur la terre, de secrètes harmonies, qui font qu'elles se cherchent, s'attirent, s'appellent réciproquement, lorsqu'elles doivent marcher ensemble dans le chemin de la vie et s'appuyer les unes sur les autres. Celles qui sont destinées à vivre dans la retraite, loin des regards du monde, n'y sont pas pourtant isolées : elles y trouvent les compagnes de prière et de sacrifice que Dieu leur a préparées. Il n'est pas moins certain que, parmi celles qui sont appelées au saint mariage, parmi ces innombrables âmes il n'en est pas une seule à qui Dieu, de toute éternité, n'ait prédestiné une autre âme, qui doit être sa compagne, son guide, son ange terrestre. Lorsqu'elle cherche avec une volonté droite et pure, toute âme rencontre ce que Dieu lui a réservé, soit qu'elle doive se séparer du monde, soit qu'elle y doive rester ; mais aujourd'hui j'aime surtout à recueillir, dans ces touchantes annales de la Providence, des exemples qui appartiennent à l'histoire de deux amies de Dieu dont les noms nous sont, à quelques égards, plus familiers et plus chers. J'aime à rappeler ici les pieux souvenirs qui se rattachent à la vie d'une vierge, dont l'humble chapelle est bien près de nous : tout était prêt pour le mariage de votre sainte Hiltrude, mais tout fut inutile, parce que Dieu l'appelait ailleurs, et rien ne put l'empêcher d'échanger les grandeurs de ce monde pour l'obscure retraite où le Ciel, après tant de siècles, se plaît encore à manifester sa puissance et sa bonté par les guérisons qu'il y opère et par les bonnes pensées qu'il y inspire. Tout, au contraire, semblait s'opposer au mariage de votre sainte Elisabeth de Hongrie, mais tout fut encore impuissant et vain, parce qu'elle avait trouvé l'âme qui lui était prédestinée.

» C'est sous les auspices de ces deux noms que s'est préparé ce qui s'accomplit aujourd'hui : comme vous avez les patrons de votre baptême, vous avez aussi dans ces deux célestes amies les patronnes de votre mariage. Vous avez cherché, comme elles, avec foi, et, comme elles aussi, vous avez trouvé ce que vous cherchiez. En parcourant la vie où elles vous ont conduits, ne perdez jamais de vue ni les grâces qu'elles vous ont faites, ni les exemples qu'elles vous ont laissés. Vous apprendrez de la pieuse solitaire de la forêt de Liessies à vous faire au milieu même du monde une douce et riche solitude, en isolant votre cœur de l'amour des faux biens, en estimant à leur juste valeur les richesses, les titres, les talents, la gloire, toutes ces choses que l'on peut louer ailleurs, mais que je rougirais de nommer ici si ce n'était pour faire tomber tous ces noms aux pieds de la croix de Jésus-Christ. Vous trouverez dans la vie de votre seconde patronne d'autres exemples qui doivent parler bien vivement à votre cœur. Vous, Monsieur, vous n'aurez pas, comme l'époux de l'héroïne de Hongrie, à vous séparer de tout ce qui vous est cher, pour aller combattre, dans les contrées lointaines, les profanateurs du tombeau du Christ ; mais votre place est marquée dans une autre croisade, dans une croisade de travaux et de lumières pour la défense de la foi ; et si, durant le cours de cette glorieuse lutte qui ne devra finir pour vous qu'avec la vie, quelques pensées de découragement venaient parfois vous tenter, vous trouveriez dans l'âme que Dieu vous donne pour compagne, vous trouveriez en elle, je vous le promets, un supplément et comme une réserve d'inspirations généreuses.

» Et vous, Madame, Dieu, j'aime à l'espérer, ne vous fera pas traverser les cruelles épreuves auxquelles sainte Elisabeth fut soumise. Rien ne me fait entrevoir dans l'obscur avenir un moment fatal où vous seriez forcée de quitter, seule et proscrite, la demeure de votre époux et de vos pères. Mais, comme sainte Elisabeth, cette demeure ne sera pas votre unique demeure, vous en aurez une seconde qui, pour être moins brillante, ne vous en sera pas moins chère. La maison du pauvre sera la vôtre, et la vôtre sera la sienne.

» Voilà les parts que la religion vous assigne à tous deux, à l'un les grands combats de la foi, à l'autre les grandes œuvres de la charité ; voilà les bénédictions que je vous souhaite, ou plutôt, je n'hésite pas à le dire, voilà les biens que je vous promets. Je vous les promets, non pas seulement au nom de vos jeunes vertus, mais surtout au nom de ces vertus séculaires, de cet héritage de foi, de piété, de dévouement, de sacrifice, que votre famille vous transmettra ; je vous les promets, au nom de tant de prières ferventes accumulées sur vos têtes, de tant de bonnes œuvres faites pour vous, au nom de tant de malheureux consolés et soulagés, au nom de tous ces petits enfants qui auront reçu le bienfait d'une éducation chrétienne, au nom de tout ce que je voudrais dire, et que je dois taire ; et j'ai une si grande confiance dans la protection perpétuelle que tous ces mérites vous assurent, j'ai une foi si vive dans leur puissance en votre faveur, que je ne crains pas de vous faire cette promesse : c'est qu'arrivés au terme de la vie, et recueillant dans vos derniers souvenirs les exemples que vos parents vous auront légués et les efforts que vous aurez faits pour les imiter, vous ne trouverez, pour exprimer les sentiments de votre âme à cette heure suprême, que ces magnifiques paroles de Tobie: *Nous sommes les enfants des Saints, et nous attendons cette vie que Dieu doit donner à ceux qui, lui ayant engagé leur foi, ne changent jamais.* »

La maison dans laquelle M. de Montalembert venait

d'entrer par son mariage, n'était pas nouvelle en Franche-Comté. Pendant deux siècles, les Mérode y avaient possédé de grands biens provenant des maisons de Ray et de Chalon. La terre de Ray leur venait du mariage d'Albert de Mérode avec Célestine de Ray, fille unique du dernier baron de ce nom; elle sortit de leurs mains, après trois générations, par le mariage de Joséphine de Mérode avec le duc de Holstein. Les terres d'Arlay, de Réaumont et la vicomté de Besançon, anciens fiefs de la maison de Chalon, échurent en partage à Isabelle de Mérode, en vertu d'un arrêt rendu en 1692, après la mort du prince Henri de Nassau et à la suite d'un long procès entre Guillaume d'Orange, roi d'Angleterre, Philippe de Mérode et Jeanne de Montmorency, sa femme. C'est par ces alliances que les Mérode comptent parmi leurs ancêtres la petite-fille de la fondatrice de Consolation.

Après la révolution, ils revinrent chercher femme dans cette bonne terre de Franche-Comté qui avait été si propice à leurs aïeux. Le comte Félix, qui était alors le premier citoyen de la Belgique, et dont l'influence égalait le dévouement à la cause de l'Eglise, épousa successivement Rosalie et Philippine de Grammont. Il ne pouvait choisir une famille plus populaire ni plus chrétienne. Il eut quatre enfants du premier mariage (1); le second ne lui donna qu'une fille; tous deux le rendirent heureux comme il méritait de l'être.

(1) M. Werner, comte de Mérode, Mgr Xavier de Mérode, ancien ministre des armes de S. S. Pie IX, archevêque de Mélitène, Mme de Montalembert et Mme de Vignacourt, sont issus du premier mariage; Mme Albertine de Mérode, née du second lit, est religieuse du Sacré-Cœur à Rome.

La tante se sentait mère auprès de chacun des enfants, et tous lui ont voué une affection et une reconnaissance filiales.

Dans l'année même de son mariage, M. de Montalembert fit avec sa jeune femme un voyage en Italie. Parti de Mérode, qui était le berceau de sa nouvelle famille, il traversa le grand-duché de Bade et y trouva des lettres de France auxquelles il voulut répondre. L'une d'elles venait d'un de ses jeunes amis, M. Rio, déjà célèbre par ses études sur l'*Art chrétien*. Elle exprimait des pensées d'ennui et de découragement. M. de Montalembert entreprit de les combattre. Il écrit à M. Rio avec tout l'abandon de l'amitié (1) :

« Mon cher ami,

» Comme je sais enfin, grâce à une lettre récente de Cornudet, où tu te trouves en ce moment, je profite d'un moment de halte pour t'écrire. Je te félicite bien de ce que ta santé soit assez rétablie pour te permettre d'aller en Bretagne ; j'aurais bien voulu qu'elle te fît passer l'hiver en Italie ! Nous voici en route pour nous y rendre, si Dieu le permet.... Jusqu'à présent, notre voyage, de Mérode ici, a été cruellement contrarié par les mauvaises nouvelles du choléra dans le nord de l'Italie, qui avait bouleversé tous nos projets. Maintenant, au contraire, c'est Rome et la Toscane qui sont menacés, tandis que Milan et Venise sont délivrés. C'est donc vers ces deux dernières villes que nous allons nous diriger par le Splügen, en laissant de côté Genève, où nous allions en désespoir de cause.

» Je viens de faire voir à ma femme Cologne, dont

(1) Lettre à M. Rio, datée de Fribourg en Brisgau, 28 septembre 1836.

la cathédrale était *illuminée* pour la première fois au monde, spectacle qui peut bien rivaliser avec celui de la nuit de Saint-Pierre à Rome, puis les bords du Rhin, puis Mayence, le musée de Francfort, où elle a pris sa première leçon de peinture.

» Je lui fais lire ton livre pour faire son éducation esthétique ; elle le dévore avec le plus vif intérêt...., en disant qu'il lui ouvre un nouveau monde....

» ... Tu ne dois pas te laisser aller aux pensées de découragement qui semblent régner dans ta lettre....

» As-tu pu croire que cette vérité...., que Dieu t'accordait, tu pourrais la conserver et la proclamer sans lutte, sans danger, sans déboire ? mais s'il en était ainsi, ce ne serait pas une vérité.

» Il faut qu'il se forme en France un parti catholique PUR, libéral sans être démocratique, et conservateur sans être absolutiste : voilà ce qui est évident pour toi comme pour moi ; mais ce qui ne l'est pas moins, c'est qu'un parti semblable ne peut se former qu'à travers mille maux, mille mécomptes, mille dégoûts. S'il se formait autrement, ce ne serait qu'un feu de paille sans durée et sans utilité.

» Je m'attendrais à bien d'autres insultes si jamais Dieu permettait que je devinsse une notabilité de mon pays. Ce sont justement ces cris, ces injures, ces violentes injustices, qui me rassurent sur le mérite et l'utilité de mes efforts. Reprends donc courage et recommence le combat avec le courage et l'aplomb d'un homme qui n'a jamais sacrifié à aucune idole. Ah ! mon très cher, ce n'est pas la malveillance, la sottise de nos adversaires qui est le plus pénible pour nous ;

c'est la mollesse de ceux qui pensent comme nous et qui n'osent pas se montrer. »

Ce fut à Villersexel que M. de Montalembert eut les premières joies de la paternité. Il y passa bien des étés, parcourant le pays avec une curiosité infatigable, visitant en artiste et en chrétien les abbayes, les séminaires, les vieux châteaux, les sites curieux, les ruines et les souvenirs de tous genres, prenant des notes, causant avec les anciens, encourageant les jeunes prêtres, répandant partout la flamme de l'étude et la semence du bon savoir. Quand il écrivait à ses amis de France, d'Angleterre ou d'Italie, sa plume était comme remplie et toute émue des charmes de la Comté. Citons une lettre adressée à M. Rio. On y respire le bonheur dont M. de Montalembert fait la peinture, et on en jouit, pour ainsi dire, autant que lui (1) :

« Voici plus de quatre mois que je suis à Villersexel, et jamais, dans aucun séjour, ma vie ne s'est écoulée avec plus de rapidité et avec plus d'agrément. Je dirai que j'ai presque trop d'agrément : car rien ne vient tempérer le bonheur sans mélange que j'éprouve, et je sens que ce bonheur inspire une certaine mollesse, un certain laisser-aller analogue, si je ne me trompe, à celui dont tu t'es plaint aussi quelquefois en me parlant de tes séjours à Florence; mais quelle douce et bienheureuse révolution dans ma vie après tant d'agitations et tant de solitude !

» On ne saurait imaginer une réunion plus délicieuse que celle qui a lieu ici : nous sommes en général quinze à table, tous pleins d'affection les uns

(1) Villersexel, le 26 octobre 1837.

pour les autres, pleins de gaieté et de laisser-aller, pleins de sympathie enfin sur les points de foi religieuse et politique, ne raisonnant, ne discutant que juste ce qu'il en faut pour nourrir une conversation qui soit intéressante et animée, sans jamais être aigre.

» Cette nombreuse famille est présidée par M. de Grammont, âgé de soixante-dix ans, qui a conservé toute la grâce exquise de l'ancien régime, au milieu de son attachement fidèle aux idées de 1789, qui en a fait le digne beau-frère du général de Lafayette, puis par sa femme, née Noailles, du même âge que lui, dont tous les instants sont consacrés au soulagement et à l'éducation des pauvres des environs. Tous les deux sont bien les chefs de famille les plus aimables, les moins exigeants qu'on ait jamais vus, ne voulant pas être soignés, accompagnés, laissant pleine et entière liberté à tout le monde, ne vivant encore que pour contribuer au bonheur de leurs descendants ; viennent ensuite le fils aîné de la maison, marié à Mlle de Crillon, puis M. de Mérode, mon beau-père, le plus honnête homme que j'aie jamais rencontré, dont toutes les pensées, toutes les actions, tous les discours n'ont jamais qu'un seul but, le bien de l'Eglise et du prochain, et qui est adoré dans ce pays, où il a vécu jusqu'à la révolution belge ; enfin ma belle-mère, fidèle héritière des vertus et des aumônes de sa mère, et tous et toutes suivant la même voie et jouissant de la même popularité. Tu peux bien concevoir combien il est délicieux pour moi de jouir de l'affection de ma femme, non plus seulement dans le tête-à-tête, mais au sein d'une famille où tout répond à nos deux cœurs. D'ailleurs jusqu'ici, je l'avoue, je ne me doutais pas de ce que pouvait être encore aujourd'hui l'existence grandiose et l'influence salutaire d'une famille vraiment chrétienne.

» La maison de Grammont a donné trois archevêques successivement au siége de Besançon, et ces prélats ont fondé le séminaire, les principaux hôpitaux et d'autres établissements pieux du diocèse, de sorte que le clergé et une grande partie des fidèles sont habitués à regarder les Grammont comme les chefs et les bienfaiteurs de la religion dans la province. Le marquis actuel a bien rempli sa mission sous ce rapport, et il a eu en même temps le bonheur de posséder toujours la confiance politique du pays qu'il représente depuis vingt ans, par son libéralisme ferme et constant.

» Dans ce magnifique château, point de luxe, point d'ostentation; tout est pour les pauvres, qui en remplissent sans cesse les abords; à deux pas est un bel hôpital bâti et doté par les Grammont, et un peu plus loin un grand couvent où quatre-vingts jeunes filles sont élevées en partie par les aumônes et les bons soins de la famille. Ici, j'ai vu de mes yeux des merveilles de charité pareilles à celles que j'ai rencontrées dans la *Vie de sainte Elisabeth;* j'ai vu Mme de Grammont faire mettre de l'eau dans le pot au feu de la maison, afin que le bouillon fût plus abondant et qu'on en eût assez pour les pauvres malades; je l'ai vue conduire dans sa voiture des malades dégoûtants, scrofuleux et autres, à vingt lieues d'ici, aux eaux ou chez des médecins qui pussent les traiter.

» Malheureusement, je n'ai pas assez profité du calme et de l'ordre qui règnent dans ce beau séjour pour travailler; je n'ai à peu près rien fait qu'un article sur ton livre de la *Poésie chrétienne*. Mon *Saint Bernard* avance bien lentement; il est vrai que j'ai été distrait par une énorme correspondance, par plusieurs excursions dans cette belle Franche-Comté, où tout me décide à me fixer, enfin par un voyage d'un mois fait avec M. de Mérode et mes deux beaux-frères en Suisse, où nous avons visité avec le plus vif intérêt les grandes abbayes qui existent encore dans ce pays et étudié le degré de liberté religieuse qui reste dans cette *république.*

» Il faut voyager et voir les autres pays de près pour revenir convaincu qu'il n'y a pas un seul pays au monde où la religion soit aussi libre et aussi florissante qu'en France, excepté la Belgique. Tu sais, sans doute, que Solesmes est érigé en abbaye et que le pape a créé une congrégation de bénédictins de France dont le P. Guéranger est le chef comme abbé général. J'ai le bonheur de savoir que j'ai un peu contribué à cette glorieuse résurrection. Le gouvernement consent à leur donner 4,000 francs par an; d'un autre côté, les chartreux viennent de tenir un chapitre général de tout l'ordre, à la grande Chartreuse; il n'y en avait pas eu depuis quatre-vingts ans; il a fallu une révolution pour que cela devînt possible. »

Madame de Montalembert accompagnait quelquefois son mari dans ses excursions pieuses et romantiques à travers la Franche-Comté; mais quand les devoirs de la maternité la retenaient à Villersexel, elle s'associait à tous les sentiments et à toutes les émotions du voyage, en lisant les longues pages que le pieux pèlerin de nos montagnes composait chaque soir pour elle. Nous pouvons citer cette correspondance, dont la simplicité attendrit et dont les détails sont particulièrement intéressants pour notre province. Voici une lettre écrite à Pontarlier, après une promenade de quelques jours dans nos montagnes, en compagnie du comte Félix de Mérode et de ses deux fils (1).

« Quoique ce soit le lendemain de mon départ, j'ai déjà éprouvé le regret de t'avoir quittée, même pour voir le beau pays où nous sommes et où nous allons entrer, et ce soir, à l'église de Pontarlier, j'ai fait une bien fervente prière pour celle qui donne à ma vie tout son bonheur et tout son charme....

» Je n'écris pas de journal. C'est la première fois que cela m'arrive. Garde donc pour moi ce gribouillage. — Nous sommes allés hier, lundi, déjeuner à Cuse, chez les Tanchard, où nous sommes restés deux heures et demie. Ton père oubliait son voyage et tout le reste, pour le bonheur de causer avec ses voisins. A dix heures et demie, nous nous sommes remis en route par une chaleur épouvantable, exposés en plein soleil, dans ce pays aride et nu, sans un arbre, qui sépare Cuse de Baume. Mais nous avons été bien dédommagés en arrivant à Baume, par l'admirable beauté des bords du Doubs, que je ne me figurais nullement aussi beaux; j'y ai retrouvé avec émotion mes souvenirs de 1829. C'est le dernier gîte que j'ai occupé avec ma pauvre sœur, avant d'arriver à Besançon. A Baume, ton père nous a encore joué un tour de sa façon : il nous a conduits à une auberge de rouliers, où il y avait une excellente écurie pour ses chers chevaux, mais pas de gîte pour les hommes! A peine ses chevaux installés dans

(1) Lettre à Mme de Montalembert, Pontarlier, 22 août 1837.

l'écurie, il s'est en allé, sans nous en prévenir, avec Werner, goûter chez MM. Girardin, beaux-frères du vieux M. Tanchard, de sorte que le pauvre Xavier et moi, après avoir bu dans le susdit bouchon du vin plus aigre que du vinaigre et de l'eau grasse comme de l'huile, nous n'avons eu d'autre parti à prendre que de nous coucher sur le haut d'une charrette de foin, dans l'étroit intervalle entre le foin et le plafond de la remise. Là, nous avons étouffé et fermenté pendant deux heures, jusqu'à ce que ton père et Werner fussent revenus, bien frais et bien repus. Après avoir subi les complaintes de Werner, toujours désolé de ce qu'on le fait trop boire et manger, nous sommes repartis et nous avons remonté le délicieux vallon du Cusancin jusqu'à Pont-les-Moulins. C'est un site charmant, où j'ai pensé que je serais très heureux d'avoir un petit castel. Après Pont-les-Moulins, nous avons eu une route abominable, mais assez pittoresque, par Adam, Passavant et Orsans, jusqu'à Vercel, où nous ne sommes arrivés qu'à neuf heures du soir, exténués, n'y voyant plus pour marcher, mais n'ayant pas trouvé même de bouchon dans aucun autre village. A Vercel, l'auberge est bonne et les gens sont excellents. Le *Siècle* les plaindrait d'être encore bien peu éclairés, car ils ont des bénitiers et des images de saints partout. Nous avons soupé avec un huissier qui a pris ton père pour un agent de contrebande.

» Aujourd'hui, nous avons eu une chaleur étouffante, quoique tempérée par l'atmosphère des montagnes de sapins, où nous sommes depuis ce matin. Nous avons déjeûné à Saint-Gorgon, d'où nous avons été à pied, par un soleil qui piquait joliment, voir à une lieue d'ici la source de la Loue, qui en vaut bien la peine, car c'est une des belles choses que j'aie vues de ma vie, un peu dans le genre de la gorge des bains de Pfeffers, mais gâtée par des usines et des moulins; puis, nous sommes venus sans encombre, et par un assez joli pays, jusqu'à Pontarlier. Nous devions aller coucher à Jougne; mais, dans l'intérêt de ses chevaux, ton père a préféré s'arrêter ici. Il faut dire que, toujours dans l'intérêt de ces mêmes chevaux, ton père nous fait descendre à la plus petite montée, malgré le soleil, la poussière, etc. Il n'y a que Xavier dont il ait pitié. Ledit Xavier est plus amusant et plus spirituel que jamais. »

En 1838, M. de Montalembert passa l'été à Trelon, chez son beau-père, et l'automne en Bourgogne et en Franche-Comté. Trelon était pour lui, comme Villersexel, un séjour délicieux. Il en fait la description à M. Rio, son ami, et il y mêle de piquantes réflexions sur l'esprit et les affaires du jour, sur la façon dont certains écrivains appréciaient alors les ouvrages de notre renaissance catholique (1).

« ..... A propos du *Journal des Débats*, tu auras vu sans doute les articles que Delécluze y a consacrés à ton ouvrage. Ils t'auront été fort utiles, quoique pitoyables en eux-mêmes. Figure-toi que ce brave homme, mon collègue au comité des arts, m'a écrit un billet, avant de faire son article, pour me demander si je croyais que tu étais de bonne foi, et si tu parlais *sérieusement* ou non!...

» Je viens de passer ici un été charmant, au centre

(1) Lettre à M. Rio, Trelon, 27 novembre 1838.

d'une famille réunie par les sympathies les plus complètes en religion et en politique, ce qui n'exclut pas les discussions chaleureuses et utiles. Je suis fâché que tu n'aies pu en juger par toi-même. Tu y aurais été reçu à bras ouverts....

» Je crains toujours que tu ne deviennes trop Anglais et trop étranger à cette France qui est, après tout, le cœur du catholicisme. Qu'as-tu dit de l'allocution du pape en faveur de la Belgique et contre la Prusse? L'as-tu seulement lue?

» Je jouis bien profondément du bonheur que j'aurais à t'embrasser et à te faire connaître ma nouvelle vie, si heureuse, trop heureuse, peut-être, pour durer!

» Que dis-tu de la conduite des Belges? C'est mon beau-père, je suis fier de le dire, qui leur a imprimé ce mouvement; sans lui, ils abandonnaient la partie. Aujourd'hui, et grâce aux affaires de Cologne, il y a bonne chance de la gagner. »

Pendant l'automne, M. de Montalembert s'était mis en quête d'une terre à acheter en Franche-Comté ou en Bourgogne. C'était le rêve qu'il caressait depuis trois ans. Les bords du Doubs et du Cusancin l'avaient d'abord attiré, puis on lui signala les bords de la Loue et les châteaux de Buillon et de Châtillon. Il voulut les voir et juger par lui-même de l'agrément du paysage. Après quelques jours passés chez M. Foisset, dont l'inaltérable amitié fut pour la vie de M. de Montalembert un bienfait précieux, il se mit en route pour la Franche-Comté. La lettre suivante, adressée à Mme de Montalembert, rend un compte fidèle et naïf de toutes les impressions et de tous les désirs que faisait naître dans cette âme d'élite l'aspect de nos vallées et de nos montagnes (1).

« Je suis parti dimanche, après la messe, de Beaune pour Dole, dans une infâme patache, et je suis venu la nuit de Dole à Besançon, dans une machine plus infâme encore....

» J'ai quitté Besançon lundi à midi, par le plus beau temps du monde, et j'ai remonté les délicieux bords de la Loue; combien je t'ai regrettée dans cet admirable paysage, qui m'a transporté d'un nouvel enthousiasme pour la Franche-Comté! J'ai vu deux habitations charmantes sur ces bords charmants. L'ancienne abbaye de Buillon, fondée par saint Bernard , et dont il reste une belle maison de maître; puis le château de Châtillon, que je proclame la perle de tous les châteaux possibles : perché sur le sommet d'une montagne toute distribuée en parcs, jardins et terrasses, au confluent de deux rivières, avec une vue prodigieuse sur les Alpes et la franche montagne, au milieu des bois et des rochers. En outre, une maison grande, parfaitement arrangée et réparée. Enfin , le *nec plus ultrà*. Malheureusement, cela ne sera jamais à vendre de notre vivant. C'était, autrefois, à M. de Montrond; il n'y a que sept ans que le propriétaire actuel, M. le comte de Vezet, l'a acheté. Aujourd'hui , je suis venu , par Salins, dénicher l'abbé Doney chez M. Lieffroy, le compagnon de voyage de Werner, qui m'a parfaitement reçu, et qui est ici très bien établi, dans sa forge, au fond d'une vallée, en face d'une

(1) Lettre à Mme de Montalembert, datée des Forges de Sirod, mardi 10 septembre 1838.

belle cascade et au pied d'un château gothique, le seul qui avait été conservé sous Louis XIV, tout à fait habitable et habité jusqu'en 1803, et qui eût parfaitement fait notre affaire s'il n'avait été détruit à l'époque où M. de Grammont a jeté dans la rivière les tours de Rougemont. Je pars demain pour Lons-le-Saunier, en passant par les abbayes de Balerne et de Baume-les-Messieurs. »

Parmi les abbayes fameuses que M. de Montalembert avait visitées dans la Haute-Saône, les ruines de Cherlieu avaient excité au plus haut degré son attention. Tout recommandait cette curieuse église : le souvenir de saint Bernard, les tombeaux des comtes de Bourgogne, l'ancienneté et les proportions de l'édifice; c'était la plus vaste basilique de toute la province. M. Pratbernon, en ami dévoué de l'art chrétien et de l'histoire nationale, ne cessait d'élever la voix pour faire sentir la nécessité de conserver un monument si digne d'intérêt. Il avait obtenu enfin que le conseil d'arrondissement de Vesoul sollicitât du conseil général de la Haute-Saône une subvention de quelques centaines de francs; mais le conseil général, « considérant le peu d'intérêt qu'offraient ces ruines, d'une » construction récente, » rejeta la demande. M. Pratbernon venait de mourir ; ce fut M. de Montalembert qui releva le gant, comme il convenait au plus vaillant champion de l'archéologie et des beaux-arts. Dans une lettre reproduite par l'*Univers* (1), il stigmatise avec une ironie savante une si funeste décision, précédée d'un considérant si ridicule. Après

(1) Octobre 1841.

avoir rappelé les souvenirs de Cherlieu, il ajoute :

« Les Franc-Comtois qui ont conservé quelque attachement pour la gloire de leur province jugeront à leur tour l'arrêt de cette assemblée, qui ne reconnaît aucun intérêt aux ruines de cette église. Mais le conseil général de la Haute-Saône va plus loin, et, passant du domaine des appréciations historiques à celui de l'archéologie, il nous déclare que les ruines sont d'une *construction toute récente.* Ici, l'étonnement redouble, et on ne peut s'expliquer un jugement aussi bizarre que par cette étrange alternative : ou aucun de MM. les membres du conseil n'a trouvé le temps de visiter ce lieu naguère si fréquenté, ou bien ils sont pourvus, en fait d'architecture gothique, de connaissances et de renseignements dérobés jusqu'à présent à toutes les personnes qui s'occupent de cet art....

» Mais si MM. les archéologues du conseil général ont moyen de prouver que cette construction date non pas du douzième, mais du dix-huitième siècle, alors il faudra, à bien plus forte raison encore, conserver ces précieux débris ; car je ne crains pas de dire que l'on ne trouverait pas en Europe une reproduction aussi fidèle de l'architecture sévère et grandiose du moyen âge, au milieu de la décadence du goût sous Louis XV. Le conseil général de la Haute-Saône, auteur d'une si belle découverte, ne saurait en conscience priver les savants et les curieux du plaisir d'étudier un monument qui bouleverserait toutes les règles jusqu'à présent admises dans ce genre d'études.... Assurément, un conseil général n'est pas tenu de se connaître en architecture et en archéologie ; mais il est tenu, ce semble, dans un pays qui se dit civilisé et éclairé, de ne point mépriser aveuglément cette gloire du passé qui forme une partie si essentielle de la vie morale du pays; il est tenu de ne pas réserver exclusivement sa sollicitude pour l'amélioration des races chevalines et la rectification des pentes; enfin, lorsqu'il lui plaît de refuser cinq cents francs pour sauver ce qui reste de la plus grande église d'une grande province, il est tenu de ne pas donner pour considérant à son refus des motifs qui font sourire tous les antiquaires et tous les architectes dignes de ce nom. »

M. de Montalembert ne négligeait aucune occasion de témoigner le vif intérêt qu'il prenait à notre histoire. La *Revue de la Franche-Comté*, publiée par M. Clovis Guyornaud, le compta parmi ses collaborateurs. Le morceau qu'il composa pour elle est intitulé : *Pompe funèbre de la marquise de Varambon.* C'est la description d'une peinture faite sur un rouleau de papier de douze pieds de long et d'un pied de large, et qui représente le dernier cortége de cette noble dame, dont le mari était seigneur de Villersexel. Ce document venait d'être retrouvé tout récemment dans les archives du château. Il offre une série de petites figures, vues à vol d'oiseau, d'un demi-pouce de long, dessinées à la mine de plomb, coloriées et accompagnées de désignations manuscrites. L'illustre archéologue en donna le détail et l'explication avec cette exactitude et ce charme qui sont les deux traits distinctifs de tous les morceaux de ce genre sortis de sa plume. Il termine par cette réflexion : « Telle était la pompe funèbre d'une grande dame de Franche-Comté au XVIIe siècle, et, après avoir vu celle de l'empereur Napoléon aux Invalides, nous ne craignons pas d'affirmer que, à part la pompe militaire, la partie religieuse et civile de son convoi a été moins bien réglée et ordonnée que celle de la marquise de Varambon au bourg de Villersexel (1). »

Avec ce goût si vif et si curieux pour notre histoire, M. de Montalembert chercha naturellement à connaître ceux qui faisaient de cette étude l'honneur et la passion de leur vie. Ses premières relations dans notre province furent avec M. le président Clerc. Voici trois lettres qui s'y rattachent ; elles font voir quel prix il attachait à ces relations, et comment il communiquait à ses amis sa vive et généreuse ardeur pour la défense de l'Eglise :

« Château de Villersexel, ce 10 janvier 1840.

» Monsieur,

» J'ai regretté infiniment de n'avoir pu reprendre, le matin de mon départ de Besançon, la conversation si intéressante qui m'avait révélé en vous des sympathies si vives et si précieuses avec les convictions les plus ardentes de mon âme. Je profite d'une occasion pour vous prier de croire à ce regret, et pour vous demander en même temps de me laisser espérer que je pourrai cultiver en temps et lieu des relations dont je sens tout le prix. En attendant, je prends la liberté de vous faire adresser pendant quelques jours le journal l'*Univers*, sur lequel j'exerce une certaine influence, et auquel j'ai tâché d'imprimer une direction *exclusivement catholique.*

» Dégager l'élément catholique de l'exploitation systématique et partiale d'un parti politique qui en a eu

(1) *Revue de la Franche-Comté*, t. Ier de la 2e série.

trop longtemps le monopole ; employer cet élément immortel à purifier et à redresser la société moderne, ce qui ne peut se faire qu'en renversant l'idolâtrie aveugle qui a identifié les destinées impérissables de l'Eglise avec le sort d'une dynastie mortelle, telle est la tâche que se propose l'*Univers*. Ses ennemis sont nombreux et acharnés, car on ne s'attaque pas impunément à des préjugés et à des passions, surtout lorsqu'on a par derrière soi d'autres passions et d'autres préjugés ; mais enfin le nombre de ses adhérents s'augmente constamment, et j'ai cru qu'un esprit aussi désintéressé et aussi éclairé que le vôtre était digne d'entendre ce langage, adressé par des hommes purs et consciencieux à ceux qui sont avant tout et malgré tout *catholiques*.

» Si vous pouvez le propager parmi les hommes qui sentent comme vous, ce sera, je crois, un service rendu à la vérité et à la société.

» M. de Grammont a été très sensible à votre souvenir et vous prie d'agréer ses compliments, auxquels j'ajoute l'expression des sentiments de haute considération avec lesquels j'ai l'honneur d'être, Monsieur, votre très humble et dévoué serviteur. »

« Paris, 1842.

» Monsieur,

» M. Béchet m'a remis la lettre et le beau volume que vous avez eu l'extrême bonté de m'adresser par son entremise. Je suis on ne peut plus reconnaissant et du présent en lui-même et de l'obligeant souvenir qui vous l'a inspiré. Un regard jeté à la hâte sur votre œuvre (1) a suffi pour me convaincre qu'elle offrait le

(1) *Essai sur l'histoire de Franche-Comté*, par M. le président CLERC, tome Ier, 1re édition.

plus grand intérêt : je me réserve le plaisir de l'étudier avec soin en Franche-Comté même, où j'espère passer une grande partie de l'année qui va s'ouvrir. Ce sera pour moi une grande jouissance de vous revoir, Monsieur ; la société où nous vivons est si triste que la rencontre d'un homme de cœur, avec qui l'on peut sympathiser religieusement et politiquement, est un bienfait bien rare et dont il faut savoir à la Providence un gré infini. Je ne pense pas que M. Béchet vous rapporte une idée très avantageuse de ce qui se passe ici : Dieu veuille que notre Franche-Comté résiste encore longtemps à l'influence trop exclusive de Paris. Je vous remercie d'avoir bien voulu m'envoyer le numéro du *Franc-Comtois :* j'avais reçu le spécimen de ce journal et les trois premiers numéros pendant mon voyage d'Orient. L'esprit dans lequel il est rédigé me plaît, et je compte m'y abonner à dater du 1er janvier.

» En attendant l'époque où j'aurai le plaisir de vous voir à Besançon, veuillez croire, Monsieur, aux sentiments de gratitude et de très haute considération avec lesquels j'ai l'honneur d'être votre très humble et très obéissant serviteur. »

« La Roche-en-Breny (Côte-d'Or),
ce 28 mai 1846.

» Monsieur et ami,

» Je vous dois la plus vive reconnaissance pour l'excellente lettre que vous avez bien voulu m'écrire le 27 du mois dernier. Elle m'a mis parfaitement au courant des dispositions électorales de votre département. Avec du temps et de la persévérance, notre position s'améliorera, j'en ai l'intime conviction ; mais il faut de l'un et de l'autre de ces deux éléments de toute action sérieuse. Les catholiques sont en général trop pressés : ils veulent à la fois se donner fort peu de peine et réussir promptement. Je sais que vous ne partagez pas cette faiblesse, et c'est pourquoi je vous la signale sans réserve. J'ajouterai que les catholiques ne connaissent pas leur force; M. Guizot la connaît bien mieux qu'eux-mêmes. Mes dernières relations avec cet homme d'Etat m'ont convaincu de la grande importance qu'il attache à notre concours : heureusement pour nous, il se fait, quant à présent, une idée exagérée de notre importance et de notre activité. Dieu veuille que notre apathie aux prochaines élections ne vienne pas trop tôt le détromper. Le sens de son fameux discours est bien évident pour tous ceux qui connaissent le fond de ses pensées : il a dit aux catholiques : *Si, comme je suis porté à le croire, vous êtes vraiment une force dans le pays, montrez-le aux prochaines élections, et j'en tiendrai grand compte, qu'elle soit* POUR *ou* CONTRE *moi ; mais si vous n'êtes rien que quelques bavards, alors taisez-vous et laissez la machine gouvernementale aller son train.* Avec le concours énergique de l'évêque de Saint-Brieuc et de M. Guizot, nous avons bon espoir de faire élire M. Lenormand, vice-président de notre comité catholique, dans les Côtes-du-Nord, et ce *malgré le préfet.* Nous comptons aussi faire nommer M. de Cormenin dans deux ou trois arrondissements. Ah! si le clergé franc-comtois voulait user de sa force, si seulement il était libre de ses mouvements, comme il nous serait facile, je ne dis pas de déplacer certains députés, mais de leur faire sentir le frein et le poids des intérêts catholiques !

» Quant à mon beau-frère de Mérode, je n'ai pas besoin de vous dire que je fais des vœux pour lui ; et cela non parce qu'il est mon beau-frère, mais parce que, comme tous ceux de sa maison, il est dévoué avec zèle et intelligence à la liberté religieuse. Du reste, il est assez jeune pour subir sans inconvénient un premier échec. Il en est de lui en particulier comme de tous les catholiques militants : c'est à force d'être vaincus que nous devons apprendre à vaincre.

» J'ai appris avec le plus vif intérêt que M. Pusel de Boursières était disposé à prendre en main la cause de la liberté religieuse ; et je souhaite de tout mon cœur qu'il ait réalisé les espérances que vous me manifestiez à son égard. Cependant nous n'avons reçu jusqu'à présent aucune communication de sa part. M. de Vatimesnil a fait des tentatives auprès d'un de ses amis, lequel a répondu que, tout en sympathisant beaucoup avec nos efforts, il ne pouvait s'y associer, de peur de compromettre l'avenir de son fils ! Malgré toutes ces misères, je ne désespère pas de voir un jour ou l'autre la Franche-Comté reprendre son véritable rang dans l'action catholique qui caractérisera le XIXe siècle et qui seule peut sauver la France d'un état social aussi odieux et mille fois plus inexcusable que celui du Bas-Empire.

» J'ai reçu avec une profonde gratitude votre second volume de l'histoire de Franche-Comté : je l'ai donné à relier et je me réserve le plaisir de le lire à mon aise pendant les vacances. Je vous ai dit le plaisir que m'avait fait goûter votre premier volume ; je ne doute pas que celui-ci ne m'en donne encore plus. »

On le voit par ces lettres, les excursions et les descriptions archéologiques ne servaient que de loisirs à ce grand esprit; le présent et l'avenir de l'Eglise le préoccupaient encore plus que le passé, et pour faire triompher une cause si sainte, il employait à la fois la plume, la parole, l'action, toutes les ressources du génie catholique. La tribune de la chambre des pairs était comme le poste où veillait ce fier croisé, et d'où il signalait au monde tous les périls de l'Eglise et de la liberté, inséparablement unies dans son culte et dans son amour. Nous ne pouvons qu'indiquer ici ses brillantes luttes, tant de fois renouvelées, pour l'enseignement libre, qui attachaient toute la chrétienté à la lecture des débats de la noble chambre, en le mettant aux prises avec tous les princes de la parole, M. Guizot, M. Cousin, M. Villemain, M. de Salvandy. L'Irlande et la Pologne, toutes les nations en larmes ou en deuil, avaient aussi en lui le plus tenace et le plus intrépide des avocats. Toutes les choses déjà dites se rajeunissaient dans sa bouche, il communiquait intérêt et vie aux matières les plus épuisées, il forçait la France et l'Europe à l'entendre, malgré elles, dans tous ces sujets que la politique aurait voulu enterrer, s'imaginant que le sublime de la prudence est d'écarter une question et non de la vider une fois pour toutes. La question du Sonderbund était de celles-là. Le gouvernement de Louis-Philippe était sympathique à la Suisse conservatrice, mais il n'osait pas l'avouer devant la démagogie, qui conspirait déjà assez ouvertement en France, et qui allait trouver dans la réforme électorale la facilité de faire cette étrange surprise appelée par l'histoire la révolution de Février. M. de Montalembert dénonça, avec une verve indignée et vengeresse, le 14 janvier 1848, l'odieuse victoire remportée sur le Sonderbund par la Suisse radicale. Il nous appliqua éloquemment l'adage des anciens.

Nam tua res agitur, paries quùm proximus ardet.

Ce n'était pas, en effet, de la Suisse ni des jésuites qu'il s'agissait dans ce réveil soudain des passions démagogiques, mais de la France, de l'ordre et de la liberté dans notre pays, de nous-mêmes. L'orateur se sentait et se disait vaincu. « Il venait, disait-il, parler à des vaincus, c'est-à-dire à des représentants de l'ordre social, de l'ordre régulier, de l'ordre libéral, qui venait d'être vaincu en Suisse et qui était mènacé dans toute l'Europe par une nouvelle invasion de barbares. » Il entendait gronder ce souffle révolutionnaire, déchaîné depuis 1789, ce souffle qui se réveille de vingt en vingt ans, s'apaise et se laisse contenir comme pour reprendre des forces, fait croire au besoin qu'il est éteint, tandis qu'il remue et qu'il ébranle les fondements de la société, et qu'il s'échappe par quelque endroit, en couvrant de ruines et de sang le sol des nations devenues le jouet de sa fureur. Tout son discours fut comme une révélation prophétique de l'avenir réservé à la France. La chambre des pairs en fut ravie, transportée, hors d'elle-même. C'était pour elle le chant du cygne ; pour M. de Montalembert, c'était le cri de l'aigle qui est chassé de l'aire où il a été nourri, et qui, découvrant un horizon plus vaste et plus sombre, s'y précipite à tire d'aile et attire désormais tous les regards.

Le discours sur le Sonderbund retentissait encore dans toute l'Europe quand il fut justifié par l'événement. La révolution de Février montra que M. de Montalembert avait vu juste, mais les passions débordées de la démagogie un moment triomphante ne pouvaient le lui pardonner. Louis Blanc envahit le Luxembourg avec ce qu'il appelait les élus du travail, et, montant à la tribune d'où l'orateur catholique descendait à peine, il demanda où était le tribun de l'aristocratie qui avait la veille soulevé les pairs de France dans un indicible transport, et réveillé des passions que l'on croyait endormies et glacées. Où était M. de Montalembert ? A Paris, et de là, s'adressant aux électeurs de plusieurs départements qui lui avaient offert leurs suffrages, il leur faisait sa profession de foi électorale.

Il était de mode alors de se proclamer républicain de la veille. Plusieurs, ne pouvant faire mieux, rappelaient qu'ils étaient nés sous la première république. Presque tous, et ils étaient sincères, promettaient d'être pour le lendemain des républicains à tout prix. M. de Montalembert ne désavoua rien et promit encore moins. Il disait avec cette noble fierté qui lui a été reprochée quelquefois : « Je ne sollicite ni ne désire l'honneur de siéger à l'Assemblée nationale. Je ne serai pas plus le courtisan du lendemain que celui de la veille. J'ai vécu pendant dix-huit ans sous la monarchie en disant ce que je croyais être la vérité sur tout et à tous. Je compte faire de même sous la république. Si cette république, en améliorant le sort des travailleurs, garantit, comme celle des Etats-Unis, à la religion, à la propriété et à la famille, le bienfait suprême de la liberté, elle n'aura pas de partisan plus sincère, pas de fils plus dévoué que moi. Si, au contraire, elle suit la trace de sa devancière, si elle prohibe par voie d'exclusion, de suspicion, de persécution ; si elle ne recule pas devant la confiscation et devant la violence, elle pourra bien m'avoir pour adversaire ou pour victime, mais elle ne m'aura jamais pour instrument ou pour complice. » Méditons cette profession de foi, elle n'a pas vieilli. Ecrite pour la Constituante de 1848, elle mérite d'être celle de tous ces honnêtes gens qui briguent l'honneur de représenter la France après la révolution de 1870.

La candidature de M. de Montalembert fut servie dans le Doubs avec une noble ardeur et combattue avec un acharnement inouï. L'entreprise était hardie, téméraire, presque impossible. Qu'on se rappelle les préjugés et les passions du temps. Notre candidat avait contre lui non-seulement les révolutionnaires parce qu'il était conservateur, les impies parce qu'il était catholique, mais les honnêtes gens timides ou politiques, ceux-là avec toutes leurs épouvantes, ceux-ci avec toutes leurs vues étroites et bornées. Son nom était aux yeux des uns le symbole de la réaction la plus violente, aux yeux des autres une vive et sanglante insulte à la Suisse radicale, notre chère voisine, qu'il venait de flétrir. Les plus prudents disaient : Le temps de M. de Montalembert n'est pas venu, on le nommera l'année prochaine. Beaucoup souhaitaient qu'il fût nommé en Bretagne ou en Vendée ; mais ils le jugeaient trop catholique ou trop légitimiste pour notre province. On l'accusait communément d'être légitimiste, quoiqu'il eût passé dix-huit ans à s'en défendre ; d'avoir été pair de France, et il s'en faisait gloire ; de soutenir les jésuites, et il se promettait de les soutenir encore. Il écrivait nettement : « Je n'ai rien à désavouer de mon passé, j'ai même la prétention de n'avoir rien à y changer. »

Heureusement, tant de droiture et de hardiesse ne déplut pas à tout le monde ; le bon sens, l'esprit, la foi, se mirent en campagne en faveur de M. de Montalembert et soutinrent résolûment leur candidat. Le premier mérite en revient à l'*Union franc-comtoise*, qui arbora le drapeau de cette candidature impopulaire et qui entreprit pour la défendre une propagande pleine d'ardeur et de talent. Les légitimistes qui avaient fondé ce journal, oubliant ce qui les séparait de l'illustre orateur, ne virent en lui que l'éloquent défenseur de la religion et des libertés constitutionnelles du pays. La magistrature se mit de la partie : une assemblée de gens de loi tenue au palais de justice sous la présidence de M. Bourgon, et composée de plus de trois cents personnes, accepta le nom de M. de Montalembert et se promit de le servir. Le clergé fut unanime : on vit, le 24 avril, qui était le jour de Pâques, les curés sortir de leur paroisse de grand matin, avec leur maire, en tête des électeurs, et apporter au chef-lieu de canton, sans se soucier des clameurs de la démagogie ni de la mauvaise propagande des cabarets, les bulletins que leur influence avait conquis. Les représentants les plus élevés de l'industrie, du commerce et de la finance, prirent part à la croisade ; les votes de l'armée, recueillis dans tous les régiments où le département comptait des soldats, fournirent leur appoint ; enfin, grâce à tant d'efforts, le nom de M. de Montalembert sortit de l'urne électorale, mais le dernier sur une liste de sept représentants, et à la majorité de trente-une voix seulement sur celui de

M. de Blondeau. Il avait obtenu 22,552 voix sur 68,396 votants. M. de Blondeau, maire de Saint-Hippolyte, qui le suivait de si près, et qui se crut un instant l'élu du peuple, eut, disons-le à sa louange, assez de patriotisme, d'esprit et de goût, pour applaudir le premier au triomphe inespéré de son rival.

C'était le triomphe de toutes les grandes causes. La France et l'Eglise gardèrent bonne note de notre département, de nos montagnes surtout, où le grand orateur avait trouvé les plus nombreuses et les plus vives sympathies. Candidat dans plusieurs provinces du Midi et de l'Ouest, M. de Montalembert ne fut nommé que dans le Doubs. C'est notre pays seul qui lui a rouvert la carrière de l'éloquence et de la politique, que la révolution de Février venait de lui fermer ; c'est à notre pays que revient l'honneur immortel des beaux discours, des grandes actions, de la haute influence, qui ont signalé cette seconde partie de sa vie.

II.

1848-1857.

M. de Montalembert avait 38 ans. Jeune encore, d'un extérieur plein de charmes, d'un talent que le travail mûrissait chaque jour, et que les luttes d'une tribune nouvelle allaient faire grandir, il n'intervint d'abord que par un vote désintéressé et silencieux dans les débats de partis et de personnes qui absorbèrent les premières séances de l'assemblée.

Il écrivait à Besançon :

« Paris, ce 4 mai 1848, à 3 heures et demie.

» Monsieur et ami, je vous écris de l'Assemblée nationale, où tout s'est passé le plus tranquillement du monde jusqu'à ce moment. Après avoir *acclamé* la république, on s'occupe en ce moment de la vérification des pouvoirs, et si on parvient à en vérifier assez pour obtenir le nombre voulu de votants, on compte procéder dès ce soir à la nomination des président, vice-présidents et secrétaires. On parle de Buchez ou de Trélat pour la présidence.

» Que vous dirai-je de mon élection? Elle m'a flatté, vu les oppositions violentes qui se sont liguées contre mon humble personne; elle m'a surtout pénétré d'une profonde reconnaissance pour ceux qui avec tant de générosité et de dévouement se sont consacrés à cette œuvre laborieuse et impopulaire. Mais je ne puis pas dire qu'elle m'ait rendu heureux. Je n'augure rien de bon de la situation présente, ni des idées qui dominent dans tous les esprits, même dans ceux des catholiques! Je prends en grande pitié un pays qui en est réduit à prendre M. de Lamartine pour le type du courage et de la vertu civique. Je n'en ferai pas moins mon devoir avec simplicité et sans découragement, comme par le passé. Je suivrai par instinct, comme par conviction, l'excellent conseil que vous me donnez : je ne compte parler qu'à la *dernière extrémité.* Je crains beaucoup que nos amis de Besançon et du département ne se rendent pas très bien compte des motifs qui me feront garder (aussi longtemps que possible) le silence, et qu'ils ne m'en fassent un reproche. Je compte sur vous au besoin pour les éclairer à ce sujet. Je compte surtout sur la continuation de votre ancienne bienveillance pour moi, et plus que jamais sur vos prières dont j'ai tant besoin. — Votre tout dévoué et obligé (1). »

Mais dès que les grands intérêts de la société, l'honneur de la France au dehors, sa liberté et sa prospérité au dedans, se trouvèrent en jeu, l'orateur reparut sur la brèche. Son début devant cet auditoire, si différent de celui de la chambre des pairs, date du 22 juin. Il combattit avec une puissante logique la reprise de possession des chemins de fer par l'Etat que proposait

(1) Lettre à M. le président Clerc.

M. Duclerc, ministre des finances. Le 1er juillet, M. Goudchaux, qui avait remplacé M. Duclerc, retira le projet de loi. Entre le discours de M. de Montalembert et le retrait de la loi, il s'était passé une révolution. Les journées de juin avaient rendu quasi prophétiques ces paroles par lesquelles l'orateur avait conclu : « Le plus grand trait de génie de la révolution de 1789 a été de s'identifier dans le cœur du paysan français avec le sentiment de la propriété. Eh bien ! prenez garde, représentants du peuple, et vous, membres du pouvoir exécutif et du gouvernement, prenez garde que par vos fautes et par le système où l'on vous engage, j'aime à le croire, malgré vous, la révolution de 1848 ne s'identifie dans l'esprit du peuple français avec la ruine ou du moins l'ébranlement de la propriété. » Le sang versé dans les journées de juin, dans la lutte entre le parti de l'ordre et le parti de l'anarchie, puisse-t-il être, comme le souhaitait Mgr Affre, de sainte mémoire, le dernier versé ! Puisse-t-il avoir cimenté à jamais cette propriété fondée, après la révolution de 1789, avec l'assentiment de l'Eglise, donné par le concordat, avec l'indemnité des émigrés votée en 1825, et surtout avec l'oubli de tous les torts et la communauté des intérêts réunis de toute la France laborieuse, honnête et chrétienne !

Ce bon sens pratique et populaire que M. de Montalembert faisait parler avec tant d'éloquence, éclatait jusque dans les bureaux de l'Assemblée. Le chapitre II du projet de la constitution sur le pouvoir législatif ayant été mis en discussion le 5 juillet, notre représentant le combattit avec ce pressentiment de l'avenir qui lui était si familier. Ce projet proposait une assemblée unique. « Ma conscience m'oblige à déclarer que pour moi, dans cet article, se trouve non-seulement toute la constitution, mais encore tout l'avenir de la république. En effet, voulez-vous que la république disparaisse au premier jour dans une tempête, en ne laissant qu'un souvenir de confusion et de ruine, condamnez-la à n'avoir qu'une chambre. Voulez-vous, au contraire, que la république dure, qu'elle devienne la forme définitive de la société française, qu'elle s'identifie avec l'ordre et la prospérité du pays, alors donnez-lui deux chambres, c'est-à-dire imposez un frein au pouvoir politique qui tendrait à devenir illimité et à abuser de sa force. »

La liberté d'enseignement devait-elle ou non être inscrite dans la constitution nouvelle? M. de Vaulabelle, alors ministre de l'instruction publique, et M. Jules Simon, se chargèrent de la défense de l'Université; Mgr Parisis, M. de Falloux, Mgr Fayet, parlèrent en faveur de la liberté réclamée depuis dix-huit ans. On attendait M. de Montalembert sur le terrain où il avait rompu tant de lances. Il remplit presque deux séances par ses discours (1), « demandant à la république d'entrer hardiment et franchement dans la voie de la liberté intellectuelle et morale, de sortir de la vieille ornière de la monarchie, où la monarchie avait versé, lui prédisant qu'elle ne ferait pas plus de républicains par l'enseignement public que les trois monarchies n'ont fait de royalistes. » L'empire, qui vient de tomber après avoir essayé d'un nouvel enseignement dynastique, a-t-il mieux réussi? Les vain-

(1) *Moniteur* des 19 et 21 décembre 1848.

queurs du 4 septembre, qui demandent déjà des fonds à la future constituante pour fonder des bourses dans les lycées de filles (1), réussiront-ils mieux à inspirer à l'enfance l'amour des institutions républicaines? Est-ce parce que leurs devanciers n'ont pu former des hommes à leur image, qu'ils entendent façonner à la leur des hommes et des femmes? Il est donc vrai de dire que les révolutions ne nous apprennent rien. Tout se borne à élever d'autres bustes dans les écoles, en place de ceux que les enfants ont brisés la veille et que les maîtres leur ont livrés. Pauvre France! quand ne mettra-t-elle plus sous les yeux de la jeunesse que l'image du Dieu mort pour nous! La république durera quand elle se fondera, en face de ce Dieu rédempteur, sur l'inébranlable base du devoir, du droit et du sacrifice.

La constitution républicaine fut votée le 4 novembre 1848. Trente membres seulement se prononcèrent contre l'ensemble du projet. M. de Montalembert, qui était de ce nombre, expliqua son vote par une lettre. Il n'avait pas voulu prendre sur lui, par un vote affirmatif, la responsabilité de deux grandes erreurs qui viciaient la constitution, ne voyant, d'une part, ni stabilité pour les pouvoirs publics ni indépendance pour les simples citoyens dans l'institution d'une assemblée unique, et de l'autre, étant convaincu que le suffrage universel ne saurait être sincère ou efficace, si par le vote apporté au chef-lieu de canton, on accordait une prépondérance inique et dangereuse aux populations des villes sur celles des campagnes. Ainsi notre orateur

(1) Circulaire aux recteurs.

ne craignit jamais de déplaire, ni de s'écarter de la voie commune, ni de s'isoler au besoin. Il nous disait avec une noble fierté : « Je me suis trompé sans doute, puisque la plupart des hommes éminents dont j'avais partagé l'avis sur ces deux questions ont voté pour l'ensemble de la constitution. Mais ma conscience ne m'a pas permis de suivre leur exemple. J'aurais cru manquer à la confiance de mes commettants, qui m'ont chargé de leur donner, non pas une constitution quelconque, mais la meilleure possible (1). »

La constitution était à peine votée, que les événements d'Italie forcèrent nos représentants à jeter les yeux au dehors et à se préoccuper de la situation faite à la papauté. Le premier ministre de Pie IX, le comte Rossi, avait été assassiné, le pape assiégé dans son palais et forcé de prendre la fuite, Rome livré sans défense à une bande d'étrangers et de pillards. A la première nouvelle de ces douloureux événements, le général Cavaignac, chef du pouvoir exécutif, fit embarquer 3,500 hommes pour Civittà-Vecchia, et chargea M. de Corcelles, représentant du peuple, d'une mission diplomatique à Rome. Quel était le caractère de cette expédition? M. de Montalembert se chargea de l'expliquer dans la séance du 30 novembre contre M. Ledru-Rollin, qui n'y voyait qu'une manœuvre électorale en vue de l'élection de Cavaignac à la présidence, et même contre M. Bixio, qui n'y voyait qu'une question italienne. « J'en fais une question, dit-il, qui n'est ni italienne, ni française, ni même européenne, mais qui est, je ne peux pas me servir d'une autre

(1) *Moniteur* du 6 novembre 1848.

expression, une question catholique, c'est-à-dire la question la plus vaste et la plus haute qu'il soit possible de poser. » Puis, avec un courage, une franchise, une éloquence sans pareilles, il traita le sujet de main de maître, écrasant M. Ledru-Rollin, saluant le souvenir à jamais glorieux du comte Rossi, et se moquant fort spirituellement de l'extrême gauche, qui s'apercevait à peine de ses traits railleurs. Notons l'interruption suivante : « Je n'ai pas à me poser ici en apologiste et en apôtre de la démocratie... (*bruit à gauche*), cette prétention serait déplacée chez moi.... *Voix à l'extrême gauche :* Oui! oui! très déplacée! *M. de Montalembert.* Vous le trouvez, n'est-ce pas? Eh bien! moi aussi. (*Rire général.*) Nous sommes d'accord, croyez-le bien. (*Nouvelle hilarité.*) » L'assemblée approuva la conduite du gouvernement, à la majorité de 480 voix contre 63.

Chaque discussion nouvelle apportait, chaque mois, à M. de Montalembert la matière d'un nouveau triomphe. La constituante ayant achevé son œuvre, de nombreuses pétitions la pressèrent de se dissoudre et de faire place à la législative. Un représentant, M. Rateau, se fit l'interprète du sentiment général, et déposa une proposition qui fut discutée le 12 janvier 1849. Notre orateur aborda la tribune avec de vives et spirituelles saillies qui peignaient bien la situation : « Je suis en présence de trois partis dans l'assemblée : le premier est une minorité qui veut à tout prix s'en aller, et, entre autres bonnes raisons, parce qu'elle se croit sûre de revenir; une seconde fraction, qui est également en minorité selon moi, ne veut à aucun prix s'en aller, par de très bonnes raisons aussi, je n'en doute pas, et parmi elles, par une raison personnelle, c'est qu'elle est à peu près sûre de ne pas revenir. Entre ces deux fractions, j'en distingue une troisième qui n'a pas de parti pris sur la question, qui n'est pas la majorité, mais qui la fera, et qui ne demande pas mieux d'être éclairée.... C'est à son patriotisme, à son désintéressement, à son impartialité, que je m'adresse. » M. de Montalembert gagna encore sa cause : 400 voix se prononcèrent pour la prise en considération.

Ce fut sous l'influence de ces événements que M. de Montalembert écrivait, à Besançon, à un de ses meilleurs amis :

« Paris, ce 29 décembre 1848.

» Monsieur et ami,

» J'ai reçu avec beaucoup de reconnaissance l'aimable lettre que vous m'avez fait l'honneur de m'adresser par l'entremise de mon beau-frère. J'ai bien peu de temps à moi, mais je veux dérober quelques instants aux occupations qui m'accablent, pour vous dire à quel point je suis reconnaissant de votre bon souvenir, et combien je tiens à maintenir la sympathie qui nous unit depuis si longtemps.

» Je vous remercie aussi de l'approbation dont vous honorez mes trop faibles efforts, depuis que le suffrage des catholiques de la Franche-Comté m'a envoyé à l'Assemblée. Je sens bien que j'ai été au-dessous de ma tâche : mais aussi j'ai rencontré sur ma route des difficultés aussi graves qu'imprévues. J'ai surtout à me plaindre du peu d'appui que j'ai rencontré dans les représentants catholiques de l'Ouest et du Midi. Les uns, dominés par leurs antécédents légitimistes, les autres, entraînés par ce catholicisme *démocratique* et *socialiste* dont l'*Ere nouvelle* s'est faite le drapeau, ont, selon moi, assez mal compris leur position et celle de la France. J'en excepte M. de Falloux, qui réunit toutes les qualités de l'homme d'Etat à toutes les vertus du chrétien, et auquel je ne puis reprocher que son adhésion trop empressée à l'inexcusable insurrection de Février, après avoir réprouvé systématiquement le gouvernement de Juillet parce qu'il était né d'une insurrection.

» Je pense et j'espère, comme vous, que nous aurons prochainement des élections. Le choix de la future assemblée m'inspire déjà de vives préoccupations. Je pense bien que les candidats promettront à l'envi la liberté d'enseignement. Mais il faudra encore rechercher chez eux une certaine dose d'intelligence et de *solidité* politique, peu commune de nos jours. J'accepterai avec fierté le mandat de représentant si, comme on veut bien me l'assurer, les électeurs du Doubs songent à me le continuer. Mais je regarderai comme une faute la présentation aux électeurs d'une liste exclusivement catholique et légitimiste. Il faut que les légitimistes apprennent à s'entendre avec les conservateurs orléanistes, pour lutter ensemble contre les socialistes et les républicains de la veille. Autrement, et en supposant même le triomphe des candidats exclusifs, nous verrons reparaître toutes les clameurs qu'on élevait naguère contre la noblesse, contre l'ancien régime, les émigrés, etc., etc.

» Agréez, Monsieur et ami, le nouveau témoignage de mon cordial attachement (1). »

(1) Lettre à M. le président Clerc.

Cependant l'Assemblée, avant de se dissoudre, devait faire la loi électorale, et notre représentant ne pouvait manquer l'occasion de faire voir comment il entendait qu'on appliquât le suffrage universel. Il demanda le vote à la commune. Interrompu, harcelé à tout moment par la gauche, mais protégé par la majorité de l'Assemblée, il réclama le droit de vote pour l'ouvrier des campagnes, à qui le vote au canton imposerait le triple impôt de l'argent, du temps et de la fatigue, pour les vieillards et les infirmes, incapables de faire vingt kilomètres pour aller de leur domicile au chef-lieu, pour les gens tranquilles, les hommes d'ordre, à qui il en coûte bien plus qu'aux exaltés de braver les fatigues et les distances. Les insultes que la gauche lui prodiguait le trouvaient insensible. Il y répondait de temps en temps par des mots comme ceux-ci : « Vos interruptions et vos clameurs m'honorent aux yeux des Français dont je défends les droits. Je vous invite à les continuer, vous me ferez grand plaisir et grand honneur. » Il faut citer encore un passage de ce discours, dont l'application est aussi facile à faire aux gens de 1870 qu'à ceux de 1848. « Dès qu'un parti quelconque, je n'en excepte aucun, se trouve le maître du gouvernement en France, il ne traite pas la France comme une victime et comme une conquête, ainsi qu'on l'a dit, non ; mais il la traite volontiers comme une écolière. Il se constitue le pédagogue du pays ; il le met en tutelle ; il se croit investi du droit de lui apprendre, à ce grand pays, ce qu'il doit vouloir, savoir et faire. Messieurs, ç'a été la faute de tous les gouvernements, leur faute et leur faiblesse ; ils sont tous tombés pour n'avoir pas compris que la France, tôt ou tard, se révolte contre la férule du pédagogue. » La constituante corrigea en partie, après ce discours, le vice de sa propre constitution et vota quatre circonscriptions électorales par canton, en attribuant au conseil général de chaque département le droit de les déterminer.

La loi sur l'organisation judiciaire était encore de celles que l'Assemblée voulait voter avant de se dissoudre. D'après l'article 38 du projet mis en délibération, le pouvoir exécutif était investi de la faculté de renouveler tout le personnel des tribunaux. De nombreuses réductions étaient proposées, et la magistrature entière se trouvait placée sous la menace d'une épuration politique. Le représentant du Doubs proposa un amendement pour consacrer le principe de l'inamovibilité. Il montra que cette inamovibilité était née tout entière des faits et de la tradition, que les siècles l'avaient créée et qu'il fallait respecter l'œuvre des siècles en laissant passer les révolutions sur la tête du juge sans la frapper, comme elles passaient sur la tête du prêtre sans la faire fléchir. Il s'écriait avec un mouvement digne de la majesté de l'orateur romain : « Que le fleuve du progrès, si progrès il y a, que la destinée de la nation, ce qu'il y a de variable, si vous l'aimez mieux, dans les destinées de la nation, roule son cours entre deux rives inébranlables, entre le temple de la loi et le temple de Dieu, entre le sanctuaire de la justice et le sanctuaire de la vérité, entre le sacerdoce du prêtre et le sacerdoce du juge. » Puis, flétrissant ce qu'il y avait à la fois de ridicule, d'inapplicable, d'impossible dans la réorganisation de la magistrature dans les cours d'appel et dans les tribunaux, il faisait voir tous les juges de France transformés en délinquants ou du moins en justiciables devant les bureaux du ministère chargés de prononcer sur leur maintien ou sur leur destitution. Il défiait les plus fiers républicains d'étendre la main de la justice sur les tribunaux pour sacrifier un de leurs membres sur cinq, conformément aux réductions proposées. Il les défiait même de garder les uns et de bannir les autres, en les jugeant sur leurs opinions politiques. Enfin, il amenait la gauche à trahir son embarras par son silence, et il la clouait, muette et étonnée, sur ces bancs qui frémissaient d'entendre un tel homme : « Je vous le demande encore une fois, quel intérêt politique, moral et social, pouvez-vous avoir ici? Que ferez-vous avec cette mesure? Vous augmenterez le nombre des mécontents et des malheureux ; je trouve qu'il y en a déjà assez en France. Vous augmenterez surtout le nombre des solliciteurs, et je trouve qu'il y en a beaucoup trop. » L'amendement de M. de Montalembert, appuyé par M. Jules Favre, fut adopté dans la même séance par 344 voix contre 322. Le projet de loi fut retiré, et la magistrature garda, comme en 1830, l'inamovibilité qui fait la dignité du juge et la sécurité du justiciable. Plaise à Dieu que ces principes, déjà remués par une révolution nouvelle, soient encore une fois reconnus et garantis ! La magistrature serait à jamais compromise le jour où elle deviendrait élective et amovible, et où on l'obligerait de regarder derrière les tables de la loi pour étudier dans l'horizon politique les chances et les orages de l'avenir.

Après de tels discours et de tels succès, M. de Montalembert pouvait bien se compter parmi ceux qui souhaitaient la dissolution de la constituante, parce qu'ils étaient sûrs de revenir avec la législative. Les élections ayant eu lieu le 15 mai 1849, il obtint dans le département de la Seine 94,589 voix; le Doubs et les Côtes-du-Nord le nommèrent le même jour, le Doubs avec 32,702 voix sur 52,662 votants, les Côtes-du-Nord avec 67,934 voix sur 110,201 votants. M. de Montalembert opta pour le Doubs : c'était un noble et gracieux remerciement à la confiance si hardie que nos montagnards avaient mise en lui, l'année précédente, au jour de la défiance publique et du péril social. L'*Union franc-comtoise*, qui avait assuré son triomphe la première fois, le rendait plus sensible encore dans la seconde élection en faisant passer sous le patronage de son nom la liste tout entière proposée par ce journal : MM. de Montalembert, Demesmay, Baraguey d'Hilliers, Bixio, Pidoux et de Moustier. La victoire du parti de l'ordre était décisive et complète.

Les annales de l'assemblée législative sont remplies, comme celles de la constituante, du nom, de la parole et de l'influence de l'illustre représentant du Doubs. Il était l'un des oracles de la majorité, et sa voix, de plus en plus écoutée, mais non moins combattue, acquit une autorité encore plus grande, sans rien perdre de tout l'à-propos que lui donnaient les interruptions imprévues. Je signale le projet de loi sur la presse, présenté après l'émeute du 13 juin, et que M. de Montalembert fit adopter pour sauver la liberté menacée par les excès de la plume et de la parole. Ce n'était plus une majorité de quelques voix seulement que l'orateur déterminait, à force de courage, à se prononcer en sa faveur; c'étaient les deux tiers et souvent les trois quarts de l'Assemblée. La loi sur la presse fut votée à la majorité de 400 voix contre 146.

Ce fut une majorité plus belle encore, 467 voix contre 168, qui termina la discussion des crédits supplémentaires relatifs à l'expédition de Rome. On sait que le retour de Pie IX était entravé par les conditions qu'on avait voulu lui faire, et que la lettre du président à Edgar Ney prétendait restreindre la liberté du saint-siége. La gauche trouva un organe inattendu dans Victor Hugo ; mais M. de Montalembert, en face de cet adversaire qui se séparait pour la première fois de la majorité, et du parti révolutionnaire qui l'avait applaudi à outrance, le réfuta du premier mot en lui succédant à la tribune :

« Messieurs, le discours que vous venez d'entendre a déjà reçu le châtiment qu'il méritait dans les applaudissements qui l'ont accueilli. » A ce coup de massue, les cris : *A l'ordre! à l'ordre!* partent de toutes parts. M. de Montalembert se reprend : « Ce mot vous blesse, Messieurs, je le retire, et je dirai : Le discours que vous venez d'entendre a déjà reçu sa récompense. » Le tumulte est au comble, mais le vaillant jouteur ne se laisse pas désarçonner. Il reprit sa pensée sous une autre forme, et souhaita à M. Victor Hugo de trouver un jour à Rome un asile à l'abri des orages. « Eh bien ! là il se repentira d'avoir fait le discours qu'il vient de prononcer, et ce repentir sera son châtiment. »

Après ce début, sa verve ne fit que s'accroître et ses pensées grandir. Il se mit à discuter les conditions du retour de Pie IX à Rome, opposant à celles que la démagogie voulait faire au pape le *motu proprio* que le pape lui-même venait de publier. Il rappela ce que

Pie IX avait fait pour son peuple, les ingratitudes dont on l'avait payé, la douloureuse expérience qu'il avait faite du gouvernement constitutionnel, la nécessité où il était d'y renoncer aujourd'hui. Puis, prenant les démagogues à partie et faisant le tour de l'Europe : « Ce sont les forfaits, les assassinats, les crimes commis partout au nom de la liberté qui ont glacé et désolé les cœurs les plus dévoués à sa cause. Vous avez arrêté, détourné, ce courant admirable qui nous inspirait, à nous, vieux libéraux, comme vous dites, tant de confiance et d'admiration. Ce courant s'est perdu. Vous avez détrôné quelques rois, c'est vrai, mais vous avez détrôné bien plus sûrement la liberté ! » Après ce reproche si ému et si mérité, l'orateur revient à Pie IX et préconise la force morale, l'empire qu'il exerce sur les consciences et sur les âmes : « Vous le niez, cet empire, qui a eu raison des plus fiers empereurs. Eh bien ! soit; mais il y a une chose que vous ne pouvez pas nier, c'est la faiblesse du saint-siége. Or, sachez-le, c'est cette faiblesse qui fait sa force insurmontable contre vous. Oui, vraiment, car il n'y a pas dans l'histoire du monde un plus grand spectacle que les embarras de la force aux prises avec la faiblesse. Quand un homme est condamné à lutter contre une femme, si cette femme n'est pas la dernière des créatures, elle peut le braver impunément. Elle lui dit : Frappez, mais vous vous déshonorerez, et vous ne me vaincrez pas. Eh bien ! l'Eglise n'est pas une femme, elle est bien plus qu'une femme, c'est une mère !

» C'est une mère ! c'est la mère de l'Europe, c'est la mère de la société moderne, c'est la mère de l'humanité moderne. On a beau être un fils dénaturé, un fils ingrat, on reste toujours fils, et il vient un moment, dans toute lutte contre l'Eglise, où cette lutte parricide devient insupportable au genre humain et où celui qui l'a engagée tombe accablé, anéanti, soit par la défaite, soit par la réprobation unanime de l'humanité (1). »

A ce cri : L'Eglise est une mère! une triple salve d'applaudissements accueillit l'orateur. Ces applaudissements redoublèrent à la fin de la séance. « Ils furent tels, dit le *Journal des Débats*, qu'on ne se souvient pas d'en avoir entendu de pareils dans les assemblées délibérantes. » Sainte-Beuve écrivait, trois semaines après : « Je n'ai rien à dire de ce dernier discours qui retentit encore. Le passage sur l'Eglise, d'autant plus forte qu'elle est faible, et qui apparaît revêtue de l'inviolabilité d'une femme et d'une mère, ce pathétique mouvement, même pour ceux qui, à distance, ne prendraient ces choses qu'au point de vue du beau, devra rester comme une des plus heureuses inspirations de l'éloquence (2). » S. S. Pie IX remercia M. de Montalembert par un bref daté de Portici le 13 novembre 1849, déclarant « que ce discours vivrait à jamais dans la mémoire des gens de bien. »

Parvenu à cette hauteur, M. de Montalembert sut s'y maintenir : témoin son discours sur l'impôt des boissons, dont il fit voter le maintien (3), en bravant l'impopularité attachée à cet acte, en prévoyant qu'un jour peut-être ce discours lui coûterait sa réélection.

(1) *Moniteur* du 20 octobre 1849.
(2) SAINTE-BEUVE, *Causeries du lundi*.
(3) Le 20 décembre 1849.

5

« S'il me la coûte, disait-il fièrement, c'est le discours dont je m'honorerai le plus.... Dans les temps de révolution, l'impopularité est presque toujours l'apanage des vrais amis du peuple; la popularité du moment, celle de la passion, celle des masses ignorantes, aveugles, entraînées, celle des révolutions enivrées et triomphantes. Mais il y en a une autre, la vraie, celle qu'on gagne en dédaignant la fausse. Il faut la rechercher d'abord dans la conscience des honnêtes gens, qui sont trop souvent, presque toujours, silencieux, timides, un peu poltrons, mais qui admirent chez les autres le courage qu'ils n'ont pas eux-mêmes. Puis, à côté de cette justice timide, mais certaine du présent, il y a l'éclatante et infaillible justice de l'avenir. C'est là l'éternelle popularité du vrai, du juste, de l'honnête, et j'ajouterai de l'honneur et de la conscience humaine (1). »

Enfin arriva le jour de la discussion sur la loi de la liberté d'enseignement. Vingt ans de débats préliminaires avaient précédé le combat suprême. La cause plaidée devant la chambre des pairs, devant le pays, allait-elle être définitivement gagnée ou perdue? M. de Montalembert se fit alors, avec M. de Falloux, M. Thiers et M. l'abbé Dupanloup, le principal négociateur d'un traité de paix entre les partisans du monopole universitaire et ceux de la liberté. Il éprouva le besoin de justifier devant la Législative et cette guerre et cette paix. Les discours qu'il prononça le 17 janvier sur le caractère conciliant de la loi, le 4 février dans la discussion des articles, le 12 sur la décentralisation de

(1) *Moniteur* du 14 décembre 1849.

l'enseignement et sur les académies départementales, sont empreints de cet esprit d'union et de dévouement qui faisait la majorité de l'Assemblée et qui se retrouvait dans le pays dont elle était la sincère expression. Quelques-uns de ses amis l'bandonnèrent, d'autres s'abstinrent, le plus grand nombre le suivit. On discuta six mois, et la loi ayant été votée le 15 mai 1850 par 399 voix contre 237, le nonce fut chargé, par une dépêche spéciale de la secrétairerie d'Etat, de témoigner aux auteurs et aux défenseurs de la loi toute la satisfaction de Sa Sainteté pour la part qu'ils y avaient prise.

Cette loi donnait dans une large mesure la liberté de l'enseignement primaire et de l'enseignement secondaire; elle réservait celle de l'enseignement supérieur. L'empire en a altéré l'esprit en ce qui concerne l'enseignement primaire ; on a découragé et éliminé peu à peu tous les éléments libres qui concouraient à la surveillance et à la direction des écoles; on a cherché querelle aux congrégations enseignantes; on a soustrait l'instituteur à l'influence du prêtre, et, sous prétexte de l'émanciper d'une tutelle habile et honorable, on lui a imposé le joug humiliant et capricieux d'une administration de mairie ou de préfecture, qui en a fait un agent, presque public et avoué, de propagande électorale.

Les brèches faites à la liberté de l'enseignement secondaire ont été beaucoup moins sensibles. Tout s'est borné à des tracasseries misérables, dont il fallait rire en passant outre. Quelle misère que d'interdire aux établissements libres le titre de collége, en dépit de la langue, de l'usage, des circulaires et règlements faits pendant dix ans, en dépit surtout du sens commun, qui a persisté à nous rendre ce que nous ôtait M. Rouland ! Quelle misère que de faire parfois des enquêtes de bureau sur la provenance des candidats aux grades universitaires, en leur fournissant l'occasion de mentir pour répondre à une question qu'on n'avait pas le droit de leur adresser ! La bifurcation inventée en 1852 était encore une machine de guerre contre l'enseignement libre. Mais un jour est venu où il a fallu la brûler en l'honneur de M. Duruy, après l'avoir défendue et vantée en l'honneur de M. Fortoul. Au milieu de cette guerre à coups d'épingles, l'enseignement secondaire libre a porté de bons fruits. Il a fondé cent colléges qui vivent et enseignent depuis vingt ans. Il a peuplé les écoles de droit d'une génération meilleure et plus chrétienne que les générations précédentes. Il a agrandi le cercle un peu étroit dans lequel le sacerdoce français puisait ses recrues. Il a forcé les portes de l'école polytechnique et de l'école Saint-Cyr, et l'élément chrétien, qui n'y pénétrait qu'à titre d'exception, y entrant désormais comme naturellement et sans respect humain, s'y est perpétué sans embarras et sans ombrage. Les jeunes gens formés dans les écoles libres en sortent à peu près tous avec l'esprit de foi, et la plupart d'entre eux gardent, même dans les périls du monde et les passions de la jeunesse, les pratiques ou les remords de la foi. Voilà les résultats acquis par la liberté de l'enseignement secondaire. Constatons-le sur la tombe de l'homme qui a usé sa vie à demander ce bienfait et qui a fini par le procurer à son siècle et à son pays.

L'œuvre est à compléter. M. de Montalembert a formé des disciples qui demandent la liberté de l'enseignement supérieur et qui l'obtiendront comme une conséquence nécessaire des libertés données en 1850. Je ne sais si l'empire répugnait ou non à placer le couronnement de l'édifice. On voulait faire quelque chose, mais le moins possible. La révolution de 1870 obligera non pas à faire tout, mais à tout laisser faire. Il se formera, sous la protection d'une loi rapidement votée, un ou deux centres d'enseignement supérieur, où l'on conférera des grades et où l'on appliquera des programmes en toute liberté, comme cela doit être en toute justice. Le droit de conférer des grades, moyennant des conditions communes à toutes les universités du monde connu, appartient à toute université, libre ou d'Etat, ecclésiastique ou séculière. Il lui appartient aussi de faire ses programmes comme elle l'entend, et nous avons si souvent manié et remanié ceux qu'on applique aujourd'hui, qu'il sera très possible de faire mieux, très difficile de faire aussi mal. L'équivalence des grades et la liberté des programmes, voilà en deux mots tout ce que nous demandons pour nos universités futures. Soyons plus modestes : notre université future, car nous ne pourrons guère en créer et en soutenir plus d'une, aura surtout l'immense mérite de faire voir comment on enseigne la médecine en respectant la dignité de l'âme, privilége dont jouissaient à peine quelques écoles secondaires que je pourrais nommer, mais dont nos grandes écoles se sont montrées trop peu jalouses pour qu'elles aient à se plaindre d'avoir bientôt une concurrence cléricale. Ce jour-là les amis de Montalembert iront visiter son tombeau et salueront encore une fois sa grande et immortelle renommée.

Ce fut au milieu de ces travaux et comme entre deux discours que notre célèbre représentant vint remercier ses électeurs. Il se rendit d'abord à Saint-Brieuc, pour leur dire combien il avait été fier de leurs suffrages, puis dans le Doubs, où l'attendaient deux ovations, l'une à Maîche, le 30 août 1849, l'autre à Besançon, le 2 septembre. Il dit aux habitants de nos Franches-Montagnes : « Oui, je le reconnais, il y a deux montagnes, une montagne ennemie et une montagne amie ; l'une à l'Assemblée nationale, la montagne rouge qui représente le danger de la France ; l'autre ici, cette montagne chrétienne, et en même temps patriotique et vraiment libérale, cette montagne comtoise dont les enfants et les prêtres m'entourent en ce moment. Et c'est vous, c'est la montagne comtoise et catholique, qui m'avez choisi pour aller combattre cette autre montagne dont vous détestez les doctrines et les actes.... Ne changez pas, restez ce que vous êtes, simples et forts, libres et courageux, catholiques avant tout, bons Français envers et contre ceux qui veulent le malheur de la France, et fermement résolus à maintenir le patrimoine de foi, d'honneur et de vieille probité que vos pères vous ont laissé ! » A Besançon, la magistrature et les électeurs du parti modéré lui offrirent un banquet dans la salle des Pas-Perdus du palais de justice. M. le premier président Alviset lui porta un toast, et la réponse eut un caractère particulier de reconnaissance et de satisfaction. « Nulle part ni jamais, disait notre représentant, je n'ai reçu un témoignage si flatteur et si éclatant de confiance et d'estime.... On vous a dit que j'étais un orateur, c'est une erreur assez populaire parmi vous, mais c'est une erreur. Non, je ne suis pas, à vrai dire, un orateur ; je n'en ai ni les goûts ni les qualités. Je ne suis qu'un soldat qui monte à la tribune comme à la brèche, pour planter un principe ou une vérité, en présence de l'ennemi. En présence de mes amis, je ne suis qu'un causeur. » Il causa, et parfaitement, sur les périls de la société, sur la propagande socialiste, sur les hommes sans génie et sans courage qui la font sans pudeur, sur la nécessité de l'union entre tous les honnêtes gens pour obtenir l'ordre et la paix. « Dieu et la société, voilà, dit-il en terminant, le vrai sens de votre devise, *Deo et Cæsari!* J'ose dire que c'est aussi la mienne. Elle est inscrite sur le drapeau que vous m'avez chargé de porter pour vous et que j'ai planté en votre nom sur la tribune nationale.... Le jour où vous me retirerez votre mandat, ce jour-là je déposerai ce drapeau entre vos mains, sans reproche pour moi, sans tache pour lui. »

Je ne veux pas passer sous silence le rapport de M. de Montalembert sur une proposition de loi relative à l'observation du dimanche. Cette proposition, faite par M. d'Ollivier, avait été prise en considération dans la séance du 30 mai 1850 et renvoyée à l'examen d'une commission qui choisit pour organe le célèbre député du Doubs. Au milieu des rires ironiques de la gauche, mais de l'approbation et des applaudissements réitérés de la droite, la lecture de notre grand orateur soutint pendant près de deux heures l'attention de la chambre. On l'écouta avec une curiosité inquiète quand il démontra qu'il était temps de faire intervenir la majesté de la loi et les efforts de l'autorité, si l'on ne voulait pas que la France fût la première des nations à donner au monde le spectacle d'un pays où l'une des plus saintes obligations de la nature et de la religion est impunément foulée aux pieds, et où rien ne distingue ostensiblement le jour du repos de la semaine du travail. Il fut interrompu à plusieurs reprises en signalant cette prospérité toujours croissante que Dieu donne aux pays où le dimanche est respecté, et dans la proportion même de ce respect, comme en Angleterre et aux Etats-Unis, où la liberté religieuse la plus absolue se concilie avec l'observation scrupuleuse du dimanche. Mais une sorte d'orage éclata à la fin de la séance, à la lecture des articles du projet de loi. Ce projet était modeste : il prescrivait la suspension des travaux publics les dimanches et jours fériés ; il autorisait la fermeture des cabarets dans les villages et dans les bourgs, pendant les offices des cultes reconnus par l'Etat ; enfin, il réservait deux heures au moins dans la matinée à tout militaire des armées de terre et de mer pour le libre accomplissement de ses devoirs religieux. Ce rapport achevé, un membre de l'extrême gauche s'écria : Renvoyé à Charenton ! Une vive agitation régna sur tous les bancs de l'Assemblée et se prolongea pendant quelques minutes.

Telles sont les mœurs françaises, que nous ne voulons entendre ni reproche ni conseil une fois qu'on touche à certaines matières. La chambre fut évidemment plus émue que convertie par les paroles de l'orateur; elle oublia le rapport, ajourna la discussion, et l'interruption des travaux législatifs par le coup d'Etat du 2 décembre nous laissa avec la loi inappliquée de 1814, qui ne demeure dans nos codes que pour constater leur impuissance. Quel est le jour où cette matière sera enfin remise à l'étude? Sera-ce l'honneur de la future assemblée, comme c'est son devoir, de prescrire l'observance légale et publique du dimanche? J'invite les hommes qui pensent à guérir leur patrie des vices qui la souillent et des calamités qui l'affligent, à relire les belles pages écrites sur ce sujet par M. de Montalembert. Ils les trouveront plus vraies, plus pratiques, plus actuelles encore aujourd'hui qu'il y a vingt ans. Les restes du dimanche sont tombés : c'était la dernière pierre de notre dernier boulevard. Voilà pourquoi la France, visiblement châtiée par la main de Dieu, croule et s'affaisse sous le double poids de la guerre étrangère et des discordes civiles. Le réveil de 1870 est mille fois plus terrible que celui de 1848. Nous avons été surpris encore une fois, et nous ne sommes pas au bout de nos surprises. Tant que le dimanche ne sera pas observé, la religion ne sera qu'un mot; le travail excessif et illicite, au lieu de profiter à la propriété, la ruinera; les familles dispersées dans les cabarets par les honteux excès du lundi n'auront plus ni prière commune, ni joie pure, ni entretiens honnêtes; elles se sépareront à jamais les unes des autres, et deviendront toutes la proie inévitable de la corruption et de l'impiété.

La dernière année de l'Assemblée législative donna au rôle de M. de Montalembert un caractère plus accentué en politique. Il prit part, dans les bureaux, à la discussion sur les changements à faire à la constitution, sur la proposition des questeurs relative à la défense de l'Assemblée, sur la responsabilité du président de la république et des agents du pouvoir exécutif. Sa tendance était visible : il songeait à fortifier l'autorité du président. Ce fut la pensée qu'il porta à la tribune dans la séance du 10 février 1850, en appuyant la demande du crédit de 1,800,000 fr. pour les frais de représentation de l'Elysée. Laissant de côté la question d'argent, il traita la question de confiance politique, signala dans le pays une agitation croissante, et montra cette date fatale de 1852, qui semblait devoir indiquer, si le parti de l'ordre se divisait, l'échéance inévitable de la guerre civile : « Ce n'est pas l'empire qui triomphera, dit-il en sortant de la tribune, c'est le socialisme. » Ici M. de Montalembert fut mauvais prophète. Le crédit fut refusé, la lutte continua, ce ne fut pas le socialisme qui sortit de la crise, ce fut l'empire.

Les vacances législatives de 1851 furent toutes pleines des émotions du moment et surtout des inquiétudes de l'avenir. Le représentant du Doubs parcourut, dans le mois d'août, une partie de nos montagnes et passa quelques jours à Besançon. Le petit séminaire de Consolation eut l'honneur de le posséder et la joie de l'entendre dans la solennité de la distribution des prix. Le collége de Saint-François-Xavier ambitionnait la même jouissance. Aux instances que lui fit le supérieur, M. de Montalembert répondit en ces termes :

« Maîche, le 13 août 1851.

» Monsieur l'abbé,

» Je suis on ne peut plus reconnaissant de l'invitation que vous voulez bien m'adresser pour la distribution des prix du collége de Saint-François-Xavier.

Mais je ne saurais vous dissimuler l'embarras qu'elle me cause, et les obstacles qui s'opposent à ce que j'obéisse à votre appel. D'abord, j'ai promis dès l'année dernière d'aller à la distribution des prix du petit séminaire de Consolation, et je ne puis manquer à cette promesse.

» Ne serait-ce pas un peu bizarre aux yeux de l'opinion, si susceptible dans ce pays, que d'aller ainsi me promener de distribution de prix en distribution de prix, alors que le silence et la retraite sont ce qui convient le mieux à des représentants en vacances, et surtout à moi, dont les opinions et la conduite sont si diversement appréciées, même en Franche-Comté?

» En outre, si je vais à Besançon pour votre cérémonie, il faudra bien que j'y reste plusieurs jours, afin d'y remplir tous les devoirs de politesse et de reconnaissance qui me sont imposés. Je comptais bien m'y rendre en effet, mais pas avant la fin du conseil général, à une époque convenue d'avance avec les membres de ma famille qui doivent s'y trouver alors. Il me faudrait donc y faire deux voyages au lieu d'un, et changer tous mes projets. Enfin ma santé, qui paraît réellement ébranlée, me prescrit un repos qui s'accorde mal avec tous ces voyages et tous ces discours.

» Je vous expose, Monsieur l'abbé, avec franchise et simplicité mes objections. Elles sont telles que je ne puis en ce moment vous promettre de les surmonter. Je ne vous dis rien de l'intérêt que je prends au collége que vous dirigez. Vous n'en sauriez douter. C'est la personnification de la cause que j'ai défendue toute ma vie, et la réalisation la plus complète des vœux que j'ai toujours formés.

» Recevez, Monsieur le supérieur, l'assurance de ma haute et respectueuse considération (1). »

L'empire est fait, avait dit M. Thiers, dès le 18 janvier. Ce fut le 2 décembre 1851 que cet empire nouveau prit naissance et le 2 décembre 1852 qu'il prit date dans l'histoire. Le peuple français sanctionna le coup d'Etat de 1851 et le sénatus-consulte de 1852 avec douze millions de suffrages.

Après les événements du 2 décembre, M. de Montalembert, qui n'était point dans la confidence du président, protesta, avec la réunion dite des Pyramides, contre la dissolution de l'Assemblée nationale. Mais on le nomma aussitôt membre de la commission consultative, et il fit, à la date du 12 décembre, sa fameuse lettre, publiée par l'*Univers* et répétée par tous les journaux. Sans amnistier le coup d'Etat, sans se porter garant de l'avenir, il invitait les catholiques à se rallier au nouveau gouvernement. Ce conseil parut une lumière. La conscience incertaine et troublée, voyant entre deux partis à prendre, d'un côté de grandes raisons, de l'autre de grands exemples, s'attache volontiers aux hommes de bonne foi qui donnent ces grands exemples, et se plaît à croire qu'ils ne sauraient ni se tromper ni tromper les autres. Peu d'hommes demeurèrent debout dans cette cruelle conjoncture. Nous avions presque tous cessé ou de voir la vérité ou du moins de la dire.

La confiance de M. de Montalembert dura six semaines. Voici une lettre qui se rapporte à cette période de sa vie :

(1) Lettre à M. l'abbé Besson.

« Paris, ce 30 décembre 1851.

» Monsieur et ami, je vous remercie cordialement de vos deux lettres du 22 et du 29 décembre. — J'appuierais volontiers votre demande d'un secours de 500 fr. auprès du ministre de l'instruction publique (1); mais je dois vous prévenir contre l'illusion trop générale que l'on se fait sur mon crédit auprès du gouvernement; je n'en ai AUCUN. Il est vrai que je me suis arrogé le droit de dire ce que je pense aux dépositaires du pouvoir, à commencer par le président; on m'écoute avec bienveillance, quelquefois avec sympathie, et de temps à autre j'ai la satisfaction de voir que mes considérations *générales* sont goûtées et mises en pratique. Mais quant aux faveurs individuelles, aux mesures de détail, aux sollicitations de bureaux, j'y suis tout aussi peu heureux que par le passé. La bureaucratie de tous les ministères sait qu'elle a en moi un ennemi sincère, et comme elle est encore toute-puissante, comme elle survit aux monarchies, aux républiques et aux constitutions, je n'obtiens *jamais* rien de ce qui passe par ses mains. Ne comptez donc pas être exaucé parce que je vous appuierai, et ne vous en plaignez pas plus que moi. Le gouvernement actuel, comme *tous* les gouvernements passés et *futurs*, sait très bien qu'il n'a aucun intérêt à me faire des grâces. Ses refus ne m'empêcheront pas de l'appuyer s'il est bon ou seulement tolérable, et ses faveurs ne me rendront jamais son complice s'il attente à la liberté de l'Eglise ou aux lois fondamentales de la société.

(1) Il s'agissait du musée archéologique de Besançon, nouvellement fondé.

» Le décret sur les cabarets va combler de joie la magistrature, le clergé et tous les bons citoyens. J'aurais désiré qu'il fût plus sévère, et qu'on eût assimilé les dettes contractées au cabaret à celles dont parle l'article 1695 du Code civil. C'eût été le meilleur préservatif contre l'usure qui dévore nos pauvres paysans. Le garde des sceaux, sur mes instances, avait ajouté cette disposition à son décret; mais, à l'Elysée, on l'a trouvée trop sévère (1). »

Le 22 janvier 1852 parurent les décrets par lesquels le président de la république confisquait le patrimoine des princes de la maison d'Orléans. M. de Montalembert adressa aussitôt au ministre d'Etat, M. de Casabianca, la lettre suivante :

« Paris, 23 janvier 1852.

» Monsieur le ministre,

» En présence des décrets qui ont paru ce matin, je remplis un devoir impérieux en vous priant de vouloir bien faire agréer au président de la république ma démission des fonctions de membre de la commission créée le 2 décembre dernier.

» Bien que cette commission n'ait été consultée sur aucun des actes du pouvoir, il n'en existe pas moins aux yeux du public, pour ceux qui la composent, une sorte de solidarité avec la politique du gouvernement qu'il m'est désormais impossible d'accepter.

» J'en appelle à votre loyauté, Monsieur le ministre, et au besoin à celle du prince Napoléon lui-même, pour que ma démission soit rendue publique par la

(1) Lettre à M. le président Clerc.

même voie que l'a été ma nomination, c'est-à-dire par son insertion au *Moniteur*.

» Agréez, etc. »

Cette lettre écrite, M. de Montalembert l'adressa à ses amis, les priant de la faire connaître, car aucun journal français n'eut la permission de la reproduire. Un prêtre de Besançon la reçut avec le billet suivant :

« Paris, le 24 janvier 1852.

» Monsieur le supérieur,

» Vous savez qu'il m'est défendu d'écrire. Je ne vous adresse donc que deux lignes, d'abord pour vous remercier des récentes marques de sollicitude que vous m'avez données, et ensuite pour vous transmettre la copie ci-jointe de la lettre que j'ai écrite hier au nouveau ministre d'Etat. Je dois ajouter que, dès le 14 de ce mois, j'avais refusé la dignité de sénateur, qu'un ministre était venu, ce jour-là, m'offrir au nom du président. Je préférais être réélu dans le Doubs, si, comme on me l'a fait espérer, on voulait bien toujours songer à moi. Mais je ne me doutais pas alors de la spoliation qui se préparait.

» En communiquant l'incluse à toutes les personnes du clergé qu'elle pourra intéresser, vous rendrez service à celui qui a l'honneur d'être, Monsieur l'abbé, avec une respectueuse considération, votre très humble et très obéissant serviteur (1). »

On voit que M. de Montalembert préférait l'honneur de représenter le Doubs dans le Corps législatif au titre et à la dotation de sénateur. Son cœur était avec nous.

(1) Lettre à M. l'abbé Besson, 24 janvier 1852.

Quand ses déceptions politiques commencèrent, il se rattacha plus fortement que jamais à sa province d'adoption. Personne ne songea alors à lui disputer le modeste honneur qu'il préférait à tout le reste. Il demeura sans concurrent et fut élu membre du corps législatif, le 1er mars 1852, par 20,139 suffrages.

Le corps législatif n'avait plus de tribune, mais M. de Montalembert s'était ouvert depuis un an celle de l'Académie française, et il venait d'y prononcer son discours de réception. Nommé le 9 janvier 1851, en remplacement de M. Droz, il fut reçu le 5 février 1852, par M. Guizot, et débuta par l'éloge de la Franche-Comté : c'est une des plus belles pages de ses œuvres.

« Parmi nos provinces de l'Est, il existe une contrée dont le nom porte l'empreinte de son histoire, de sa vieille indépendance, du mâle courage de ses enfants. La Franche-Comté de Bourgogne est comme le Tyrol de la France : une nature grandiose et pittoresque y tient lieu de monuments, et le cœur de l'homme semble emprunter à cette nature quelque chose de sa force et de sa grandeur. Sur les flancs du Jura, défrichés par les moines, au milieu des forêts de sapins et dans les gorges profondes que creusent le Doubs et ses affluents, il s'est formé une race austère, énergique, intelligente, jadis passionnée pour ses antiques franchises, de tout temps célèbre par son ardeur belliqueuse, son attachement enraciné à la foi catholique, son fier et opiniâtre dévouement à ses maîtres (1). « On ne les soumet qu'à » coups d'épée, et il faut abattre jusqu'au dernier, » disait d'eux, il y a deux cents ans, un capitaine fran-

(1) *Deo et Cæsari fidelis perpetuo.* Devise de la ville de Besançon.

çais qui avait éprouvé leur valeur en essayant de les détacher de la monarchie espagnole, dont l'amour se confondait dans leurs cœurs avec celui de leurs vieilles et chères libertés. Au dix-septième siècle, les paysans comtois se faisaient enterrer la face contre terre, pour témoigner de l'aversion que leur inspiraient la conquête française et la domination de Louis XIV. Et toutefois, à la fin du dix-huitième, tous les cœurs y étaient tellement imprégnés du sentiment national, que nulle province n'a fourni à la patrie menacée des bataillons de volontaires plus nombreux, plus intrépides, plus prodigues de leur vie. Cette terre généreuse n'a cessé de produire des héros que lorsque la France eut cessé de combattre. Elle a montré la même fécondité dans le domaine de l'Eglise, des lettres et des sciences, et jusqu'à nos jours elle n'avait enfanté que des esprits dont la hardiesse, tempérée par l'étude et la foi, n'affligea jamais la conscience ni la raison.

» Vous lui devez, Messieurs, pour ne citer que nos contemporains, M. Cuvier, qui sut être grand toujours et partout; M. Nodier, qui eut l'art de rester populaire en se moquant de toutes les orgueilleuses déceptions de notre siècle; enfin, l'homme sage et bon que vous avez daigné m'appeler à remplacer parmi vous.

» M. Droz, comme tous les Franc-Comtois, aimait sa province natale avec une passion fidèle. Il m'en eût voulu de ne pas parler d'elle avant de parler de lui. C'est un devoir que j'accomplis volontiers, car, pour moi aussi, la Franche-Comté est une sorte de patrie. C'est elle qui m'a recueilli au lendemain du naufrage de la pairie et de la royauté; c'est elle qui, en me rouvrant spontanément la carrière politique, nous a donné, à vous, Messieurs, l'occasion de fixer vos regards sur moi, et à moi la témérité d'aspirer à vos suffrages. Grâce à elle, je puis vous remercier aujourd'hui de m'avoir accordé la seule faveur que j'ai désirée, la seule élection que j'ai sollicitée, et la seule distinction que j'ai obtenue dans le cours de ma vie. »

On verra par la lettre suivante, écrite quelques mois plus tard, combien il attachait de prix aux sentiments de ses amis de la Comté, combien il souhaitait de leur demeurer cher et agréable.

« Bruxelles, ce 29 décembre 1852.

» J'éprouve le besoin de vous dire, Monsieur, combien votre lettre du 9 novembre m'a touché. J'ai grand besoin de me sentir soutenu par la sympathie de quelques hommes de cœur, au milieu de cette prostration universelle des catholiques, égarés par l'*Univers* et devenus involontairement complices d'un régime dont ils seront les premiers à sentir le poids et la honte, quand il aura produit toutes ses conséquences. Je ne sais vraiment comment on s'y prendra, dans l'avenir, pour laver la cause catholique de la souillure que lui inflige l'odieuse palinodie de son principal organe! Voilà un sénatus-consulte qui doit faire réfléchir les gens sages et habitués à juger l'avenir. Ce n'est plus seulement le régime parlementaire ou représentatif qu'on annule : c'est le dernier vestige du droit d'examen, en matière financière, commerciale et industrielle, qu'on veut extirper. La France publique et privée est désormais livrée à un seul homme et à ses conseillers intimes. Pauvre France! toujours condamnée à passer d'un excès à l'autre, et toujours enthousiaste de ceux qui la compromettent ou l'exploitent!

» Soyez assez bon pour me tenir de temps à autre au courant de ce que pensent nos amis, à Besançon, et s'ils supposent que je puis encore rester dans ce corps mutilé, bâillonné et soudoyé. Les rôles sont tellement changés depuis quelque temps, que j'ai de la peine à m'orienter dans la position relative des partis et des individus. — Je vois chaque jour, au premier rang des adulateurs du nouveau despotisme, TELS et TELS qui me reprochaient amèrement, il y a un an ou deux, de défendre contre les illusions ou les intrigues des partis l'autorité, légitime alors et modérée, d'un prince qui aurait pu fort bien rester le chef du parti de l'ordre et des honnêtes gens, si on avait bien voulu se borner à le MAINTENIR et à le CONTENIR....

» Vous apprendrez, j'en suis sûr, avec émotion le coup terrible qui vient de frapper mon beau-frère, Werner de Mérode. Son fils *unique* s'est brisé le crâne en tombant du haut d'un escalier, il y a huit jours. Il est mort le 26, à l'âge de neuf ans ; c'était un enfant charmant, doué des plus heureuses dispositions, sous le double rapport de la piété et de l'intelligence. Il promettait un digne rejeton à l'excellente souche dont il était sorti. Il était la vie et l'espoir de toute notre famille (1). »

» Veuillez faire part de cette triste nouvelle à MM. Bourgon et Edouard Clerc ; offrez-leur en même temps mes amitiés, et agréez l'assurance de mon sincère dévouement (2). »

(1) M. le comte Werner de Mérode a été consolé de cette perte affreuse par la naissance de deux fils, Herman et Félix, qui tiennent déjà toutes les espérances que donnait leur aîné.

(2) Lettre à M. Tripard, avocat à Besançon.

C'était le temps où M. de Montalembert venait de publier son admirable brochure qui a pour titre : *Des Intérêts catholiques au* XIXe *siècle,* l'un des ouvrages les plus achevés qui soient sortis de sa plume. L'épigraphe qu'il avait choisie indiquait assez la route qu'il prétendait tenir entre l'obéissance servile et la révolte ouverte : *Liceat inter abruptam contumaciam et deforme obsequium pergere iter, ambitione ac periculis vacuum.* Cette route n'était pas celle des ambitieux, mais elle avait ses dangers. Il était surtout difficile d'y garder un équilibre parfait, avec cette imagination si impressionnable, cette parole si vive et parfois si piquante, cette facilité d'indignation si vertueuse et si éloquente, que possédait M. de Montalembert. Mais quelles nobles pensées, quels généreux sentiments, quel verve et quel style dans cette page où il se traçait comme le programme de son avenir !

» Dans cette liberté que l'Eglise nous laisse, chacun demeure maître de son honneur. J'ai senti la nécessité de mettre le mien à couvert. Je l'ai déjà dit : je suis un vieux soldat de la cause catholique. On pourra certes en trouver de plus habiles et de plus heureux, on n'en trouvera pas de plus fidèles. La devise de ma vie a été celle de ce vieux Polonais de la confédération de Bar : J'ai aimé la liberté plus que tout au monde, et la religion catholique plus que la liberté même.... J'ai prédit que le triomphe de la démocratie, en 1848, ne mènerait pas loin, et que le torrent dévastateur irait bientôt s'engloutir dans les eaux stagnantes du despotisme. Je ne veux pas plus partager la honte de sa défaite que celle de sa victoire. J'ai bravé ce qu'on appelait autrefois le peuple quand ses représentants se pavanaient, dans leur attirail de souverains et de législateurs, au profit de la licence démocratique. J'ai quelque droit à retenir mon adhésion à son enthousiasme subit pour le pouvoir absolu. Prêt à tout, comme disait M. de Maistre, et sûr de rien, assez indifférent aux questions de forme, moins indifférent aux questions de personne, je me résigne à tout gouvernement où l'âme et l'honneur seront saufs. Sinon, non. Je n'aime pas le joug ; je ne suis pas assez révolutionnaire pour cela. Il n'y a rien de tel que les révolutionnaires pour supporter amoureusement le joug, après avoir brisé le frein. Je ne me sens pas d'humeur à conspirer avec la force et avec la fortune, à baiser le niveau qui m'écrase. Je n'ai point de goût pour ces unités artificielles qui absorbent tout et qui étouffent tout.... Je ne crois pas au progrès humanitaire, à la raison universelle, à l'infaillibilité des peuples, à tous ces grands mots par lesquels on nous a éblouis, amoindris, réduits à l'abjecte égalité de la démocratie, à ces vastes aplatissements de l'univers sous la passion ou la panique du moment. Je crois au droit et à la valeur de l'homme, de l'homme indépendant, de l'honnête homme. Je suis pour le système où cet honnête homme peut être compté et se compte pour quelque chose ; où il peut, à ses risques et périls, tenir tête au mensonge et au mal, au pouvoir comme aux factieux ; où tous ne sont pas condamnés, pour arriver, pour briller, pour être, à toujours courtiser le pouvoir ou l'émeute, à se courber devant quelqu'un, devant un homme ou une foule, à passer sans cesse du club à l'antichambre. Telle est ma foi politique. »

M. de Boursières, à qui il avait adressé cette brochure, lui en accusa réception. La correspondance échangée entre eux mérite d'être lue.

« Le 26 novembre 1852.

» Monsieur,

» Je viens vous remercier de la bonté que vous avez eue de m'envoyer l'ouvrage que vous venez de publier sur les *Intérêts catholiques au* XIXe *siècle.* J'ai lu cet ouvrage avec le plus vif intérêt. Il y a beaucoup de choses sur lesquelles je partage entièrement votre manière de voir. Notamment je pense comme vous, Monsieur, que rien n'est plus avantageux à la religion que la liberté. Vous soutenez cette thèse avec l'éloquence qui vous est ordinaire. On ne peut rien dire de mieux ni de plus vrai.

» Je partage aussi votre opinion sur les avantages du gouvernement représentatif, et je reconnais comme vous que les dernières assemblées ont rendu de grands services à la cause catholique. Par conséquent, j'éprouve le regret de les avoir vues tomber. Je dois ajouter pour être franc, et pourquoi ne le serais-je pas en m'adressant à un caractère aussi élevé que le vôtre? je dois, dis-je, ajouter que c'est avec douleur que j'ai vu notre représentant se séparer, au dernier moment, de la majorité, et livrer l'Assemblée sans défense.

» Au milieu des belles et bonnes choses qui se trouvent en grand nombre dans votre ouvrage, il est un fait sur lequel, Monsieur, vous me paraissez être dans l'erreur. A vos yeux, la monarchie française, sous les règnes de Louis XIII, Louis XIV, Louis XV et Louis XVI, était absolue et sans contrôle. Cependant l'autorité du roi avait un contre-poids dans les parlements. Les édits ne pouvaient être exécutés sans avoir été admis et enregistrés par eux. Pour les contraindre à cet enregistrement, on est allé jusqu'à l'exil de ces compagnies; mais cette rigueur est demeurée sans résultat; elles ont résisté à l'orage et ont conservé le droit de remontrance. En ce qui me concerne, je m'honore de ce que plusieurs membres de ma famille, conseillers au parlement de cette province, ont subi l'exil sans faillir à leur devoir.

» Le règne des rois dont je viens de parler me paraît avoir été traité avec trop de sévérité.

» Malgré cette observation, je n'en ai pas moins admiré votre ouvrage, et je vous remercie de nouveau de me l'avoir fait connaître.

» Je vous prie, Monsieur, de recevoir, etc. »

Voici la réponse de M. de Montalembert :

« Paris, 10 juin 1853.

» Pardonnez-moi, Monsieur, de venir si tard vous remercier de la lettre que vous m'avez fait l'honneur de m'écrire au mois de novembre dernier. Un grand malheur de famille, puis des devoirs et des travaux nombreux, et en dernier lieu la très grave maladie de ma fille, ont mis obstacle à la régularité de ma correspondance. Mais vous ne sauriez douter, Monsieur, du prix infini que j'ai attaché à votre suffrage, ainsi qu'aux observations amicales et sincères que vous avez bien voulu y joindre. — J'ai essayé, dans le texte même de l'ouvrage que vous avez honoré de votre approbation, d'expliquer les motifs qui m'ont séparé de la portion légitimiste et orléaniste de la majorité dans sa lutte contre le président avant le 2 décembre. Je persiste à croire qu'il valait mieux *maintenir* et *contenir*, que travailler à renverser un pouvoir dont on méconnaissait la force et dont on ne pouvait pas désigner avec certitude et unanimité le successeur. On aurait ainsi évité ou du moins ajourné la catastrophe.

» En ce qui touche aux anciens parlements, je reconnais avec vous, Monsieur, que leur rôle n'est pas suffisamment apprécié dans nos aperçus historiques. Aussi ai-je ajouté quelques mots conformes à vos idées, dans la troisième édition dont un exemplaire a dû vous être adressé.

» J'ai lu avec bonheur l'article de M. Michel en réponse à l'*Univers* dans l'*Union franc-comtoise* (1). Il est impossible de défendre avec plus d'habileté et de mesure un régime qui eut ses infirmités, mais que les gens d'esprit et d'honneur regretteront de plus en plus. Soyez assez bon pour témoigner à M. Michel la reconnaissance et la satisfaction que m'inspire ce travail excellent. Au milieu des tristesses et de l'abaissement qui nous entourent, c'est une grande consolation que de voir s'effectuer peu à peu le rapprochement des esprits honnêtes et supérieurs pris dans les camps les plus divers. Malheureusement, nous sommes menacés de perdre du côté religieux ce que nous pourrons gagner sous le rapport politique. Il est impossible de méconnaître que l'attitude inspirée par l'*Univers* à un trop grand nombre de prêtres et de laïques tend à compromettre et à déshonorer la cause catholique.

» Agréez, Monsieur, l'assurance de ma plus haute considération. »

Le Corps législatif était à peine alors, selon l'ex-

(1) Cet article était une réponse aux attaques de l'*Univers* contre la Restauration.

pression de M. de Montalembert, un modeste conseil général dont les membres avaient le droit de parler aux ministres comme aux membres d'un conseil de préfecture. Ce rôle pesait à notre député, parce qu'il ne lui laissait rien à faire et surtout rien à dire. Il s'en ouvrit à un magistrat de Besançon :

« Bruxelles, ce 6 janvier 1853.

» Monsieur et ami,

» Mon beau-frère et toute sa famille ont été infiniment touchés de la sympathie que vous m'avez chargé de lui témoigner par votre bonne lettre du 1er janvier. Veuillez croire à toute notre reconnaissance. Je vous remercie également des observations si précieuses et si bienveillantes pour moi que renferme cette lettre. J'aurais voulu que vous eussiez poussé l'obligeance jusqu'à m'indiquer sommairement les points sur lesquels nous différons, et dont je vous avoue que je ne me doute pas. Je tiens infiniment à être *en tout* d'accord avec vous.

» Mais je vous demande instamment de vouloir bien m'éclairer sur les motifs du jugement que vous énoncez dans les dernières lignes de votre lettre, où vous m'engagez à ne pas quitter le Corps législatif. Je dois vous dire que je cherche en vain un argument qui puisse m'obliger à rester dans ce Corps bâillonné, garrotté et soudoyé. J'ai toujours eu pour devise : *Non recuso laborem ;* mais j'ai une répugnance insurmontable pour tout ce qui ressemble à l'hypocrisie ou à la servilité. Or, il est démontré pour moi, depuis le dernier sénatus-consulte, que le maître auquel la France s'est donnée ne veut que des institutions *dérisoires*, et que surtout il n'entend laisser aucune place

6

dans son organisation politique aux gens de cœur et de conscience. Il désire toutefois conserver un simulacre de gouvernement représentatif, à l'usage des dupes volontaires ou involontaires. Je ne me sens pas de vocation pour un rôle quelconque dans une pareille comédie. Cependant, l'avis de mes amis de Besançon exercera une très grande influence sur ma décision ; je ne puis m'adresser à personne mieux qu'à vous, Monsieur et ami, pour savoir ce qu'en pensent les gens qui font autorité à Besançon, tels que M. Bourgon, M. Bretillot, etc.

» Quant à l'avenir, je suis loin d'en désespérer. La démocratie française subit en ce moment le châtiment qu'elle a mérité par son orgueil et son aveuglement. Mais j'aime à croire que ce châtiment ne durera pas toujours. Ce dont je ne me console pas, c'est du cynisme, de la palinodie, qui caractérisent les actes et les écrits de ceux qui nous donnent aujourd'hui Louis XIV et son règne pour l'idéal de la monarchie chrétienne, afin de mieux faire leur cour à Louis-Napoléon. Je ne sais vraiment pas comment on s'y prendra dans l'avenir pour justifier l'attitude actuelle d'une portion trop nombreuse du clergé. Enfin *aliquis providebit*, comme dit notre ami Foisset.

» J'attendrai avec impatience votre réponse, et vous prie de me croire toujours votre dévoué ami et obligé serviteur (1). »

M. de Montalembert resta à son poste ; mais, deux mois après, il se repentait presque d'avoir suivi les conseils qu'il avait reçus. Il écrivait à un de ses correspondants bisontins :

(1) Lettre à M. le président Clerc.

« Paris, ce 26 mars 1853.

» Vous avez vu, Monsieur et ami, que je me suis conformé, en restant au Corps législatif, à l'avis que vous m'aviez donné, en même temps que plusieurs autres juges éclairés et compétents. Je dois vous avouer que je n'ai point jusqu'à présent à me féliciter du parti que j'ai pris. Le Corps législatif ne s'occupe que du bal qu'il va donner à l'impératrice. Son tempérament me semble avoir considérablement perdu en force et en valeur depuis l'année dernière. Le salaire accordé par le dernier sénatus-consulte semble tenir lieu à tous de dignité et d'indépendance. A cette occasion, je désirerais beaucoup savoir de vous, et confidentiellement, à quelle œuvre à la fois charitable et municipale je pourrais le plus convenablement consacrer la portion de mon traitement que je destine à la ville de Besançon. Une prompte réponse à ce sujet m'obligerait infiniment (1). »

D'après la demande qui lui en était faite, M. Edouard Clerc indiqua l'œuvre des apprentis comme digne de tout intérêt, et M. Convers, maire de Besançon, reçut de M. de Montalembert mille francs, accompagnés de la lettre suivante, qui n'était pas destinée à la publicité :

« Paris, ce 29 mars 1853.

» Monsieur le maire,

» J'ai l'honneur de vous transmettre une somme de mille francs, que je vous prie d'employer dans l'intérêt de l'œuvre des apprentis de Besançon. Cette offrande est destinée à représenter ma part dans la contribution

(1) Lettre à M. le président Clerc.

demandée à mes collègues pour subvenir aux frais du bal qui vient d'être offert à S. M. l'empereur au nom du Corps législatif. Je ne me suis pas associé à cette démonstration, dont les auteurs n'ont pas cru, du reste, devoir provoquer une décision officielle de l'Assemblée. Je ne pense pas qu'il entre dans les attributions des corps politiques, même salariés, de faire danser la cour et la ville. Je cherche en vain une précédent analogue dans la chronique des législatures antérieures, même sous le premier empire. Nos travaux ne paraîtront, je le crains, ni assez importants ni assez laborieux, pour faire comprendre au public que nous ayons besoin de pareilles distractions. Je suis d'ailleurs bien sûr que les électeurs du Doubs n'ont jamais songé, en m'élisant, que la Chambre où ils m'envoyaient dût un jour substituer des fêtes législatives à l'intervention sérieuse du pays dans ses affaires, et remplacer la tribune renversée par un orchestre de bal.

» Agréez, Monsieur le maire, l'assurance de ma haute considération. »

Le comité de patronage qui dirige l'œuvre des apprentis se donna le tort et le ridicule de refuser cette aumône, sous prétexte qu'elle était accompagnée d'une démonstration politique.

Une épigramme fut jugée un cas pendable.

On pouvait la pardonner au moins à un orateur ; on devait accepter de M. de Montalembert une aumône que la charité accepte de toute main et à tout propos (1). L'opinion condamna le comité de patronage bien plus

(1) Le don de M. de Montalembert fut refusé à la majorité de onze

haut que ne le croyait M. de Montalembert, quand il écrivait à ses amis les deux lettres suivantes :

« Paris, le 18 avril 1853.

» Monsieur et ami,

» Je vous remercie cordialement de votre lettre du 15, reçue hier. Elle m'a attristé, moins pour moi, vous pouvez m'en croire, que pour cette FRANCHE-Comté, qui semblerait renoncer à son épithète historique et glorieuse, si les dispositions du conseil de patronage étaient celles du pays tout entier.

» Je consens avec empressement à l'emploi que vous voulez bien me proposer de la somme de mille francs qui a dû vous être remise par le conseil de la société de patronage. Vous êtes mieux à même que moi de choisir les œuvres auxquelles cette somme pourra utilement s'appliquer, sans rencontrer une opposition du genre de celle qui a repoussé ma première offrande. Je désire seulement que les œuvres en question aient à la fois un caractère populaire et une notoriété suffisante.

» Pardon encore une fois de tout l'ennui que je vous ai donné pour cette petite affaire, et recevez, avec mes remerciements les plus sincères, la nouvelle assurance de mon affectueux dévouement (1). »

« Paris, 19 avril 1853.

» La lettre que vous m'avez fait l'honneur de m'é-

voix contre cinq. Ont voté pour l'acceptation : MM. Edouard Clerc, président, Fischer, Paget, médecin, Monnot-Arbilleur, Clerc, ancien notaire.

Sur la proposition de M. le président Clerc, M. de Montalembert affecta la somme de 1,000 fr., refusée par le comité de patronage, à la reconstruction de la maison des Frères de la Doctrine chrétienne, à Besançon.

(1) Lettre à M. le président Clerc.

crire le 17 de ce mois m'a procuré une vive satisfaction. J'avais besoin de compter sur votre sympathie et sur celle du petit nombre de gens de cœur qui n'ont pas renié les traditions d'honneur et d'indépendance dont nous étions autrefois si fiers. Dans ce qui vient de se passer à Besançon, j'éprouve une vive peine de voir l'esprit de cour envahir un comité de patronage dans cette terre naguère si indépendante de la Franche-Comté, au point de lui faire préférer le bal à l'aumône.

» En vous souhaitant de persévérer dans ces nobles convictions qui vous animent et qui vous honorent, au milieu de la défection trop générale, je me félicite d'être plus que jamais d'accord avec vous et vous offre de nouveau l'hommage de mon respectueux dévouement (1). »

L'accueil qu'il reçut au mois d'août suivant dans la ville de Besançon lui fit oublier bien vite cette passagère disgrâce. Il venait prendre séance pour la première fois à l'Académie des sciences, belles-lettres et arts, qui l'avait nommé membre honoraire dès le mois d'août 1840, sur la proposition de M. Weiss. Cet empressement l'avait beaucoup touché. Il aimait à rappeler que notre compagnie était la première qui lui eût ouvert ses rangs. Il en recherchait les recueils, il en aimait les entreprises, surtout la publication des *Documents inédits,* dont il louait la pensée et l'exécution. Deux fois il doubla la valeur du prix d'histoire, offrant ainsi l'occasion de faire aux concurrents un appel que son nom rendait plus flatteur. Les pensionnaires Suard furent accueillis chez lui avec une distinction marquée,

(1) Lettre à M. l'abbé Besson.

et il leur témoigna la plus paternelle bienveillance toutes les fois qu'il put servir leurs intérêts et paraître agréable à l'Académie. M. Pérennès, secrétaire perpétuel, l'ayant invité à la fête séculaire que la compagnie célébra en mémoire de sa fondation, reçut la réponse suivante :

« La Roche-en-Breny (Côte-d'Or), le 16 août 1852.

» Monsieur et cher confrère,

» Je regrette infiniment de n'avoir pas été informé plus tôt de la célébration de l'anniversaire séculaire de la fondation de l'Académie de Besançon. Je me serais certainement efforcé de faire entrer dans mes plans de cet été un voyage à Besançon, et j'aurais préparé quelque travail plus ou moins digne de lui être soumis. Mais à l'heure qu'il est, je me trouve absolument dans l'impossibilité de quitter certains travaux qui sont en train d'exécution ici, et je n'ai d'ailleurs absolument rien, en fait de manuscrits, qui puisse intéresser l'Académie. Soyez donc assez bon, Monsieur et cher confrère, pour lui faire agréer mon profond respect et mes respectueuses excuses. L'année prochaine, je me ferai un devoir, sauf obstacle toutefois imprévu, d'aller prendre séance au sein de cette honorable compagnie. La lecture de son histoire, résumée par vous avec tant de clarté et de sobriété, n'a fait qu'ajouter au prix infini que j'attachais déjà à mériter et à conserver la bienveillance de mes confrères de Besançon.

» Permettez-moi de vous dire que je n'ai point reçu le *compte rendu* de la séance publique de janvier 1851 ni celui de janvier 1852. En revanche, j'ai reçu en double la séance d'août 1851. Mon beau-frère de Mérode, qui sera à Besançon pour le conseil général, se chargera volontiers de tout ce que vous aurez à me remettre.

» Agréez, Monsieur et cher confrère, la nouvelle assurance de ma considération la plus distinguée.

» Je me recommande spécialement au souvenir de MM. Weiss, Bourgon et Edouard Clerc. »

La promesse que contenait cette lettre s'accomplit le 11 août 1853. M. de Montalembert lut en séance particulière une notice du plus vif intérêt (1) sur Donoso Cortès, marquis de Valdegamas, ambassadeur d'Espagne en France, récemment enlevé à sa nation dont il était la gloire, et à l'Eglise catholique dont il plaidait la cause avec une éloquence souvent attristée par le spectacle du monde, mais ferme et indomptable comme il convient à la parole que l'Eglise inspire. Après la séance, l'Académie offrit un banquet à l'illustre écrivain. Elle put goûter ainsi presque en même temps tout le mérite de la plus savante lecture et tout le charme de la conversation la plus spirituelle.

Le collége de Saint-François-Xavier, qu'il visitait pour la première fois, lui devait des félicitations et des remerciements. Après y avoir été complimenté en prose et en vers, il accepta d'y présider une conférence de Saint-Vincent de Paul et adressa la parole aux élèves. Simple, familier, presque collégien jusque dans la parfaite convenance et la supériorité merveilleuse de ce ton qui lui allait si bien, il insista sur la nécessité du devoir, mais du devoir austère et complet qui façonne l'esprit aux habitudes du travail, le cœur

(1) Ce morceau, inséré dans le *Correspondant* du 25 août 1853, se trouve au tome V des *Œuvres de M. de Montalembert*, p. 190.

aux généreux sacrifices, et qui donne à l'homme la chose qui lui manque le plus de nos jours, le caractère. On se rappellera longtemps le mot final. « Demeurez fermes et inébranlables dans vos convictions, montrez votre drapeau. Il y a des jeunes gens qui sont chrétiens, mais avec une petite mesure et une indigne mollesse. Point de mollesse, gardez-vous de n'être que des poulets chrétiens. »

En quittant la Franche-Comté, M. de Montalembert se rendit à la Roche-en-Breny, où il reçut la visite de M. Dupin. Les deux académiciens s'exprimèrent fort librement sur les hommes et sur les choses du temps présent, et parurent tout à fait d'accord. Quelque temps après, M. Dupin écrivit à M. de Montalembert pour lui témoigner le regret de ne l'avoir pas vu au comice de Corbigny, et lui envoya le discours qu'il avait fait dans cette assemblée. Il en reçut une réponse dans laquelle son illustre voisin déclarait que le discours l'avait navré et donnait les motifs de sa douleur; mais il répliqua aussitôt d'un ton gai, vif et cordial, et la polémique sembla terminée. Cette réplique et la lettre qui l'avait motivée ayant été communiquées à Paris par M. de Montalembert à deux ou trois amis, ne tardèrent pas à être connues. Elles passèrent de Paris à Bruxelles, sans son aveu, à son insu et en son absence, et furent publiées le 5 décembre dans le *Journal de Liége*, c'est-à-dire dans une feuille avec laquelle ni M. de Montalembert ni les siens n'avaient eu de relation. M. Dupin s'en plaignit par une lettre du 6 février, à laquelle son contradicteur répondit le 10 mars. Le gouvernement demanda sur ces entrefaites, au Corps législatif, une autorisation de poursuites contre le député du Doubs.

La commission qui examina la demande avait conclu à la rejeter; M. le marquis d'Andelarre et M. Chasseloup-Laubat défendirent leur collègue et rappelèrent ses services en excellents termes; néanmoins, 184 voix contre 51 votèrent l'autorisation demandée. Le procès traîna en longueur et se termina par une ordonnance de non-lieu. C'est à cet incident, fort triste exemple des faiblesses humaines, exemple fort instructif des changements de fortune, que se rapportent deux lettres écrites par M. de Montalembert à des Comtois dont les sympathies lui étaient précieuses :

« Paris, 17 juin 1854.

» Monsieur le supérieur,

» Ne sachant pas encore s'il me sera possible d'aller en Franche-Comté cet été, je profite de l'occasion que m'offre M. Clément pour vous envoyer un exemplaire du portrait qui doit remplacer l'affreuse reproduction du daguerréotype dont le salon du collége Saint-François-Xavier est encombré. — Ce portrait a été fait quand j'étais plus jeune, à une époque où je n'avais pas encore l'honneur de représenter la Franche-Comté, mais où je lui appartenais déjà par les liens du cœur et de la famille. — Il vous rappellera un temps où tous les catholiques étaient d'accord pour chercher le triomphe de la vérité par la liberté seule, et où nul d'entre eux ne s'avisait de prêcher l'idolâtrie de la force et du succès, sous le nom d'autorité. — Mais sera-t-il prudent de conserver la figure d'un aussi grand criminel que moi, sur les murs d'un établissement comme le vôtre? C'est une question que vous apprécierez avec qui de droit. En attendant, je ne suis pas encore *condamné :* on n'a pas pu découvrir l'ombre même d'une preuve du délit qu'on me reproche ; mais on ne se résigne pas à laisser rendre une ordonnance de non-lieu. On traîne donc l'affaire en longueur, au risque de *désoler ma patience*. Mais elle est loin d'être à son terme.

» Je fais des vœux sincères pour que la nouvelle loi et le nouvel esprit qui vont désormais régir l'enseignement ne fassent aucun tort à votre collége. Agréez, avec l'expression de ces vœux, la nouvelle assurance de ma respectueuse considération (1). »

« Paris, ce 1er juin 1854.

» J'ai été profondément touché, Monsieur, de votre excellente lettre du 22 avril. Si je ne vous ai pas répondu plus tôt, c'est que j'espérais avoir à vous donner des nouvelles positives de la marche de mon procès. Mais j'ignore encore absolument l'issue que l'on compte donner à cette pitoyable persécution. J'ai été interrogé deux fois par le juge d'instruction ; on a entendu une multitude de témoins ; hier on a fait comparaître M. le comte Molé. Jusqu'à présent, on ne paraît pas être très riche en preuves du délit que l'on veut créer. Mais, dans l'absence totale de publicité où nous vivons, il est impossible de savoir si l'ordonnance de non-lieu, dont on a souvent parlé, sera rendue ou non. — En attendant, je suis parfaitement préparé à toutes les conséquences que cette poursuite pourra entraîner pour moi. Je me tiens pour très satisfait d'avoir eu cette occasion solennelle d'expier ce que mon adhésion au 2 décembre a eu de trop confiant, et pour très honoré d'avoir pu dire tout haut ce que personne n'avait en-

(1) Lettre à M. l'abbé Besson.

core osé exprimer, sur la marche d'un pouvoir qui a eu plus qu'aucun autre le devoir et les moyens de fonder en France un *bon* gouvernement, et qui a failli à cette noble mission.

» Il m'a été doux de trouver, dans cette épreuve, l'appui et la sympathie d'un certain nombre d'amis qui ont répondu à mon attente et qui se sont montrés fidèles à ma disgrâce, comme d'autres l'avaient été à mon crédit et à ma popularité. Votre généreuse adhésion me donne le droit de vous ranger parmi ces amis éprouvés; elle m'a consolé du silence et de l'indifférence de ceux sur lesquels je comptais avec un peu trop de simplicité. Il m'a été pénible de voir que la Franche-Comté elle-même se laissait ainsi envahir par l'aveugle servilité dont le reste de la France se montre entaché. — J'ose croire cependant qu'un jour viendra où elle me saura bon gré d'avoir honoré le mandat qu'elle m'avait confié, en restant fidèle aux convictions et aux antécédents de ma vie entière.

» Si mon procès ne se termine pas par une condamnation, je compte bien retourner cet été dans nos montagnes. J'espère que je vous y retrouverai en bonne santé, et que je pourrai vous renouveler de vive voix l'expression de la gratitude et de l'affectueuse considération avec lesquelles je serai toujours votre très humble et dévoué serviteur (1). »

Le jour de la justice, qu'attendait M. de Montalembert, est déjà venu, et, quelque effacé qu'ait paru son rôle au Corps législatif, il faut reconnaître que là, comme dans l'Assemblée constituante, comme dans

(1) Lettre à M. l'avocat Tripard.

l'Assemblée législative, le député du Doubs a singulièrement honoré par sa parole le département qu'il représentait. Là aussi il donna de prophétiques avertissements qu'on ne voulut pas écouter, mais qu'il faut relire aujourd'hui pour en comprendre toute la portée et toute la justesse. En 1855, le gouvernement présenta la loi sur la dotation de l'armée, le rengagement et le remplacement. M. de Montalembert prit la parole dans la séance du 22 mars pour dénoncer ce vaste système de spéculation que l'on allait introduire dans nos institutions militaires, au risque d'en flétrir l'honneur et d'en altérer la discipline. Il supplia le pouvoir de ne pas offrir l'appât du gain au jeune soldat pour le retenir sous le drapeau.

« Que disent, s'écriait-il dans son beau et fier langage, la loi, les mœurs, l'opinion générale, au soldat et à l'officier ? Oui, à l'officier comme au soldat, malgré la distinction mal fondée que le rapport a cherché à établir entre eux, elles disent : vous allez servir votre pays sans profit, sans bénéfice, pour l'honneur ; vous allez lui donner votre temps, vos années de jeunesse, vos plus belles années. Vous, officiers, surtout, vous nous donnerez votre liberté, l'engagement au célibat, votre santé, votre vie peut-être, tout cela pour rien ! car nous ne vous paierons pas, nous vous donnons de quoi manger, le sou de poche au soldat, et à l'officier cette solde insignifiante, qui fait que le sergent-major qui passe sous-lieutenant est plus mal à son aise que le sergent-major qui reste sergent-major. Vous ne mourrez pas de faim sous les drapeaux, mais voilà tout ce que nous vous offrons. Ce n'est pas une rémunération assurément; jamais on n'a prétendu rémunérer le service militaire en France, jamais. Et pourquoi ? par une raison très simple : c'est que si on voulait payer le véritable prix de ce que le soldat donne à la patrie, tous les trésors de la France n'y suffiraient pas. On paie un employé des finances, on paie un agent de l'administration, on ne paie pas le soldat, parce que le soldat donne ce qui est au-dessus de tout prix, au-dessus de toute rémunération. L'argent ne paie pas de ces sacrifices ; ils ne peuvent être payés que par une seule monnaie, la conscience du devoir accompli et la noble fierté que cette conscience inspire.

» De là cette susceptibilité exquise qui existe dans les rangs de l'armée pour tout ce qui tient à la probité; de là aussi cette réprobation implacable qui frappe et frappera toujours tous ceux qui, dans ses rangs, ne sont pas restés à la hauteur de cette probité souveraine !

» D'où venait donc ce préjugé antique qui faisait dire : le noble métier des armes ? D'où venait le préjugé qui avait fait de ce métier des armes l'apanage exclusif de la noblesse ? D'où venait cette distinction, trop profonde et surtout trop prolongée, entre l'officier et le soldat dans notre ancienne société ? Il venait de ce que le soldat était racolé, embauché, de ce qu'il recevait un prix pour servir, tandis que l'officier donnait ce prix au lieu de le recevoir. Les officiers, dans l'ancienne société française, c'est-à-dire les gentilshommes, avaient le privilége de se ruiner au service du roi ; ils donnaient leur temps, leur santé, leur patrimoine, souvent leur vie, sans espérer d'autre récompense que la croix de Saint-Louis pour quelques-uns, et, pour tous, le sentiment d'un noble devoir accompli et d'une tradition de famille noblement continuée.

» Qu'a fait la loi Gouvion Saint-Cyr ? Elle a fait de ce désintéressement, qui n'était que le privilége d'une classe, le patrimoine de l'armée tout entière. C'est ainsi qu'elle a anobli la démocratie française en imposant pour mission à tous ce qui était autrefois le privilége de quelques-uns : donner sa vie pour rien, c'est-à-dire pour le seul honneur, qui est tout ! »

Nous trouvons dans la correspondance de M. de Montalembert, sous la date de la même année, une réponse à une nouvelle invitation à la distribution des prix du collége Saint-François-Xavier. Le député du Doubs la décline fort spirituellement, en y mêlant quelques pressentiments sur son avenir politique (1).

« Maîche (Doubs), ce 9 août 1855.

» Monsieur le supérieur,

» Je regrette vivement de ne pouvoir, pas plus cette année que les précédentes, assister à votre distribution des prix. Il y a pour cela une raison impérieuse : c'est qu'il faut que je sois pour le 15 à Paris. En outre, vous dites que vous êtes *étrangers à la politique*, mais vous ne pouvez pas en dire autant de moi, qui suis essentiellement un *animal politique*. Cela étant, vous ne devez pas perdre de vue les inconvénients de tout genre qu'il y aurait à me faire figurer dans une solennité où beaucoup de regards hostiles ou jaloux doivent être fixés sur vous. Quand je ne serai plus député, ce qui ne tardera pas, très probablement, alors, si vous voulez encore de moi, nous verrons ce qui pourra se faire et se dire.

(1) Lettre à M l'abbé Besson.

» Je suis, du reste, profondément touché de la précieuse sympathie que vous voulez bien me conserver et me témoigner, et j'irai vous parler de ma reconnaissance en passant à Besançon dimanche ou lundi. Nous irons voir ensemble, si vous le voulez bien, les reliques de sainte Elisabeth à l'hôpital, car on m'écrit de Marbourg qu'on vient d'y découvrir ses ossements en repavant l'église.

» Je lis ici avec beaucoup de profit et de satisfaction le deuxième volume de la *Vie des saints de Franche-Comté*. J'en félicite bien sincèrement les auteurs.

» Au revoir donc, Monsieur le supérieur, et en attendant, agréez mes respectueux et affectueux compliments. »

Cette bienveillance avec laquelle il accueillait les livres comtois, se retrouvera à toutes les pages dans ce travail. Nous nous sommes fait une loi de ne rien retrancher ni des conseils ni des encouragements qu'il donne aux auteurs, parce que ces détails révèlent une grande affection pour notre province, avec une vive sollicitude pour tout ce qui la touche.

M. l'abbé Verdot, curé de Saint-Maurice, qui lui avait fait hommage de sa traduction du livre de M. l'abbé Eyzaguirre, reçut la réponse suivante :

« La Roche-en-Breny (Côte-d'Or), le 2 février 1856.

» Monsieur le curé,

» J'ai été très sensible à l'envoi que vous avez bien voulu me faire de votre traduction de l'excellent ouvrage de M. Eyzaguirre. Je vous prie d'en recevoir tous mes remerciements. En popularisant par cette version française dans le monde littéraire et religieux le travail du savant docteur de Santiago, vous lui aurez rendu un grand service en même temps qu'à la vérité catholique.

» Je prends la liberté de vous faire accepter un exemplaire de la seconde édition de mon récent écrit sur l'Angleterre, que je vous prie d'agréer comme un témoignage de la respectueuse considération avec laquelle j'ai l'honneur d'être, Monsieur le curé,

» Votre très humble et très obligé serviteur. »

M. Weiss le mit en rapport avec Mlle de Saint-Juan, qui lui adressa son premier ouvrage et qui en reçut cette charmante réponse :

« Je sais bien bon gré, Mademoiselle, à mon respectable ami M. Weiss de m'avoir valu un suffrage aussi précieux et aussi indulgent que le vôtre. Si nous vivions dans un temps où les hommes publics courraient risque de s'estimer trop haut, je vous reprocherais les périls auxquels vous exposez mon amour-propre. Mais on nous a mis à un régime où l'orgueil n'est pas précisément ce qui domine dans les âmes. Je me résigne donc à être estimé bien plus que je ne vaux, dans le groupe bienveillant dont vous avez la bonté de vous faire l'organe auprès de moi. Seulement vous m'ôtez l'envie d'avoir l'honneur de vous être présenté : je craindrai toujours de paraître en réalité trop au-dessous de l'idée que vous vous faites de votre représentant. Je compte bien toutefois rester celui des honnêtes gens en Franche-Comté et ailleurs, et c'est pourquoi je me crois toujours assuré d'être réélu par vous, Mademoiselle, et ce sera ma consolation et ma gloire.

» Laissez-moi vous remercier du plaisir que vous

avez fait à Mme de Montalembert comme à moi-même par l'envoi du charmant recueil où nous avons admiré à la fois le discernement, le goût et la piété de l'auteur (1).

» Agréez, avec mes remerciements bien sincères, l'hommage de mon respect.

» Veuillez présenter tous mes compliments à Monsieur votre père (2). »

C'est un des mérites de notre province qu'on s'attache à elle à mesure qu'on la connaît mieux, et qu'on s'y enracine en y demeurant. M. de Montalembert était devenu tout à fait Comtois et surtout montagnard. Malgré les agréments de sa terre de la Roche, la vie seigneuriale qu'il y menait, les livres rares et curieux qu'il y avait amassés et les délices que l'étude lui faisait goûter dans cette bibliothèque toute bénédictine, il voulait aussi vivre, réfléchir, écrire en Franche-Comté, et il n'avait pas cessé d'y rêver un petit château caché dans un coin de terre et fréquenté par ses amis. Cette pensée se réalisa en 1857.

M. le comte Félix de Mérode venait de mourir, et sa succession, l'une des plus riches de l'Europe, allait être partagée entre ses enfants. Parmi les biens qu'elle comprenait, se trouva la terre de Maîche. Cette terre, qui dépendait de l'ancienne baronie de Montjoie, avait été possédée depuis deux siècles par MM. Guyot, dont la famille, divisée en deux branches, donna naissance, l'une aux marquis de Maîche, l'autre aux ba-

(1) *La Lumière des jeunes âmes*, ouvrage dédié aux mères chrétiennes, 1 vol. in-12.

(2) Lettre à Mlle de Saint-Juan.

rons de Malseigne. Le dernier représentant de la première était François-Joseph-Xavier Guyot, marquis de Maîche, membre de l'Académie de Besançon. Il aimait les arts et les livres ; sa bibliothèque était celle d'un amateur éclairé de nos antiquités franc-comtoises, et le parc de son modeste château avait été planté de charmilles et décoré de statues dans le goût du XVIIIe siècle. Il épousa, en 1801, Louise-Alexandrine-Marie-Théoduline de Grammont, et vécut tantôt à Besançon, tantôt dans ses domaines de Maîche ou de Dracy, où sa mémoire est demeurée en honneur, comme devrait l'être partout celle de l'homme de bien, de l'ami et du bienfaiteur du peuple. Sa femme, qui lui survécut près de trente ans, complétant ses pensées, enrichit par des libéralités princières l'église et la commune de Maîche ; elle détacha de ses biens plusieurs fermes pour en faire la dotation du vicaire et le patrimoine des pauvres. Le reste de la terre, demeuré dans les mains de la maison de Grammont, fut attribué, par suite de partage, aux enfants du comte Félix de Mérode, héritiers de Rosalie et de Philippine de Grammont, nièces de la dernière marquise de Maîche. Le comte Félix de Mérode avait conquis dans notre province la popularité dont il jouissait en Belgique. Cet héritage d'estime et d'honneur s'accrut encore par les soins de son fils, le comte Werner de Mérode, élu, dès l'âge de trente ans, député de l'arrondissement de Montbéliard, grâce à l'énergique et unanime concours de tous les électeurs de nos montagnes, et représentant, toujours réélu, toujours incontesté, du canton de Maîche dans le conseil général du Doubs. M. le comte Werner de

Mérode et Mme de Montalembert souhaitaient tous deux de posséder la terre de Maîche. Ce commun désir honore trop nos contrées pour que j'oublie de le signaler ici. Le domaine échut à M. Werner de Mérode, mais M. de Mérode le céda à sa sœur, et n'en retint qu'une ferme, où il se fit bâtir un élégant et agréable chalet. Maîche eut ainsi la bonne fortune de garder deux grandes familles, de l'exemple le plus édifiant, de la générosité la plus inépuisable, de la plus haute et de la plus légitime influence sur toute la contrée.

Même avant d'être propriétaire du château et de la terre de Maîche, M. de Montalembert songeait à donner au pays un gage de son affection ; il y conduisit sa femme pour y faire ses dernières couches. Là naquit sa quatrième fille, le 8 juillet 1856. Le lendemain, il écrivait à l'un de ses amis :

« Maîche, le 7 juillet 1856.

» Monsieur l'abbé,

» Mme de Montalembert est accouchée hier d'une fille à laquelle nous voudrions donner, entre autres noms, celui de *Généreuse*, qui est si répandu parmi les filles de ces montagnes, et qui, outre l'avantage qu'il a d'indiquer un sentiment fort original par le temps qui court, aura celui de lui rappeler toujours son origine comtoise et *maîchoise*. — Mais j'ai beau chercher dans Godescard et autres livres du presbytère d'ici, je ne trouve nulle part une *sainte Généreuse*. On m'affirme qu'elle existe, que ses reliques sont à Porrentruy, mais impossible d'en découvrir la trace dans un imprimé quelconque. — Si le quatrième volume des *Saints de Franche-Comté* avait paru, nous trouverions sans doute tous les renseignements possibles. C'est pourquoi je m'adresse à l'un des éloquents et savants auteurs de cette hagiographie provinciale, et je vous supplie, *si fas est*, de m'envoyer d'ici à la fin de la semaine deux ou trois mots sur cette sainte inconnue, qui a dans ces régions tant de clientes et à qui je ne demande pas mieux que d'en donner une de plus.

» Agréez d'avance tous mes remerciements et la nouvelle assurance de mon respect affectueux (1). »

La réponse le combla de joie, car il apprit non-seulement que sainte Généreuse était une sainte reconnue par l'Eglise, mais qu'elle avait été mise à mort à Catane, en Sicile, pour n'avoir pas voulu jurer par le génie de l'empereur.

C'était comme un devoir et un plaisir pour lui d'employer ses loisirs de Maîche à lire les livres comtois. Il donna une attention particulière à la belle étude de M. le président Clerc sur Jean Boyvin, ce type achevé du magistrat et de l'homme politique tels que les produisait la Franche-Comté d'avant la conquête. Il écrivit à l'auteur :

« Maîche, 23 juillet 1856.

» Mon cher président,

» Je n'ai voulu lire votre *Jean Boyvin* qu'en Franche-Comté même, et je m'en félicite ; car j'en ai beaucoup plus joui que je ne l'eusse pu à Paris. Cependant, là comme ici, j'aurais apprécié le service réel et considérable que vous avez rendu par la publication de ce volume, non-seulement à l'histoire de la Franche-Comté, mais à celle de l'âme humaine. Car on peut

(1) Lettre à M. l'abbé Besson.

dire de votre héros qu'il fait honneur à l'humanité. Je vous remercie cordialement du bien que vous m'avez fait, du plaisir pur et relevé que vous m'avez procuré par cette lecture. Comment se fait-il que la mémoire d'un tel homme soit si oubliée, que son portrait ne soit pas dans toutes les maisons comtoises, que son nom ne soit pas l'un des premiers que les pères fassent connaître et vénérer à leurs enfants ? Et puis surtout, comment se fait-il que nous, hommes du dix-neuvième siècle, nous soyons d'une trempe si inférieure à celle de nos pères ?

» Il nous faut causer en détail de tout cela, et pour cela je vous fais sommation itérative de profiter de mon séjour à Maîche pour venir visiter cette Franche-Montagne dont vous écrivez l'histoire. Ma femme, dont les couches ont été très heureuses, sera bientôt sur pied. Je ne quitterai pas ce lieu avant le 15 août. J'irai certainement à Besançon au commencement de septembre ; mais ce n'est pas là que je vous verrai à mon aise. Rappelez-vous d'ailleurs que les archives de Maîche vous attendent et vous appellent. Je vous ferai voir des ruines moins belles que celles de Montfaucon, que nous avons visitées ensemble, mais qui doivent figurer dans votre histoire des franches montagnes, Franquemont, Spiegelberg, Réaumont, ou du moins l'emplacement de ces anciens châteaux. Nous parlerons du passé que nous apprécions de même, et de l'avenir sur lequel nous ne devons être guère divisés. Nous parlerons surtout de cette pauvre Comté, qui s'en va comme tout le reste, mais dont il reste assez pour que je me sente tout à fait enclin à dire comme votre héros : « Toute mon ambition se ter-

» mine à vouloir estre tenu pour naïf et véritable Franc-
» Comtois. »

Un voyage en Suisse, un séjour à Besançon, une course moitié scientifique, moitié électorale, dans les cantons de Quingey et d'Amancey, occupèrent M. de Montalembert une partie de l'automne. Voici deux lettres qui se rattachent à ces circonstances, et qui indiquent l'emploi de son temps.

« Maîche (Doubs), ce 24 août 1856.

» Monsieur l'abbé,

» Est-il bién vrai que je vous aie jamais promis d'aller assister à votre distribution des prix? Ma conscience ne me dit rien à cet égard. Quoi qu'il en soit, cela m'est tout à fait impossible cette année. Je pars pour la Suisse avec mes filles, dont l'une sort du couvent et revendique tout mon dévouement paternel. — J'espère bien être de retour à Besançon le 28 au soir et y rester quelques jours. — Il faut que vous m'excusiez et que vous me remplaciez auprès de l'Académie.

» En revanche, je vous propose de visiter *Alesia*, pourvu que ce soit en passant et que cela ne nous prenne pas plus d'une demi-journée. — Si vous le voulez bien, nous irons coucher à Quingey dimanche soir 31. Le lendemain matin, nous irons par Alaise dîner à Amancey, où je compte donner rendez-vous à quelques curés de ma connaissance ; ou, s'il faut, à la rigueur, plus de temps que je ne pense pour faire cette excursion, nous coucherons à Amancey, et nous retournerons le lendemain soir à Besançon. Connaissez-vous le curé de Quingey, et pensez-vous que je puisse lui demander l'hospitalité ? Si cette idée vous agrée, je vous donne carte blanche pour disposer notre voyage, à condition que vous me fassiez savoir le moment où je pourrai fixer à M. le curé d'Amancey le jour où je dînerai chez lui avec ses confrères. Veuillez me répondre à ce sujet par un mot que je puisse recevoir avant mon départ pour la Suisse.

» Je viens de lire avec la plus grande attention les tomes II et III des *Saints de Franche-Comté :* ils me seront fort utiles pour mon propre travail. J'avais déjà lu et annoté toutes ces vies dans les *Acta.* Mais vous m'avez fait mieux comprendre le lien historique et local qui les unit. Je vous remercie cordialement de vos deux nouveaux volumes.

» Si M. Edouard Clerc voulait être de notre excursion, cela serait parfait et me dédommagerait un peu de ne pas l'avoir vu ici.

» Agréez, Monsieur l'abbé, la nouvelle assurance de mon affectueuse considération (1). »

« Maîche, ce 19 août 1856.

» Je vous remercie, Monsieur, de votre aimable et cordiale lettre d'avant-hier. Je serais charmé de me rendre à votre invitation pendant les jours que vais passer à Besançon ; mais je ne pourrais y arriver que le 28 fort tard, devant m'arrêter ce jour-là pour dîner à Ornans, et le 31 dimanche *au soir*, je dois repartir avec M. l'abbé Besson pour aller coucher à Quingey, et de là à Alaise.

» Il ne me reste donc que deux jours *maigres*, ou bien le dimanche, à l'heure du déjeuner. Disposez de moi, Monsieur, pour celui de ces trois jours que vous préférez. Je suis à vos ordres, mais à la condition

(1) Lettre à M. l'abbé Besson.

que vous me traiterez avec la simplicité dont je vous ai donné l'exemple à Maîche, et non avec le luxe bisontin et parisien que nous avons tant déploré.

» Je crains bien que M. Jacquard ne me trouve plus à Maîche, car je pars après-demain ; mais s'il vient demain, je serai charmé de le recevoir. Je vous remercie d'avoir songé à le mettre en relation avec moi, comme de toutes les preuves que vous voulez bien me donner de votre sympathique intérêt. Croyez à ma sincère reconnaissance et agréez l'assurance de ma haute considération (1). »

La question d'Alesia divisait alors la Franche-Comté et la Bourgogne, occupait l'Institut et attirait des amateurs, des savants français et étrangers, des princes mêmes, disait-on, sur le nouveau théâtre où un architecte de Besançon, M. Delacroix, avait transporté tout à coup la lutte de Vercingétorix contre César. A la place d'Alise-Sainte-Reine, où la tradition, d'accord avec les monuments, plaçait ce combat suprême, le hardi et spirituel archéologue signala Alaise, entre Salins et Besançon, sur des plateaux inaccessibles, ce semble, aux grandes armées, mais où son génie inventif imagina, découvrit, disposa, mit en bataille, à défaut de débris celtiques et romains, des *tumulus*, des lieux dits, des rochers sous le nom de murailles, tout un arsenal, jusque-là inconnu, de preuves assez populaires pour gagner le pays à sa cause, et assez habilement présentées pour faire réfléchir nombre de savants. M. de Montalembert connaissait Alise-Sainte-Reine ; il proposa à un

(1) Lettre à M. Paul de Jallerange.

prêtre de ses amis de visiter avec lui Alaise, en suivant la route que César, si tant est qu'il y soit venu, avait dû prendre entre la Saône et le Doubs. Voici le récit que le compagnon de M. de Montalembert a fait de cette excursion : « Nous partons assez gaîment dans la matinée du 1er septembre 1856. Après Saint-Vit, Byans, Quingey, visités la carte en main, nous gravissons derrière Quingey les hauteurs de Myon, et nous arrivons sur les plateaux qui dominent la Loue. A l'aspect du château de Châtillon, M. de Montalembert se rappelle le désir qu'il a eu de l'acheter et il en décrit de loin tous les agréments. Mais à Myon, les amateurs du pays l'arrêtent au passage, étalent sous ses yeux les cartes d'Alaise, commencent leur démonstration et ne nous permettent plus de parler que de César et de Vercingétorix. Il faut s'acheminer à travers champs, et le guide qui s'est offert à nous ne nous laisse pas respirer. M. de Montalembert suait à grosses gouttes, essayant inutilement de varier la conversation. — Y a-t-il des vipères dans ces rochers ? — Oui, répond le cicérone, j'en ai tué justement une là où nous sommes. — Ah ! mon Dieu. — Mais c'est l'an passé. Puis, continuant : — Prenez garde.... — Quoi donc? — Vous venez de passer le Todeure. — Eh bien ! — On se regarde. — Vous ne comprenez pas ? — Le Todeure, dites-vous? — Mais c'est un des deux fleuves dont parle César : *Duo flumina*.... — Comment donc ! je ne l'ai pas vu. — Moi non plus, mais il coulait là du temps de César.... Pendant cette démonstration, un paysan vient à passer ; M. de Montalembert l'arrête : « Y a-t-il longtemps que l'on parle ici d'*Alesia ?* — Nenni, Monsieur, c'est seulement depuis deux ou trois ans. » Le cicérone ne se décourageait pas : « Vous voyez en face ces murailles ? — Vous voulez dire ces rochers. — Des murailles, Monsieur le comte, *munimenta*, c'est encore dans César, et le nom s'est conservé dans notre langue ; ce sont aujourd'hui les *Mouniots*.

» On entre à Alaise. Là où notre guide ne voyait que *tumulus*, fossés, retranchements, M. de Montalembert s'écarquillait les yeux, mettait, ôtait, remettait son binocle et ne pouvait rien voir. Après une courte halte au presbytère, nous prenons le chemin de Nans-sous-Sainte-Anne. La démonstration continuait de plus belle. Je me retirai un peu en arrière et me mis à réciter mon bréviaire, laissant mon illustre compagnon sous le couteau. Il se retourna trois ou quatre fois d'un air suppliant ; je feignis de ne rien entendre, et après mon bréviaire je pris mon chapelet. Un orage éclata, rien n'arrêtait l'intrépide Alésien. Mais le bréviaire et le chapelet finis, j'étais sans excuse, il me fallait rejoindre. M. de Montalembert saisit l'occasion, prend les devants d'un pied leste et joyeux, entre à Nans, s'enferme dans la première auberge qu'il rencontre et nous crie par la fenêtre qu'il n'en peut plus et qu'il va dormir. Il était neuf heures du soir. Le curé l'attendait à souper. Je fus obligé de faire tout seul honneur au souper et à la discussion ; car le cicérone n'en voulait pas démordre. On ne se sépara qu'à minuit, et la question d'Alaise me parut moins claire que jamais. Le lendemain, excursion à Amancey, excellente compagnie, grand dîner d'archéologues, de curés et de notables au presbytère. Le député du Doubs croyait trouver enfin une occasion favorable pour parler des élections prochaines et de sa candidature; on l'écoutait à peine, on croyait qu'il était venu pour visiter Alaise. Pouvait-on venir à Alaise pour autre chose? C'était à désespérer le zèle du candidat. Le siége d'Alaise fut encore fait, refait, disputé avec autant de verve et de chaleur qu'il y a deux mille ans. M. de Montalembert en prit bravement son parti, et, feignant presque d'être devenu Alésien : « Eh bien! puisque c'est ici que Vercingétorix a livré contre César le dernier combat de la liberté gauloise, buvons à Vercingétorix, l'ennemi de César! » Un convive releva le dernier mot : « A l'ennemi de César! » et chacun but, sans trop y prendre garde, à l'ennemi de César. Nous partîmes une heure après. M. de Montalembert n'avait pas gagné grand'chose pour sa candidature, mais on n'avait rien gagné sur lui en faveur d'Alaise. L'allusion par laquelle se termina le dîner d'Amancey n'avait pas été saisie par tout le monde, car à quelques jours de là, ayant rencontré le préfet du Doubs : « Je sais tout, me dit-il, je vous ai suivis dans vos courses électorales, on m'a raconté ce que M. de Montalembert a dit, mais je suis fort content de lui; il ne s'est occupé que d'Alaise et n'a parlé que de César et de Vercingétorix. »

En rentrant à Besançon, M. de Montalembert trouva dans le modeste salon du collége de Saint-François-Xavier d'anciennes connaissances qui l'attendaient et qui lui rappelèrent les jours les plus agités de sa première jeunesse, en faisant revivre toute une page de sa vie : c'était avec son beau-frère M. Werner de Mérode, MM. Boré, l'un, le P. Eugène Boré, supérieur des lazaristes de Constantinople, l'autre, M. Léon

Boré, alors inspecteur de l'académie de Besançon. Tous avaient été les disciples de M. Lamennais, tous les hôtes de la Chenaye. Ils se revoyaient ensemble pour la première fois et mettaient en commun leurs souvenirs, déjà si lointains, mais toujours vivants, toujours chers à leur cœur. M. de Montalembert rappela cette messe du jour de Pâques 1834, à laquelle ils avaient tous communié de la main de leur maître, la dernière qu'avait dite ce maître fameux. *Les Paroles d'un croyant* étaient déjà écrites, mais l'ouvrage n'avait pas encore paru : Lamennais était sur le seuil de l'abîme. On parla de ses mœurs avec respect, aucun soupçon ne s'était élevé contre elles ; c'était l'orgueil et non l'immoralité qui avait perdu le Tertullien du XIXe siècle. Puis la conversation tomba sur la possibilité de sa conversion. Quelqu'un raconta les démarches que M. Gerbet avait faites, un autre comment les derniers jours de l'apologiste de la foi furent attristés par les précautions les plus sévères contre les saintes entreprises de l'illustre disciple. On voit par là jusqu'à quel point ce grand et fatal génie s'était emparé de ses amis, et quelle vive et profonde impression il avait laissée dans leur âme. Unanimes à le condamner, ils parlaient de lui avec la même affection, et ils avaient tous conservé jusqu'à la fin l'indomptable espérance de son retour. Mais Lamennais était mort dans l'impénitence, trompant ainsi les dernières espérances de l'amitié, comme il avait trompé depuis vingt ans l'attente de l'Eglise et de tous les gens de bien.

L'année 1857, qui devait mettre fin à la carrière politique du député du Doubs, s'ouvre dans notre correspondance comtoise par la lettre suivante :

« A la Roche-en-Breny (Côte-d'Or), le 27 janvier 1857.

» Je vous remercie mille fois, Monsieur, du bon souvenir que vous voulez bien me conserver et de l'extrême obligeance que vous avez eue de m'envoyer les brochures comtoises sur la question liturgique. Je les ai lues avec l'intérêt que mérite la question elle-même et surtout l'éminent prélat qui est l'objet de cet écrit.

» Le cardinal Mathieu a gardé, au milieu de nos oscillations politiques, une réserve et une dignité qui contrastent heureusement avec certaines palinodies et certaines adulations. Il n'en aura pas moins noblement marqué sa place dans la vénérable série des pontifes qui ont régi le diocèse de Besançon. Je ne sais s'il en est un seul qui ait eu à traverser une époque plus affligeante pour ceux qui tiennent à respecter ce qui devrait être respectable, et qui ne pensent pas, comme le dit l'*Univers* du 8 de ce mois, que l'*honneur* est un sentiment *païen*.

» Agréez, Monsieur, l'expression de ma très vive reconnaissance et celle de la haute et sincère considération avec laquelle j'ai l'honneur d'être votre très humble et très obligé serviteur (1). »

Cependant les élections du Corps législatif approchaient, et on se demandait si le gouvernement combattrait la candidature de M. de Montalembert. Notre cher représentant se faisait beaucoup moins d'illusion que ses amis ; en voici la preuve :

« Paris, le 27 mai 1857.

» Monsieur le supérieur,

» Je vous remercie de votre bonne et si intéres-

(1) Lettre à M. Paul de Jallerange.

sante lettre. Permettez que je me serve de vous comme intermédiaire pour remercier aussi M. Michel des renseignements que renferme la sienne. Je suis encore obligé à beaucoup de ménagements et ne dois ni ne puis beaucoup écrire.

» J'adopte pleinement la manière de voir de M. Michel sur la façon dont l'*Union franc-comtoise* a présenté ou présentera ma candidature. Je suis résolu à le prendre pour guide dans une campagne que je n'entreprends, comme vous le savez, que pour le seul plaisir de fournir aux honnêtes gens et aux hommes indépendants qui restent en Franche-Comté l'occasion de se compter. Je compte arriver à Besançon vers le 25 juin ; les élections auront lieu le 21, à ce qu'on affirme. Je vous enverrai un petit bout de profession de foi lorsque le décret de convocation aura paru : ce sera aussi court et aussi sec que possible.

» Ici on prétend, à commencer par M. Schneider, président du Corps législatif, que je ne serai pas combattu par le gouvernement ; mais je suis persuadé que leurs affirmations ne sont destinées qu'à nous tendre un piége, afin d'amortir le peu d'activité qu'on craint de rencontrer chez les amis d'une candidature indépendante (1). »

Nous nous faisions une illusion, mais cette illusion était tout à l'honneur et du gouvernement et de la Comté. Il nous répugnait de croire que le gouvernement impérial armerait contre M. de Montalembert le zèle de ses fonctionnaires. C'eût été d'une fort habile politique de garder dans les conseils du pays un

(1) Lettre à M. l'abbé Besson.

homme d'une telle valeur. L'honneur de la parole humaine, la reconnaissance publique, l'intérêt social, je vais plus loin, l'intérêt même de la dynastie nouvelle, tout le commandait. On pouvait prévoir que le régime du silence serait de courte durée, que le socialisme aurait ses retours, la France ses dangers, la religion ses besoins; on devait savoir que, pour courir à la brèche envahie, M. de Montalembert ne regarderait jamais s'il servait une dynastie, mais s'il défendait un principe. On oublia le passé, on négligea l'avenir. C'est une des plus incurables infirmités de toute autorité humaine d'appréhender les conseils à l'égal des hostilités et de tenir pour suspecte toute opposition loyale et généreuse. On n'apprécie que la flatterie, on veut au moins le silence. Plus les gouvernements qui se succèdent aux affaires sont fragiles et de courte durée, plus ils se montrent susceptibles et jaloux. Qu'on se taise et qu'on s'éloigne, qu'on ne laisse autour d'eux que le cercle inévitable des courtisans et des solliciteurs, ils se croient enracinés et affermis. Pendant ce temps-là ils permettent aux sociétés secrètes qui les minent, de travailler dans l'ombre, d'ourdir leurs complots, de préparer le coup décisif sous lequel ils succomberont un jour, comme tous les gouvernements qui les ont précédés, comme tous ceux qui les suivront, jusqu'à la réconciliation définitive de la liberté honnêtement comprise avec l'autorité paternellement exercée.

Mais qui pensait en 1857 qu'une révolution fût encore possible, que M. de Montalembert pût être encore utile? Seize personnages fort honorables de Besançon se donnèrent ce tort aux yeux de leurs concitoyens.

Les élections ayant été fixées au 21 juin, ils signèrent et publièrent le 17 un modeste appel aux électeurs du Doubs :

« Les citoyens dont les noms suivent ont résolu de proposer aux électeurs de la première circonscription du Doubs la réélection de M. le comte Ch. de Montalembert. Ils sont convaincus que M. de Montalembert se recommande assez par lui-même sans qu'ils aient besoin de parler de ses services. Sa voix s'est fait entendre pour la défense des plus grands intérêts. Ils croient néanmoins de leur devoir de déclarer qu'à leurs yeux M. de Montalembert représente par ses principes les idées de religion, d'ordre, de probité, de liberté et d'indépendance qui ont été si constamment en honneur dans notre pays.

» *Signé :* Général comte d'Arcine ; Bourgon, président honoraire ; L. Bretillot, membre du conseil général du Doubs ; Th. Belamy ; A. de Belenet, chef d'escadron d'artillerie en retraite ; Corbet, docteur en chirurgie ; Th. Déprez, négociant ; Ph. Guerrin, avocat, membre du conseil municipal ; Jacquard, banquier ; Ch. Labrune, docteur en médecine ; A. Marquiset, membre du conseil municipal ; Micaud, ancien maire de Besançon, membre du conseil général du Doubs ; Alexis Monnot Arbilleur, propriétaire ; Pusel de Boursières, ancien magistrat ; Tripard, avocat ; Louis de Vaulchier. »

Cette liste ne renferme aucun nom ecclésiastique, mais on comptait sur le clergé et on en avait le droit. Disons-le pour rendre hommage à la vérité, la plupart des prêtres de la circonscription votèrent pour M. de Montalembert ; beaucoup s'abstinrent de toute démarche, regardant leur intervention active comme dangereuse pour eux-mêmes, ou comme inutile pour le candidat qu'ils jugeaient condamné à un échec; plusieurs montrèrent leur zèle accoutumé, mais ils se heurtèrent à chaque instant contre la peur, la défiance ou l'ingratitude. L'*Union franc-comtoise* déployait en vain la même énergie et le même talent qu'autrefois; elle cherchait ses correspondants de 1849 et ne les retrouvait plus. L'*Univers*, pressé de s'expliquer, se borna, pour toute recommandation, à ces deux lignes signées de M. Louis Veuillot : « A Besançon, par exemple, qui pourrait blâmer un électeur catholique de préférer M. de Montalembert, malgré ses torts, au concurrent sans doute très honorable, mais très nouveau, qui lui est opposé (1) ? » C'était, on le voit, une simple permission, un laissez-passer ! Quelle triste phrase ! quels tristes temps !

Engagée sous de tels auspices, la lutte électorale devenait fort incertaine, mais on s'attendait à une défaite honorable. Ce fut une déroute, dont l'éclat dépassa toutes les espérances du gouvernement et lui ôta jusqu'à l'âpre jouissance de la victoire. Le défenseur de l'Eglise, l'avocat de la magistrature, le fondateur de la liberté de l'enseignement, l'orateur qui s'était couvert d'une gloire immortelle dans les deux campagnes de 1848 et 1849 et qui l'avait reportée tout entière au département qui l'avait élu, n'y trouva plus en 1857, que 4,378 voix sur 29,022 votants ; un quart s'était abstenu. Je demande à me taire sur cet échec, qui fut la honte du pays. Il étonna l'Europe entière ;

(1) *Univers* du 17 juillet 1857.

il affligea les partisans les plus dévoués et les meilleurs amis du second empire ; la justice, la liberté, l'honnêteté publique, l'éloquence, la religion, toutes ces grandes choses qui sont les maîtresses de la vie humaine, se sentirent frappées par ce coup fatal dont le contre-coup a porté plus loin qu'on ne le croit. On ne s'est jamais demandé ce qu'aurait pu arrêter ou prévenir de mal cette fière parole, si elle eût été conservée à nos assemblées. Il eût fallu compter avec elle pendant la guerre d'Italie, si désastreuse pour l'Eglise, et dont le souvenir pèsera, comme un remords, malgré nos victoires, à la conscience catholique de la France. Ne nous rassurons pas trop en nous disant que l'orateur n'eût pas été écouté. Serait-il donc rentré au Corps législatif sous des auspices plus défavorables qu'à la Constituante ? Un tel homme, dès qu'il a sa place dans une assemblée, y trouve toujours son heure. En lui fermant la porte du Corps législatif, nous avons méconnu un grand devoir, et cependant nous étions sûrs que notre représentant ne faillirait pas à son mandat.

Plaçons ici quelques lettres qui se rapportent à cet échec de si lamentable mémoire; on verra que M. de Montalembert se louait plus de ceux qui lui étaient restés fidèles, qu'il ne blâmait ceux qui l'avaient oublié ou combattu. Il écrivait à l'une de ses plus fidèles électrices :

« 14 novembre 1857.

» Ma fille a absolument voulu, Mademoiselle, me décharger du soin de vous répondre ; mais elle ne saurait me priver du plaisir que j'éprouve à vous remercier de votre extrême et fidèle bienveillance à mon endroit. Croyez, je vous en supplie, que je serai toujours infiniment sensible à la sympathie dont vous m'honorez, et que votre souvenir se mêlera toujours à celui des gens de cœur et des honnêtes gens qui m'ont choisi il y a dix ans pour les représenter. Je me permets de croire que je n'ai pas trompé leur attente. Cette conviction suffit pour me consoler d'un échec bien naturel par le temps qui court. Laissez-moi conserver l'espoir que je pourrai, soit à Paris, soit à Besançon, vous renouveler de vive voix l'expression du respect et de la reconnaissance avec lesquels je demeure votre très dévoué et très obligé serviteur (1). »

« Paris, 5 juillet 1857.

» Monsieur le supérieur,

» Je vous remercie de votre bonne lettre du 28 juin, avec d'autant plus de cordialité que vous êtes jusqu'à présent le seul prêtre de la Comté ou d'ailleurs qui ait jugé à propos de m'adresser un témoignage de condoléance sur la clôture de ma carrière politique. Vous savez que j'étais résigné à être combattu par la pression gouvernementale, mais je ne l'étais pas du tout à être abandonné par une partie du clergé.

» Je vous conjure de vouloir bien remercier en mon nom vos confrères du collége Saint-François-Xavier qui m'ont accordé leur appui. Remerciez surtout M. Michel de ses deux derniers articles (2). Celui qui a été répété par l'*Assemblée nationale* n'a pas manqué de produire ici un certain effet. Je ne saurais assez dire combien je suis touché du zèle infatigable et si désin-

(1) Lettre à Mlle de Saint-Juan.
(2) *Union franc-comtoise*, nos du 25 et du 27 juin.

téressé de cet écrivain plein de cœur et de talent. Il ne faut pas que notre échec le décourage. Il est clair qu'une partie du pays devient étrangère ou hostile à l'influence des idées généreuses et libérales. Mais il n'en faut pas moins conserver le foyer où doit s'opérer pour un avenir quelconque cette vraie et utile fusion dont les seize signataires de l'adresse aux électeurs sont les types. Que M. Michel ne laisse pas prendre à notre chère *Union* un ton trop dolent ; c'est l'indignation jointe à une inébranlable résolution qui doit percer à travers toutes les pages.

» Je ne suis pas si content de ma santé que vous le croyez. Je devais partir avant-hier pour Vichy. Une crise nouvelle, quoique légère, a retardé mon départ. J'espère me mettre en route demain, et je compte bien être à Besançon vers le 20 août ; mais je n'assisterai pas à votre distribution des prix. Laissez-moi en pleine possession des bienfaits de l'oubli et du silence, et sous le nouvel Auguste si vanté par les Virgiles de nos jours, qu'il me soit permis de dire :

..... Deus nobis hæc otia fecit.

» Sous cette condition, ce sera pour moi une véritable jouissance que de vous voir et de vous renouveler l'expression du respectueux attachement avec lequel je demeure votre très dévoué et très obligé serviteur (1). »

L'Académie française vengea M. de Montalembert en le nommant directeur de la compagnie, au renouvellement trimestriel de son bureau. Il se trouva en

(1) Lettre à M. l'abbé Besson.

cette qualité chargé de présider la séance publique annuelle de l'Institut, et il y fit entendre des paroles bien dignes alors d'être recueillies, bien dignes surtout d'être répétées aujourd'hui, car les treize ans qui nous séparent du jour où elles ont été prononcées, n'ont fait que les vérifier à la lettre :

« *Sursùm corda!* c'est le cri quotidien de la religion; c'est aussi le mot d'ordre de toute vraie science, de toute littérature honnête, de tout art sincèrement consacré à la vraie beauté. C'est au fond la traduction de la primitive devise de la plus ancienne Académie de l'Institut : *A l'immortalité!* Il n'y a d'immortel icibas que l'effort de l'homme vers ce qui est plus grand que lui. Le reste n'est qu'illusion ou faiblesse.

» Que nos travaux incessants et désintéressés servent à la fois de leçon et d'encouragement à cette jeunesse qui nous remplacera si vite, et qui a besoin, comme nous en avons eu besoin nous-mêmes, d'être éclairée, fortifiée, soutenue dans la bonne voie. Dans ses rangs, que de mains laborieuses occupées à creuser chaque jour de nouveaux sillons dans le champ de l'étude! Que de nobles luttes contre la pauvreté, contre les rigueurs ou les tentations du sort! Combien d'obscurs et valeureux dévouements, que la gloire viendra peut-être un jour atteindre de ses feux, et que couronne déjà le rayon de la conscience pure et satisfaite! Mais aussi, il faut le dire, et notre affectueuse sollicitude pour elle nous arrache cet aveu, il est au sein de cette chère jeunesse une portion trop nombreuse, plus nombreuse qu'autrefois, qui semble déjà languir indifférente et énervée, les yeux détournés de tout but élevé, de toute responsabilité personnelle, tiède et défiante à l'endroit de tout ce qui s'élève au-dessus du niveau commun, idolâtre de la force et de la multitude, qui en est le symbole. On la dirait fatiguée avant d'avoir combattu, découragée par des périls qu'elle n'a pas courus, affamée d'un repos qu'elle n'a pas mérité, et résignée aux fausses joies d'une sécurité éphémère. Souhaitons-lui les délicates fiertés et les nobles ambitions qui sont la marque assurée des âmes bien nées ; souhaitons-lui ces poésies de l'adolescence et ces enthousiasmes de la jeunesse qui enfantent les sacrifices et transforment les mondes.

» Souhaitons-lui jusqu'à des passions, s'il le faut ; oui, des passions à dompter, à discipliner, à féconder, parce que tout vaut mieux pour elle que la décrépitude précoce et le scepticisme corrupteur.

» Jeunes et vieux, sortons tous de cette basse et servile condition des âmes. Ne soyons à aucun degré complices de l'engourdissement moral et intellectuel de notre temps. Ne laissons pas éteindre en nous le feu intérieur, la lumière et la chaleur, la volonté et la vie. Portons au delà de l'horizon des intérêts grossiers et frivoles un regard intrépide, et en rendant justice et hommage à toutes les gloires du passé, tâchons de respirer le souffle d'un meilleur avenir. »

Il écrivait, quelques jours après, en réponse aux compliments que lui valurent ces belles paroles :

« La Roche-en-Breny (Côte-d'Or),
le 15 octobre 1857.

» La lettre que vous m'avez fait l'honneur, Monsieur, de m'écrire il y a un mois et de m'adresser à Maîche, où je n'avais pu aller, a couru après moi à Evian, où je n'étais déjà plus. Elle m'a suivi ici, où j'ai eu bien des fatigues et bien des embarras qui m'ont empêché de vous en remercier plus tôt. J'aurais été charmé de vous revoir à Maîche, mais ma santé ne m'a pas permis cette année de braver les mauvaises voitures et les mauvais chemins entre le Dessoubre et le Doubs. L'année prochaine, j'espère être plus heureux; je me trouve très bien des eaux d'Evian, et malgré le congé que m'ont délivré les électeurs *probes* et *libres* du Doubs, je compte encore importuner ce département de ma présence. Vous avez raison, ce me semble, de vous étonner de la défection d'une partie du clergé franc-comtois. Celui de l'Alsace a été plus fidèle à son député Migeon, comme vous le voyez par le très curieux compte rendu du procès de Colmar, dans les *Débats* d'hier et d'aujourd'hui. Mais il est probable que l'*Univers* a moins d'abonnés dans le Haut-Rhin que dans le Doubs. Ce journal, qui a si bien réussi à démolir l'autorité archiépiscopale dans le diocèse de Besançon, ne pouvait guère être moins heureux à l'encontre d'un simple député. Il a appris à plusieurs que l'honneur, la probité et la liberté sont des chimères rationalistes, ou plutôt, selon le nouveau jargon, *naturalistes*. Il a trouvé des disciples zélés et dévoués, empressés de mettre en pratique ses théories. Nous verrons ce que l'avenir en pensera. En attendant, on peut se consoler d'un ostracisme qui relègue ses victimes dans ces limbes où gît déjà l'élite de la France intellectuelle et morale. Dans un temps où M. Baroche et M. de Morny occupent la place autrefois tenue par M. de Richelieu et M. de Châteaubriand, M. Casimir Périer et M. Guizot, il n'y a pas grand honneur à demeurer parmi les *figurants* de la scène politique.

» Je suis charmé que mon discours à l'Institut ne vous ait pas déplu, et je désire que les jeunes gens, auxquels il s'adressait spécialement, éprouvent pour cet avertissement désintéressé la même sympathie que m'ont témoigné plusieurs de leurs aînés.

» Je serai toujours heureux, Monsieur, de profiter de toutes les occasions qui me rapprocheront de vous, et vous prie en attendant de croire aux sentiments de haute et sincère considération avec lesquels j'ai l'honneur d'être votre très humble et très obéissant serviteur (1). »

(1) Lettre à M. Paul de Jallerange.

III.

1857-1870.

Nous avions perdu un député, mais il nous restait un ami, un ami qui s'obstina à être et à se montrer tel jusqu'à la fin. Tous ceux qui ont eu quelques relations avec M. de Montalembert ont pu s'apercevoir de l'extrême délicatesse de ses sentiments et des vives et profondes impressions que ressentait son âme. Il fut blessé de son échec, pourquoi n'en conviendrions-nous pas? Il le jugea immérité ; mais ni lui, ni personne, ni le pouvoir lui-même, n'avait imaginé qu'il dût être si éclatant ; mais l'Europe entière en fut surprise et scandalisée autant que lui. Il s'en plaignit souvent, mais il y voyait notre honneur compromis bien plus que ses propres intérêts. Il avait pensé que dans cette bonne terre de Franche-Comté qui n'aime pas le despotisme, il resterait toujours un nombre considérable de citoyens heureux d'avoir pour mandataire l'amant jaloux et constant de toutes les libertés honnêtes. Sa confiance faisait notre éloge : sa déception fut celle de tout le monde, y compris ceux qui avaient le plus ardemment travaillé à sa chute. On lisait sur leur visage plus d'étonnement et de confusion que de joie ; ils cachaient leur joie, tant ils sentaient que cette joie était mauvaise, et qu'elle avait eu pour complices les mauvais instincts et les mauvaises passions.

Quelques mois après cet événement, l'église paroissiale de Maîche fut enrichie, par les soins de M. de Montalembert, d'un monument historique et religieux qui rappelle une des plus belles pages de nos annales. Dix-neuf paysans de la Franche-Montagne avaient été mis à mort pour la foi, dans ce village, les 14 et 21 octobre 1793 ; mais M. de Montalembert remarquait avec regret que rien ne constatait publiquement le supplice de ces glorieuses victimes de la persécution révolutionnaire. Il fit faire une table en marbre pour rappeler leur mort. On y lit ce qui suit :

A LA MÉMOIRE DE

Jean-Pierre-Nicolas Busson, de Guyans-Vennes, âgé de 35 ans.
Jacques-Tobie Monnin, des Ecorces.
Jean-Baptiste Jean-de-Maiche, de Mont-de-Vougney, âgé de 30 ans.
Jean-Guillaume Brullot, de Vennes, âgé de 30 ans.
Etienne-Joseph Boillon, de Plaimbois-du-Miroir, âgé de 35 ans.
Victor-François Boillon, de Plaimbois-du-Miroir, âgé de 30 ans.
François Thomas, de Flangebouche.
François-Xavier Dumont, de Flangebouche, âgé de 50 ans.
Jean-François Gauthier, de Flangebouche, âgé de 50 ans.
Jean Barçon, de Longemaison, âgé de 48 ans.
Claude-Joseph Devillers, de Vennes, âgé de 25 ans.
François-Joseph Tatu, de Guyans-Vennes, âgé de 30 ans.
Claude-Antoine Mougin, de Guyans-Vennes, âgé de 25 ans.
François-Xavier Cassard, de Guyans-Vennes, âgé de 27 ans.
Louis-Victor Humbert, de Longevelle.
Jean-Baptiste Receveur, de Longevelle.
Claude-François Daigney, de Longevelle.

Jean-François CHATELAIN, de Longevelle.
Claude-Baptiste MOUREY, d'Ouvans,
Tous habitants de la Franche-Montagne

MIS A MORT POUR LA FOI CATHOLIQUE

Par arrêt du tribunal révolutionnaire séant à Maiche,
les 14 *et* 21 *octobre* 1793.

Noluerunt infringere legem Dei sanctam, et trucidati sunt. *(I Machab.*, I, 66.)
O filii, æmulatores estote legis, et date animas vestras pro testamento patrum vestrorum..., et accipietis gloriam magnam et nomen æternum. *(Ibid.*, II, 50-51.)

CHARLES, COMTE DE MONTALEMBERT,

Représentant du peuple dans le département du Doubs en 1848 et 1849,

LEUR A CONSACRÉ CETTE PIERRE.

Aux remerciements de M. l'abbé Porteret, curé de Maîche, M. de Montalembert répondit en ces termes :

« Paris, le 26 février 1858.

» Monsieur le curé,

» Votre bonne lettre du 22 janvier m'a été envoyée de Paris à la campagne, que nous n'avons quittée que depuis quelques jours. Je suis charmé d'apprendre que le monument des martyrs de 1793 est arrivé à bon port. S'il y a eu des frais imprévus pour le transport, vous voudrez bien m'en prévenir, ainsi que de ceux de la pose du monument dans l'emplacement que vous avez désigné. J'aurai soin de vous les rembourser lors de mon prochain voyage à Maîche, ou même avant, par l'entremise de M. Receveur.

» J'ai été très touché des témoignages de sympathie que vous avez bien voulu me transmettre de la part de M. le vicaire général Dartois et de la vôtre. Les invectives de l'*Univers* contre moi sont un titre d'honneur à mes yeux. J'accepterai avec empressement tout ce qui pourra me distinguer, aux yeux du public, de ces hommes qui ont naguère servi sous mes ordres, mais qui aujourd'hui déshonorent la cause catholique par leurs violences.

» J'ai reçu une lettre timbrée de Maîche qui me demande d'obtenir une prolongation de congé pour le soldat..... Soyez assez bon pour lui faire comprendre, quand vous le verrez, que, n'étant plus député, je n'ai aucun titre ni même aucun prétexte pour intervenir auprès des autorités militaires ou civiles. Si je puis rencontrer un officier d'ordonnance du ministre de la guerre que je connais, je lui parlerai de cette affaire, mais il ne faut compter sur rien. M. de Morny a reconnu dans son rapport que les honnêtes gens n'étaient pas avec le gouvernement impérial. Il a demandé *pourquoi?* Mais on s'y est pris de façon à empêcher toute réponse à cette question indiscrète. Moins que jamais un homme appartenant comme moi aux anciens partis, c'est-à-dire ayant conservé les anciens principes, ne saurait se permettre de demander une faveur quelconque aux agents du pouvoir.

» Je remercie M. l'abbé de son bon souvenir : je lui en conserve un bien affectueux, et je vous prie, Monsieur le curé, d'agréer pour vous-même l'assurance sincère de ma respectueuse considération et de mon cordial dévouement.

» Toute la famille va bien, sauf quelque peu de grippe. La petite *Généreuse* fait honneur au lieu de sa naissance (1). »

M. de Montalembert continua à venir passer à Maîche une partie de la saison d'automne. Là il aimait à s'occuper de la Comté, de ses vieux livres, de ses

(1) Lettre à M. l'abbé Porteret, curé de Maîche.

nouveaux écrivains, et il ne refusait pas ses conseils aux auteurs qui le consultaient sur leurs ouvrages. On peut juger par sa correspondance si son examen était consciencieux. Après avoir lu en manuscrit les *Conversations littéraires, préceptes et modèles de style épistolaire,* il répondit à l'auteur :

« Maîche (Doubs), ce 22 août 1858.

» Je vous avoue, Mademoiselle, qu'en voyant sortir de leur cassette ces quatre gros cahiers, je vous ai un peu maudite. J'étais, au moment de leur arrivée, fort souffrant des suites de mon voyage des eaux ici ; j'étais en outre surchargé d'affaires et d'embarras divers. Enfin, j'étais d'une humeur que l'idée de lire 367 pages manuscrites ne pouvait pas beaucoup égayer. Il faut vous dire que j'ai en horreur les manuscrits, à commencer par les miens, que je ne puis jamais relire et que je ne corrige que sur l'épreuve imprimée. — Si je vous dis tout ce mal préalable de votre œuvre, vous devinez bien que c'est parce que je puis la louer en conscience et à fond. Oui, vraiment et sincèrement, cette lecture m'a plu et satisfait. Après l'avoir commencée à contre-cœur, je me suis laissé entraîner par elle, et je l'ai achevée presque à regret. Il me reste, non pas à vous donner une approbation que vous ne me demandez pas, mais à vous rendre des actions de grâces méritées pour le très vif plaisir que je vous ai dû en parcourant tant de trésors recueillis avec un soin si intelligent et dont plusieurs m'étaient inconnus. J'ai été aussi charmé de l'esprit à la fois large et fin, libéral et profondément religieux, qui inspire vos petites biographies et vos notices préliminaires.

» Si j'avais eu mes livres ici, il est probable que je

vous adresserais quelques rectifications ou quelques additions.... Mais non, car si j'avais eu ici mes livres, je ne vous aurais point lue, j'aurais écrit et travaillé pour mon propre compte, car il faut que moi aussi je me mette en mesure d'être *lu*, et cela sans perte de temps, car ma journée touche à sa fin. — Quoi qu'il en soit, votre manuscrit m'a tenu lieu de livres. Vous verrez par les coups de crayon que je l'ai revisé consciencieusement. Je n'ai indiqué qu'un chapitre à retrancher en entier dans le premier cahier, mais je trouve que tout ce commencement pourrait être avantageusement abrégé. Je serais aussi d'avis d'omettre quelques-unes de ces lettres des sages de la Grèce qui me semblent insignifiantes et peu authentiques. Cicéron me semble un peu maltraité au profit de Pline. Je ne retrancherais rien à celui-ci, mais j'ajouterais quelque chose à celui-là. Une omission que je ne puis vous pardonner, c'est celle de l'un des plus grands et des plus célèbres *épistoliers* du monde, saint Bernard ! Il doit certainement exister une traduction de ses Epîtres : je n'en connais pas et n'ai même pas l'original avec moi ; mais je vous impose l'obligation de les lire et d'en insérer au moins quatre pour marquer un point lumineux dans ces dix siècles du moyen âge dont vous faites un désert ténébreux et silencieux. — Je vous recommande mes annotations sur Marie Stuart et Henri IV. Tout votre XVIIe siècle est supérieur ; c'est là que vous avez achevé ma conquête. Je n'y trouve à signaler qu'une omission, celle de la sainte, tendre et héroïque duchesse de Montmorency, dont M. René vient de publier une biographie intéressante. Le XVIIIe siècle est traité avec sagesse et justice : il faut seulement ajouter Vauvenargues, dont la nouvelle édition par M. Gilbert contient des lettres admirables. Il me semble que la charmante Aïssé est un peu disgraciée par vous ; j'ai un vague souvenir de quelques pages d'elle qui pourraient être citées sans altérer le caractère que doit conserver votre Recueil. — Je vous remercie particulièrement, Mademoiselle, de m'avoir fait connaître les lettres de Joubert, mais en revanche je vous reprocherai de n'avoir pas tiré assez bon parti de celles de M. de Maistre : dites hardiment que ces lettres sont le chef-d'œuvre de cet homme de génie, à qui ses parodistes font tant de tort. Ces lettres délicieuses seront son plus beau et plus durable titre aux yeux de la postérité ; citez-en dix ou douze de plus, surtout celles à sa fille, si éloquentes et si spirituelles, sur le *rôle des femmes* et sur la *maternité ;* puis tâchez de glisser celle où il dit : L'Europe est à Bonaparte, mais nos cœurs sont à nous. Cela aura de l'à-propos. — Il ajoutait : *Vivent la conscience et l'honneur ! Cætera dîs permittenda.* Ce n'est pas ce qu'on crie en Bretagne en l'an de grâce 1858, si bien préparé par l'an de disgrâce 1848. Enfin, je ne saurais partager votre admiration pour les lettres de la mère de l'homme qui nous a valu le second empire. Elles me semblent insignifiantes et déparent ce charmant Recueil. — Je ne vous demande pas pardon de ma franchise, c'est la meilleure preuve que je puisse vous donner de ma reconnaissance pour le vrai et vif plaisir que vous m'avez procuré. Que faut-il faire des cahiers ? Vous les renvoyer par le chemin de fer à Saint-Vit ? Ou bien les confier à M. Michel en passant à Besançon, dans huit à dix jours. — Je suis seul ici, Mademoiselle, et ne sais si ma fille s'est encore acquittée de sa dette envers vous : si *non*, il faut lui pardonner : elle court les chemins en Allemagne et en Belgique avec sa mère, tout entière aux préoccupations de son mariage d'*inclination* qui doit avoir lieu dans trois semaines. — Agréez mes plus respectueux hommages (1). »

« Maîche, ce 28 août 1858.

» Mademoiselle, j'ai eu l'honneur de vous expédier avant-hier la petite caisse renfermant vos quatre cahiers par le chemin de fer, ou du moins par un omnibus qui communique avec ce chemin de fer à Voujeaucourt. Je souhaite vivement qu'ils vous arrivent en sûreté, mais ce ne sera certainement pas sans faire quelques haltes dans les stations intermédiaires.

» Je suis très sensible, Mademoiselle, aux dispositions bienveillantes qui vous animent à mon égard, et très flatté de me voir encore l'objet d'une si indulgente sympathie; mais permettez-moi de vous informer que cette sympathie vous constitue à l'état d'*anomalie*, dans une société bien réglée comme la nôtre, où il n'est pas reçu d'entretenir une opinion aussi peu conforme à celle du maître et de ses valets.

» Renoncez donc, je vous en supplie, à cette idée d'une approbation imprimée de ma façon, dans votre intérêt comme dans le mien. Dans le mien, d'abord, parce que cela me rendrait souverainement ridicule et me donnerait un air *épiscopal* auquel je n'ai aucune

(1) Lettre à Mlle de Saint-Juan. — Mlle Elisabeth de Montalembert, à qui Mlle de Saint-Juan avait dédié son ouvrage, épousa M. le vicomte de Meaux, l'un des jeunes écrivains catholiques les plus distingués de notre époque, aujourd'hui représentant de la Loire à l'Assemblée constituante.

prétention ; dans le vôtre, ensuite, parce qu'un livre revêtu en quelque sorte de ma signature deviendrait aussitôt suspect. La publicité de votre œuvre en serait aussitôt atteinte, et le bien que vous voulez faire ne se ferait point. Je ne sais même si la présence du nom de ma fille ne suffira pas pour rendre suspect le livre où il figurera. — Peut-être fera-t-on grâce à son sexe et à ses vingt ans ; mais, quant à moi, soyez sûre que mon adhésion publique vous ferait du tort aux yeux de ceux dont vous avez absolument besoin pour que votre livre trouve accès dans les familles et dans les établissements catholiques.

» Ce qui s'est passé dans le pays où nous sommes, l'année dernière, doit nous éclairer à cet égard. Comme je suis persuadé que vous savez assez le latin pour comprendre l'Ecriture sainte, je me permets de vous citer un texte qui définit la nature et la cause de la répulsion qu'inspire ma persévérance dans mon ancienne ligne politique : *Contrarius est operibus nostris et diffamat in nos peccata disciplinæ nostræ.... Gravis est nobis etiam ad videndum.... Tanquam nugaces æstimati sumus ab illo, et abstinet se à vitiis nostris tanquam immundus.*

» Recevez, Mademoiselle, la nouvelle expression de toute ma reconnaissance et celle de mes respectueux hommages.

» Ma fille m'affirme qu'elle a eu l'honneur de vous écrire de Kreuznach. J'espère bien que sa lettre n'est pas perdue (1). »

Banni de la tribune, M. de Montalembert s'était ré-

(1) Lettre à Mlle de Saint-Juan.

fugié dans la presse. A chaque excès du pouvoir, à chaque attentat contre la liberté ou contre l'Eglise, il répondait dans le *Correspondant* par un vigoureux article qui lui valait d'habitude les honneurs d'un avertissement, sinon ceux d'un procès. Rappelons les principaux traits de cette lutte, qui n'a fini qu'avec sa vie. Après chaque combat, il interrogeait les échos de notre province; il voulait savoir s'il avait notre assentiment et si le cœur des Franc-Comtois lui répondait encore.

Un décret impérial du 6 avril 1857, rendu en conseil d'Etat, déclara qu'il y avait abus dans certains actes de l'administration de Mgr de Dreux-Brézé, évêque de Moulins. Cette déclaration d'abus était la première qui eût été prononcée depuis 1845. Le gouvernement revenait donc aux errements du passé et essayait d'appliquer encore une fois à l'Eglise de France la jurisprudence abrogée des organiques. Cet incident ne fit guère qu'effleurer l'opinion publique, distraite et absorbée par de plus grossiers soucis; M. de Montalembert, voyant là une question de liberté et de droit public, marqua les symptômes graves que le fait révélait. Il rappela au pouvoir que les organiques avaient été abandonnés par le prince président dès 1849, et que la révision en avait été solennellement promise par un rapport inséré au *Moniteur* (1); il rappela au clergé qu'il était surtout intéressé dans ce litige, et qu'il courait risque de perdre le droit et le moyen de se défendre avec les armes de la loi et de l'opinion, dont il avait

(1) Le 17 septembre 1849, rapport de M. Lanjuinais, ministre intérimaire de l'instruction publique et des cultes, sur la tenue des conciles provinciaux.

fait un usage si triomphant et si récent encore; il pressa tous les amis de l'Eglise et de la liberté d'ouvrir les yeux sur les intentions de l'Etat, et de ne pas se confier aveuglément à sa conduite, en s'enfonçant plus avant dans une voie où l'on ne rencontrerait ni la prudence ni l'honneur. Un avertissement de M. Billault déclara que cet article contenait une excitation au mépris des lois, et tendait à semer la discorde entre l'Eglise et l'Etat.

C'était pour M. de Montalembert une consolation, un besoin même, d'échapper au spectacle de nos libertés perdues. Il se rendait en Angleterre et il assistait aux débats du parlement, ou bien, sans quitter son cabinet, il vivait par la lecture et par l'imagination au milieu de ce peuple qui, ayant l'instinct et le goût du courage civil, reconnaît et comprend cette vertu chez tout homme qui ose résister aux flots envahisseurs de l'opinion. Là, il n'admirait pas seulement les hommes d'Etat, mais surtout cet esprit général qui fait que les affaires publiques du pays sont les affaires particulières de tout citoyen. Qu'on relise son bel ouvrage : *De l'Avenir politique de l'Angleterre*, publié en 1855, on y trouvera toutes ses prédilections pour la nation que sa mère lui avait fait aimer, toutes les espérances qu'il a mises dans l'action et dans l'influence de cette nation fameuse, si jalouse de garder sa liberté. Un homme d'Etat a dit un jour de notre grand orateur : « Il n'est pas né pair de France, mais pair d'Angleterre. » C'était un éloge mêlé de reproche; ce reproche, ses amis l'ont répété quelquefois, sans prendre garde qu'il connaissait beaucoup mieux que nous les institutions dont il vantait la gloire, et qu'on pouvait lui opposer plutôt des répugnances et des antipathies nationales que des raisons. Mais n'allons pas croire que l'affection de M. de Montalembert pour nos célèbres voisins ira jusqu'à l'aveuglement. Le protocole du congrès de Paris, tenu en 1856, ayant été publié, il lit, parmi les questions dont les plénipotentiaires se sont entretenus, ce qui est relatif à la question romaine, et il entrevoit pour le saint-siége un péril prochain. D'où viendra ce péril, se demande-t-il dans un article intitulé *Pie IX et lord Palmerston?* Peut-être du gouvernement français? Non; l'empereur a demandé et obtenu que le pape fût le parrain de son fils, et dans les solennités du baptême impérial, l'alliance de l'empire avec l'Eglise semble avoir été à jamais affermie. Mais le mal est ailleurs. Lord Palmerston et M. de Cavour ne se sont pas fait rebaptiser, n'ont fêté aucun légat, n'ont rendu aucun hommage à celui dont ils ont dénoncé le gouvernement à la réprobation publique. C'est à lord Palmerston que M. de Montalembert vient d'abord demander compte des accusations portées au congrès contre le gouvernement romain, et renouvelées à tout propos dans la presse et dans la tribune anglaise. Il prend à partie le célèbre ministre, il l'adjure de respecter les faibles et les petits, et, sans rien rétracter de son admiration pour la liberté anglaise, il en appelle à cette liberté même avec confiance et avec respect. Enfin, il en appelle à la France, au prince qui, devenu le maître unique et uniquement responsable des affaires publiques, ne voudra pas déroger à l'honneur de son passé.

Trois années se passent, et la politique impériale se dessine davantage; ce n'est plus *Pie IX et lord Pal-*

merston (1) qui sont en scène, c'est *Pie IX et la France* (2). Dès que la guerre d'Italie a porté ses premiers fruits et que l'insurrection des Romagnes, provoquée par cette guerre, a commencé la spoliation du pape, le 25 octobre 1859, M. de Montalembert prend le premier la plume et déclare le peuple français responsable devant l'Europe, devant la postérité, devant Dieu, de tout ce que le gouvernement fait ou laisse faire. Ce n'est plus l'Angleterre, ce n'est plus le Piémont, qui sont les grands coupables. L'Angleterre a attisé le feu; le Piémont, qui n'a rien pu faire contre l'Autriche sans la France, ne pourra rien sans la France contre le saint-siége; la question demeure tout entière entre la France et le saint-siége. C'est à la France, et à la France sous un Bonaparte, qu'il faut imputer la responsabilité de la première atteinte portée, en 1797, à la souveraineté pontificale, quand l'invasion française, commandée par le vainqueur d'Italie, et le traité de Tolentino qui en fut la suite, vinrent arracher au pape Pie VI, à un souverain hors d'état de résister, les belles provinces des Romagnes. « Grande raison, ce nous semble, disait M. de Montalembert, pour que la France, aujourd'hui si différente de ce qu'elle était en 1797, et sous un Bonaparte qui a jusqu'à présent évité toutes les fautes du chef de sa dynastie, se tienne pour obligée de ménager, avec un surcroît de tendresse filiale, les droits du père commun des fidèles et les légitimes susceptibilités du monde catholique. »

(1) Pie IX et lord Palmerston, *Correspondant* du 25 juin 1856.

(2) Pie IX et la France en 1849 et en 1859, *Correspondant* du 25 octobre 1859.

A cet appel que l'éminent écrivain faisait à la délicatesse et à l'honneur, le gouvernement répondit par un avertissement donné au *Correspondant* et par un procès fait à l'auteur. L'article, réimprimé sous forme de brochure, fut saisi le 31 octobre, et devint l'objet d'une poursuite judiciaire, qui se termina le 23 décembre par une ordonnance de non-lieu. Relisons la page qui le termine : elle prophétise dès 1859 tout ce que nous voyons en 1870 ; elle demeure l'expression la plus vive et la plus profonde de nos protestations, de nos douleurs et de nos regrets :

« Il se peut bien qu'il périsse, le vieil et saint édifice qui a résisté depuis tant de siècles à tant d'orages ; il se peut bien que le principat sacré aille rejoindre dans une ruine commune tout l'ancien droit de l'Europe, si opiniâtrément attaqué et si misérablement défendu. Cela est possible : tout est possible ici-bas. Nul d'entre nous ne lie indissolublement l'existence de la papauté à celle du pouvoir temporel ; quoi qu'il arrive, elle survivra, et, avec elle, notre foi et notre filial amour. La Providence saura bien trouver d'autres voies pour que son indéfectible mission soit accomplie.

Fata viam invenient....

» Mais aussi, si on détruit cette condition si ancienne, si utile, si légitime, de la suprême autorité spirituelle ; si les souverains et les révolutionnaires se mettent d'accord, les uns pour l'ébranler et les autres pour la renverser, nous aurons toujours le droit de dire, jusque dans la postérité la plus reculée, qu'ils ont mal fait. Ce sera à la fois une faute et un crime, une ineptie et une injustice. Ce sera un mauvais but atteint par de mauvais moyens. Ce sera la plus éclatante violation, dans un siècle qui en a tant vu, du droit des gens, du droit public des nations civilisées. Ce sera la victoire de l'astuce et de la violence sur l'honneur, sur la faiblesse trahie, sur la bonne foi bafouée. Il est de mode, parmi nos grands publicistes, si complaisants pour les forts et si dédaigneux pour les faibles, de se moquer des larmes et des foudres du pape. Ah ! nous le savons, les larmes du pape ne touchent que ses enfants dociles, et ses foudres n'effraient que ceux qu'elles ne menacent pas. Ni les unes ne demeureront toujours stériles, ni les autres toujours impuissantes. On ne fermera la bouche ni longtemps ni toujours. Mille voix dans l'Eglise et dans l'histoire répéteront le *Non licet* de l'Evangile. Entendez bien : *Non licet*. Ce n'est rien, et c'est tout. Cela n'empêche rien dans le présent, cela détermine tout l'avenir, au jugement de Dieu comme au jugement des hommes. Cela n'a pas empêché Hérode de faire ce qui lui a semblé bon ; mais, après tout, qui voudrait avoir été Hérode? Cela n'a pas empêché Pilate de laisser triompher les passions d'un peuple aveuglé et confiant, sauf à s'en laver les mains ; mais qui donc voudrait être le Pilate de la papauté ? »

Après l'Angleterre et la France, ce fut le tour du Piémont de sentir cette parole vengeresse ; le Piémont osait tout, parce que la France avait tout permis, l'Italie tout accepté, l'Europe tout subi. Le Piémont venait de vaincre à Castelfidardo des droits, des traités, des engagements, l'honneur, la justice, la faiblesse, et la Moricière, qui représentait tout cela dans son héroïsme aussi désintéressé que religieux. M. de Cavour, enivré de son succès, avait été jusqu'à jeter le gant à M. de Montalembert, prétendant qu'il le rallierait à sa cause, à la cause de l'Eglise libre dans un Etat libre. Le champion de l'Eglise et de la liberté ne pouvait laisser cette provocation sans réponse ; il écrit sa *Première Lettre à M. de Cavour* et accuse hautement le célèbre ministre : « Vous avez dénoncé le souverain pontife au congrès de Paris, vous avez calomnié ses intentions, vous avez travesti ses actes, vous avez exilé ses évêques, vous avez bravé ses sentences, vous avez violé ses frontières, vous avez envahi ses Etats, vous avez emprisonné ses défenseurs, vous avez insulté, écrasé, bombardé ses soldats ; vous donnez à Garibaldi rendez-vous dans six mois sur le tombeau des apôtres ! Puis vous dites aux catholiques : « Je suis la liberté, et je vous tends la main. » Non, non, vous n'êtes pas la liberté, vous n'êtes que la violence ! Ne nous condamnez pas à ajouter que vous êtes le mensonge ! Nous sommes vos victimes, soit, mais nous ne serons pas vos dupes. Vous pouvez annexer au Piémont des royaumes et des empires, mais je vous défie bien de rallier à vos actes une seule conscience honnête. »

Comme toutes ces lignes sont vraies, justes et profondes ! comme elles consolaient, alors qu'elles parurent pour la première fois, les gens de bien, dont elles traduisaient à merveille la colère impuissante, l'indignation trop souvent contenue par la peur, et les répugnances instinctives pour cette guerre d'Italie où la spoliation se faisait presque absoudre, parce qu'elle était lente, successive, adoucie par les formes, hypocrite enfin autant qu'odieuse et bien calculée. Que l'on se rappelle les misérables espérances que certaines gens entretenaient contre l'évidence et l'éclat des faits, la demi-confiance qu'ils feignaient de témoigner encore aux ennemis avérés de l'Eglise ou à leurs complices, les accusations d'esprit de parti, d'exagération, de cléricalisme, dont on accablait les défenseurs de la justice et du droit ; tout ce que l'honnêteté publique entrevoyait, tout ce qu'elle craignait, tout ce qu'elle murmurait à peine, M. de Montalembert l'avait vu clairement et clairement prédit. Voici la fin de sa *Seconde Lettre à M. de Cavour*, datée du mois d'avril 1861. Il s'adressait, neuf ans d'avance, au Piémont victorieux et maître de Rome. Il lui disait ce que répètent maintenant le peu d'honnêtes gens à qui il reste encore une pensée et une voix :

« Vous pouvez être maître de Rome comme l'ont été tous les barbares et tous les persécuteurs, depuis Alaric jusqu'à Napoléon ; mais vous ne serez jamais le souverain ni le collègue du pape. Pie IX ne capitulera ni avec la ruse, ni avec la spoliation, ni avec le dol, ni avec le vol. Captif, il sera pour vous le plus cruel des embarras, le plus impitoyable des châtiments; exilé, il sera contre vous, sans même ouvrir la bouche, le plus formidable accusateur que jamais royauté naissante, que jamais peuple affranchi ait rencontré sur la terre.

» Le spectacle de ce vieillard dépouillé d'un patrimoine quinze fois séculaire, victime de la plus noire perfidie, errant de par le monde en quête d'un asile qui lui tienne lieu des splendeurs du Vatican, en quête d'un toit sous lequel il pourra sceller de l'anneau du pêcheur des lois obéies chez toutes les nations de la terre, ce spectacle élèvera contre vous et vos complices, dans l'âme du monde, un orage qui vous engloutira après vous avoir à jamais déshonorés ! »

Eh bien ! notre cher Montalembert a-t-il vu de loin? a-t-il vu juste? a-t-il dit vrai? Pie IX ne capitule point ; il est pour ses persécuteurs le plus cruel des embarras et le plus impitoyable des châtiments. Ses persécuteurs sont déshonorés ; l'orage qui les menace s'accumule à l'horizon ; il ne lui reste plus qu'à les engloutir.

De toutes les poursuites entreprises contre M. de Montalembert, aucune n'eut plus de retentissement que celle qui suivit son article intitulé *Un débat sur l'Inde au parlement anglais,* publié dans le *Correspondant* du 25 octobre 1858. Il avait passé une partie de l'été en Angleterre, et, de retour à Maîche pour la saison d'automne, il lui prit envie de peindre le spectacle dont il avait été témoin, en l'opposant à celui de la France. Relues dix ans après, ces pages, qui parurent alors fort criminelles, paraissent seulement d'un ton un peu forcé et d'une couleur un peu sombre. Nous n'étions peut-être alors ni tout à fait si mal que le disait le noble écrivain, ni tout à fait si bien que voulaient le faire croire les avocats de la poursuite. On pouvait trouver quelque misanthropie dans ce passage : « Je concède à qui veut, que rien, absolument rien, dans les institutions ou les personnages politiques de la France actuelle, ne saurait ressembler aux choses et aux hommes dont je voudrais donner ici un rapide crayon. Il va sans dire que je ne prétends nullement convertir les esprits *progressifs* qui regardent le gouvernement parlementaire comme avantageusement remplacé par le suffrage universel, ni les politiques optimistes qui professent que la victoire suprême de la démocratie consiste à abdiquer entre les mains d'un monarque la direction exclusive des affaires extérieures et intérieures d'un pays. J'écris pour ma propre satisfaction et celle d'un petit nombre d'invalides, de curieux, de maniaques, si l'on veut, comme moi. » Mais comment incriminer sincèrement les lignes suivantes : « Au Canada, une noble race française et catholique, arrachée malheureusement à notre pays, mais restée française par le cœur et par les mœurs, doit à l'Angleterre d'avoir conservé ou acquis, avec une entière liberté religieuse, toutes les libertés politiques ou municipales que la France a répudiées. » M. de Montalembert opposait ailleurs, « à la généreuse coalition de toutes les forces libres et de tous les sacrifices spontanés, l'humiliante tutelle d'un pouvoir sans contrôle. » Enfin, il se plaignait surtout du marasme qui le gagnait sous le poids d'une atmosphère chargée de miasmes serviles et corrupteurs, déclarant que « c'était pour lui un soulagement d'aller prendre un bain de vie dans la libre Angleterre. »

Ces quinze lignes perdues dans un écrit de cent pages fournirent matière aux accusations d'excitation à la haine et au mépris du gouvernement, des lois et de l'autorité. Le tribunal de police correctionnelle de la Seine condamna le prévenu à six mois de prison et trois mille francs d'amende; mais, le 2 décembre 1858, on lisait dans le *Moniteur* : « S. M. l'empereur, à l'occasion du 2 décembre, a fait grâce à M. de Montalembert de la peine prononcée contre lui. » Le condamné était de ceux qui croient toujours au droit et qui n'acceptent pas de grâce. Ayant appris que Mgr le cardinal Morlot était intervenu pour l'obtenir, il le remercia de sa bienveillance, mais il fit connaître qu'il refusait sa grâce et qu'il interjetait appel. Le jugement fut réformé par arrêt de la cour impériale, rendu le 21 décembre, l'amende maintenue et la prison réduite à trois mois. Mais la cour, dans son arrêt, n'appliqua point, comme l'avait fait le tribunal de police correctionnelle, les articles 1 et 2 de la loi de 1849, relative aux mesures de *sûreté générale.* L'appel avait donc un objet sérieux et il avait eu un heureux résultat, puisque l'arrêt de la cour déchargeait M. de Montalembert des conséquences les plus graves attachées au jugement de première instance. Quatre jours après, l'empereur renouvela sa grâce.

Aux témoignages de respectueux intérêt et de noble sympathie que M. de Montalembert reçut de ses amis de la Comté se rapportent les lettres suivantes, transcrites ici par ordre de date :

« Paris, le 22 décembre 1858.

» Monsieur le curé, je tiens à vous confirmer de ma propre main les bonnes nouvelles que vous porteront les journaux d'aujourd'hui. La victoire a été bien plus inespérée et plus considérable qu'elle ne le paraît d'après le texte de l'arrêt. Au milieu du silence abrutissant qui pèse sur la France, il faut approfondir les textes publiés pour les comprendre. L'arrêt obtenu hier par l'admirable éloquence de MM. Dufaure et Berryer réduit à néant la première condamnation. La peine insignifiante qu'elle maintient sera probablement annulée par la grâce que l'empereur se verra obligé de renouveler ou de maintenir malgré mon refus, et quand il me faudrait la subir, ce sera un triomphe de plus pour moi et une protestation désastreuse pour mes adversaires. — Mais le nouvel arrêt fait disparaître le chef qui m'assujettissait à la loi de sûreté publique en me mettant sous la dépendance absolue du gouvernement, qui pouvait m'interner en Algérie ou m'expulser de France, à son gré. Il fait en outre disparaître le considérant injurieux du premier jugement sur les écrivains *qui se respectent*.

» Mais tout cela n'est encore que peu de chose auprès du triomphe moral qui résulte pour moi du plaidoyer de M. Berryer, qui a raconté et justifié (lui mon ancien adversaire) toute ma conduite *avant*, *pendant* et *après* le coup d'Etat, a lu tout haut ma protestation faite à la réunion des Pyramides (avec MM. de Mérode et de Moustier), contre la dissolution de l'Assemblée, plus le reçu que m'en a donné M. Dupin, alors président de ladite Assemblée, aujourd'hui RESTITUÉ à sa cour de cassation. L'impression produite par toutes ces révélations, débitées du ton le plus audacieux et le plus sarcastique, a été immense sur le public et sur la cour. Le président, après avoir une fois essayé de l'arrêter, y a renoncé. Le procureur général avait l'air accablé — et il y avait de quoi — car, en se donnant pour mission d'expliquer : 1° pourquoi j'avais adhéré à Louis-Napoléon, et 2° pourquoi je l'avais quitté, il a été naturellement conduit à flétrir les actes de proscription et de confiscation qui ont déshonoré l'origine du gouvernement impérial. — Puis il en est venu à la grâce impériale, accordée *à l'occasion de l'anniversaire du 2 décembre*. Là, s'armant de ma lettre à l'archevêque de Paris, imprudemment évoquée par le procureur général, il a soutenu que j'avais raison de me dire *honoré* d'une condamnation qui constatait et la fidélité de mes convictions et l'exactitude de mes appréciations ; que tout homme d'honneur, et M. le procureur général lui-même, aurait les mêmes sentiments à ma place ; que si je les avais exprimés et publiés, c'était sous le coup d'une grâce humiliante et malicieusement prématurée. Et alors, s'armant du caractère spécial de la publication de cette grâce dans deux lignes de la partie *non officielle* du *Moniteur*, transformant l'empereur en rédacteur anonyme de ce journal, et le prenant à partie en cette qualité, il a littéralement foudroyé cette tentative « *maladroite*, *inconvenante*, » *odieuse, de mêler le bel esprit et le sarcasme à l'exercice de la plus noble et de la plus touchante des prérogatives souveraines,* » et a terminé par ces mots : « Convenez que ce rédacteur du *Moniteur* a l'âme bien basse ! »

» L'auditoire palpitait et trépignait de bonheur. Le procureur général n'a pas trouvé un mot à répliquer à cette brûlante philippique. Il s'est borné à dire qu'il espérait bien que les cruelles invectives de Berryer contre les changements de convictions qui coïncidaient avec les changements de fortune et de position, ne s'appliquaient pas à lui, Chaix ! A quoi M. Berryer a dédaigneusement répondu : « Je comprends l'intérêt que met M. le procureur général à faire cette réserve en sa propre faveur, et je ne m'y oppose pas. »

» La victoire judiciaire a d'ailleurs été gagnée par M. Dufaure, dont le plaidoyer a été un chef-d'œuvre de raison, de noblesse, de logique, terminé par une péroraison universellement et justement admirée comme un des plus beaux morceaux qu'on ait entendus au barreau. Mais ce qui était déjà une victoire judiciaire pour moi est devenu une déroute politique pour le gouvernement, grâce au terrible discours de Berryer. Dans cette affaire, du reste, le fond n'a marché que de défaite en défaite. La poursuite, la sentence, la grâce offerte et refusée, l'appel, tout a tourné contre lui. Je n'ai que des actions de grâces à lui rendre pour le bien qu'il m'a fait en essayant de me frapper.

» J'ai pensé que tous ces détails vous intéresseraient et vous appartenaient en quelque sorte, puisque c'est à Maîche, quand j'y étais seul en août dernier, que j'ai écrit le *corps du délit*. Communiquez-les à ceux que cela pourra intéresser à Maîche, au juge de paix, à Mlle Suin, à M. Receveur, surtout à mon beau-frère, s'il y est. J'ai appris qu'il avait traversé Paris il y a peu de jours ; comment ne s'est-il donc pas donné le plaisir d'entendre ces magnifiques plaidoiries, qui l'intéressaient d'ailleurs très spécialement et très *personnellement*, puisqu'il a adopté et abandonné le 2 décembre comme moi et avec moi ? Par le temps qui court, il est bien douteux qu'on entende d'ici longtemps quelque chose de pareil. Nos amis et anciens collègues, Maillé, Mirepoix, Vitet, Barrot, Nettement, Bocher, Vogué, etc., etc., y étaient en foule (1).

» Adieu, Monsieur le curé : nous allons tous bien et sommes enchantés du résultat de cette lutte. Agréez mes respectueux compliments. »

(1) Lettre à M. l'abbé Porteret, curé de Maîche.

« Paris, ce 28 janvier 1859.

» Mon cher président,

» Vous voulez bien, j'en suis sûr, que j'emploie la main de ma fille pour vous remercier des marques de sympathie que vous m'avez témoignées dès le commencement des poursuites qui ont été intentées contre moi. Tous mes amis ont lieu de se réjouir de l'issue de ces poursuites. Elles ont tourné au détriment de mon tout-puissant adversaire, qui a été, dans tout le cours de cette affaire, aussi mal conseillé et aussi mal servi que mérite de l'être un prince qui éloigne systématiquement de lui tous les honnêtes gens. La cour d'appel de Paris a montré une indépendance qui lui a fait beaucoup d'honneur, tant ici qu'à l'étranger. J'espère que tôt ou tard il me sera donné de vous faire connaître dans toute leur extension les admirables plaidoiries de MM. Dufaure et Berryer.

» Madame de Montalembert m'a souvent parlé et reparlé du très vif plaisir qu'elle a eu de voyager avec vous l'été dernier. J'espère que l'été prochain, vous tiendrez enfin votre promesse de venir nous voir à Maîche afin d'y fouiller dans les vieux registres de cette terre et d'y puiser quelques renseignements pour cette histoire de la Franche-Montagne que j'attends depuis tant d'années et qui, je le crains, appartient à la même catégorie d'ouvrages que l'histoire de saint Bernard par votre très humble serviteur.

» Je vais cependant me remettre à l'ouvrage et je pars pour le Morvan afin d'y continuer cette histoire des ordres monastiques dont vous avez vu un échantillon dans le *Correspondant* du 25 décembre. J'y serai trop près d'*Alise* et trop imbu de la lecture du beau volume que vient de m'envoyer M. le duc d'Aumale pour ne pas être tenté de dédaigner tous les efforts des savants comtois en faveur d'*Alaise*. Comme d'ailleurs aucun d'eux ne m'envoie ses écrits, il est naturel que je les condamne sans les entendre. Cette polémique réveille toujours dans mon âme le souvenir de mon agréable rencontre avec vous sur cet emplacement, devenu aussi célèbre qu'il a toujours été pittoresque. Vous ne pouvez douter, mon cher président, du grand plaisir que j'éprouverai toujours à avoir de vos nouvelles; et vous voulez bien que je vous renouvelle ici la sincère expression d'un attachement qui commence à être respectable par son antiquité.

» *P.-S.* Ma fille, Madame de Meaux, nous a quittés pour retourner dans le Forez, après avoir passé deux mois avec nous. Je suis on ne peut plus satisfait de mon gendre, qui promet d'être un défenseur vraiment distingué de toutes les bonnes causes (1).

« La Roche-en-Breny (Côte-d'Or), 15 mars 1859.

» Je n'ai reçu, Monsieur, la lettre que vous m'avez fait l'honneur de m'écrire le 2 février, que bien longtemps après sa date. Elle m'a été envoyée ici, où je suis depuis plus d'un mois, et le précieux volume qui l'accompagnait ne m'est arrivé que plus tard encore et tout dernièrement. Je suis vraiment confus de voir que vous avez cru devoir préluder par un témoignage de votre munificence à la complaisance déjà très généreuse dont vous voulez bien faire preuve en vous chargeant de compléter ma bibliothèque franc-com-

(1) Lettre à M. le président Clerc.

oise. J'ai parcouru avec une curiosité mêlée de répugnance le *Speculum inquisitionis* du P. Desloix. Combien vous me faites plaisir en m'affirmant que cet affreux tribunal de l'inquisition n'a jamais fonctionné en Franche-Comté ! S'il en eût été autrement, j'aurais regretté d'avoir été un jour chargé de représenter cette province au sein de nos assemblées politiques, et je me serais cru coupable d'avoir empiété sur le domaine de l'*Univers*, qui représente si fidèlement le saint-office accommodé aux usages du XIXe siècle.

» J'ai fait acheter l'autre jour chez Aubry un opuscule de *Paradin*, intitulé *De antiquo statu Burgundiæ liberæ*. Basileæ, 1542. Le titre seul m'en a séduit ; j'espère que ce n'est pas le même ouvrage que celui de Gilbert Cousin, qui porte à peu près le même titre et est imprimé au même lieu. Je ne l'ai pas encore reçu.

» Permettez-moi de vous offrir le *seul* exemplaire du texte authentique et complet de *mon procès* qu'il m'ait encore été possible de faire parvenir en Franche-Comté. J'espère que vous voudrez bien, avant de le cacher dans un coin de votre bibliothèque, faire lire les deux merveilleux discours de MM. Dufaure et Berryer à quelques-uns de mes amis de Besançon, et notamment à MM. Bretillot, de Boursières, d'Arcine, Tripard, Déprez, Guerrin, etc. Dites au président Bourgon que, dès que je pourrai me procurer un autre exemplaire, je le lui enverrai pour sa collection de *mauvais livres*. Il en sera de même pour l'abbé Besson, qui pourra y puiser des exemples à l'usage de ses rhétoriciens. Mais il faut qu'ils aient l'un et l'autre de la patience. Impossible de persuader aux voyageurs qui viennent de Bruxelles à Paris de braver la douane et la police en se chargeant de ce pernicieux volume. Je n'en ai reçu que cinq ou six exemplaires, qu'il m'a fallu partager avec mes illustres défenseurs.

» Je conserve l'espoir de vous revoir cet été à Maîche, et demeure en attendant, avec une haute et sincère considération, votre très humble et très obligé serviteur (1). »

L'éclat de cette affaire ne fut pas jugé tout à fait aussi favorable à M. de Montalembert qu'il le jugeait lui-même. Plusieurs de ses amis s'affligeaient de le voir traîné en police correctionnelle; ils pensaient qu'avec un peu plus de prudence ou de mesure il aurait pu s'épargner de tels ennuis, et que la défense, d'ailleurs trop peu connue, de Berryer et de Dufaure ne compensait pas, aux yeux du public, qui était demeuré étranger aux débats, le triple désagrément de la poursuite, de la condamnation et de la grâce. M. de Montalembert aborda un jour ce sujet avec un ecclésiastique de ses amis, en se promenant autour des ruines du vieux château de Maîche. Voici à peu près mot à mot la conversation : « Mon cher abbé, promettez-moi d'être sincère et de me répondre sans compliment sur ce que je vais demander à votre affection pour moi. — Je ne suis pas complimenteur, Monsieur le comte, et je dis souvent la vérité aux gens qui ne me la demandent pas. — Eh bien ! dites-moi ce que l'on pense de ma dernière affaire en Franche-Comté ; je n'ai pas reçu dans ce pays-ci beaucoup de marques publiques ou confidentielles de sympathie. Vous êtes prudents, vous autres Comtois ! Mais est-ce que je ne

(1) Lettre à M. Paul de Jallerange.

représente plus les gens attachés aux vraies libertés? Est-ce que mon langage leur fait peur? — On craint que la vivacité de votre plume ne vous fasse perdre votre crédit dans le monde. — La vivacité de ma plume! mais c'est venir un peu tard reprocher à un homme de mon âge le style qu'il a eu toujours et partout. Vouloir transformer mon style dans le genre anodin qui est de mode aujourd'hui, c'est me demander de transformer mon caractère et mes convictions; ce à quoi je ne suis nullement décidé. Le style, c'est l'homme, vous le savez et vous l'enseignez à vos élèves. Le mien m'a accompagné à la tribune, à la chambre des pairs, que je ne crois pas avoir déshonorée; sous la république, il m'a envoyé à l'Académie française; sous l'empire, il m'envoie en police correctionnelle. Est-ce que cela prouve quelque chose contre le style et contre l'homme? — Non pas, ce n'est qu'un exemple de plus dans l'histoire des vicissitudes de notre siècle et des opinions de notre pays. Voyez cependant comme l'opinion est non-seulement mobile, mais diverse. Parmi les gens qui vous font des reproches, la moitié vous accuse de changer tous les jours de sentiment, l'autre moitié de dire tous les jours la même chose. — Parbleu! je le crois bien, je dis toujours la même chose? Et pourquoi ne reviendrais-je pas sur les mêmes choses, tant que ni les choses en elles-mêmes, ni mes convictions sur ces choses n'auront changé? Quel est donc l'écrivain ou l'orateur qui ne se répète point tant qu'il n'a pas obtenu ce qu'il désire, et même après qu'il a vaincu ou échoué définitivement? Est-ce que Berryer ne dit pas toujours la même chose? Et M. Guizot? Et vous mon cher abbé, est-ce que vous ne prêchez pas toujours la même chose? — Sans doute, mais la prédication chrétienne ne souffre ni remise ni interruption; nous sommes tenus de convertir tout le monde, ou du moins d'y prétendre sous tous les régimes; mais la politique oblige beaucoup moins, et peut-être ceux qui ne parleraient qu'avec peu de profit pour les autres et un grand détriment pour eux-mêmes, ont-ils à se consulter pour savoir s'ils ne doivent pas s'occuper d'autres travaux en attendant des temps meilleurs. —Mon ami, ce conseil peut convenir à d'autres, suivez-le vous-même, surtout parce que vous êtes prêtre et que vous vous devez, comme vous le dites, à tout le monde sous tous les régimes; mais moi laïque, moi qu'on accuse d'avoir changé, non, je ne peux pas séparer la cause religieuse de la liberté politique, et mes premières allures sont les mêmes que les dernières. Je défie qui que ce soit de trouver dans ma carrière, depuis que j'ai commencé à écrire, en 1829, et à parler, en 1835, une période quelconque, fût-ce d'un mois, où je n'aie pas fait marcher de front ces deux intérêts. On veut maintenant que je me taise sur la politique? Pourquoi? Parce qu'il déplaît à certaines gens de voir leur ancien porte-drapeau demeurer à son poste, tandis qu'ils l'ont déserté! Voilà le sentiment que j'inspire; je m'en afflige, mais je m'en honore. Ils ont renoncé à ce qui faisait autrefois la force, la dignité, la grandeur de la cause catholique, ils ont trouvé d'autres défenseurs, ce sont les gendarmes, c'est le bras séculier; ils n'ont plus besoin de moi, nous ne sommes plus d'accord ni sur le bonheur ni sur l'honneur. Le bonheur, on le met à vivre tranquille et à fermer les yeux sur les périls de l'Eglise; l'honneur, à se taire, quand il faudrait parler et signaler l'ennemi. Mais attendez un peu, les événements les ramèneront bientôt à la triste réalité. Nous livrons le pape au Piémont, le Piémont nous livrera un jour, et nous tomberons avec le pape. — Vous serez là, vous parlerez, vous serez écouté. — Peut-être ! — Mais en attendant, puisque vous m'avez demandé mon avis, permettez-moi de vous le donner en toute sincérité : mettez la dernière main à vos belles études historiques. — Mes études historiques ! mais elles n'ont jamais été pour moi que l'aliment des loisirs que me laissaient la vie publique et la polémique contemporaine, car je tiens qu'avant d'écrire l'histoire, il faut tâcher d'en faire. Là d'ailleurs, comme dans le présent, je me trouverai en contradiction avec l'esprit qui anime aujourd'hui une partie de la France, car là aussi je recherche surtout les caractères fiers et indépendants, qui ne conspirent pas avec la fortune et qui ne changent pas de convictions au gré de la force ou du succès. Du reste, je m'y livre toujours, quand le temps et la santé me le permettent, mais sans espérer reconquérir les sympathies de ceux qui admirent et adoptent l'histoire écrite à la façon de Rohrbacher. — Nous pourrons lire bientôt vos *Moines d'Occident* et votre *Vie de saint Bernard?* — Cette vie est achevée, mais elle ne paraîtra qu'après l'étude sur les *Moines d'Occident*, laquelle n'aura guère moins de sept à huit volumes. — A quand les premiers ? — A l'an prochain. Tenez, en voilà un chapitre que je donne au *Correspondant*. Lisez-le, et vous me direz demain votre sentiment. »

C'était le chapitre consacré à saint Benoît dans cette *Histoire des moines d'Occident* qui, tout inachevée qu'elle est, n'en reste pas moins, à la gloire de l'auteur et à celle de notre siècle, un de ces livres que tous les siècles reliront pour s'instruire et que toutes les langues traduiront pour s'enrichir d'un chef-d'œuvre. Des cinq volumes qui ont été publiés, les deux premiers, parus en 1860, sont dédiés au pape Pie IX ; ils comprennent, avec des vues générales sur ce sujet, les origines et commencements de l'ordre de Saint-Benoît en Italie, en France et en Espagne ; les trois derniers, qui ne regardent que l'Angleterre, non moins éloquents, mais plus neufs et plus originaux encore, presque trouvés, parurent en 1867, portant en tête trois noms singulièrement chers à l'auteur, Mgr l'évêque d'Orléans, M. Foisset et le comte Dunraven. Il restait trois volumes à faire : l'Allemagne, la presqu'île scandinave, la Pologne, toutes les nations du Nord qui avaient accueilli l'ordre de Saint-Benoît, devaient en fournir le sujet. Les matériaux sont réunis et, si je ne me trompe, mis en ordre ; mais qui reprendra cette plume brisée, qui animera d'un souffle aussi puissant ces documents assemblés par une main si sûre et si savante ? Qu'on ouvre cette *Histoire des moines d'Occident*, dans laquelle Montalembert ne voulait voir qu'un délassement de sa vie et comme une agréable diversion mêlée à la politique ; on jugera, à chaque page, quelle passion il avait pour le travail, quelle était la sûreté de son érudition, jusqu'où allait son éloquence. Il n'avait d'abord voulu écrire qu'une *Vie de saint Bernard*, il l'avait écrite, imprimée même et avec luxe, en français et en anglais ; mais avant de la mettre au jour, il la communiqua à M. l'abbé Dupanloup et lui demanda son avis. « C'est bien, répondit cet ami si fidèle et si courageux, mais ce n'est pas là tout le sujet. » Ce mot fut un arrêt de mort pour le volume prêt à paraître. L'auteur, par un trait d'abnégation inouï, mit au pilon l'ouvrage imparfait qui lui avait coûté dix ans de travail, et passa treize ans à compléter et à agrandir son sujet, en faisant précéder la *Vie de saint Bernard* de l'*Histoire des moines d'Occident*. Que ne fit-il pas pour en recueillir les éléments épars dans les lieux les plus éloignés, et confondus dans la poésie légendaire des chroniques espagnoles, franques, italiennes, allemandes et anglo-saxonnes ! Il voyagea dans toute l'Europe, visitant les casernes, les magasins, les haras, les écuries, qui avaient été autrefois de célèbres abbayes, ramassant les derniers restes des chapiteaux et des colonnettes que le casseur de pierres achevait de mutiler sur la route voisine, interrogeant les derniers témoins des splendeurs monastiques, plaidant partout sur son passage cette cause perdue, ce semble, à tout jamais, des moines dépouillés par les puissances, raillés par les légistes, oubliés ou condamnés par l'ingratitude ou l'injustice des peuples. Il revenait de ces lointains voyages avec un riche butin, une quantité incroyable de choses aussi vieilles que notre civilisation, mais singulièrement neuves pour ce siècle d'oubli encore plus que de progrès ; puis, l'automne venu, il s'enfermait à la Roche-en-Breny ou à Maîche, dans la compagnie des annales bénédictines et des Bollandistes, et il expliquait, complétait, éclairait, par les notes de ses voyages, ces textes obscurs des légendaires du VIIe siècle, ces dissertations un peu froides des érudits du XVIIe. En passant à Besançon, sa première visite était pour notre bibliothécaire, qu'il appelait tantôt le *redoutable Weiss,* à cause des instances qu'il fallait faire pour obtenir de lui quelque livre rare, tantôt le *savant, l'inépuisable, l'incomparable,* éloges sincères autant que mérités dans une bouche qui n'a jamais menti. L'air pur de la Comté ranimait sa patience, son ardeur et sa plume ; il retrouvait des forces en touchant cette terre qui était pour lui comme une patrie adoptive.

Nous aimons à croire que ce secours n'a point été inutile à M. de Montalembert. Que de fois, il nous l'avoue lui-même, ne s'est-il pas dit qu'il avait entrepris une œuvre au-dessus de ses forces ! Que de fois il a été tenté de renoncer à cette tâche excessive, de fuir cet abîme où semblaient devoir s'engloutir, avec ses années fugitives, une patience épuisée et une fatigue impuissante ! Son érudition, toute de première main, cherche la vérité à tout prix. Sur la moindre date, sur la circonstance la plus insignifiante en apparence, il veut la lumière et il la fait. Chaque page a été écrite en consultant, en comparant, en traduisant, en rectifiant vingt in-folio. Il entre, comme autrefois les moines, la cognée à la main, dans les forêts de l'Europe encore vierges, il entre dans cette forêt touffue et inextricable de noms et de faits, d'hommes et de langues, d'institutions et de ruines, il y défriche avec la plume l'histoire la plus vaste et la plus oubliée qui fut jamais, et il l'écrit pour les lettrés les plus délicats comme pour les savants les plus difficiles, avec toute l'exactitude qu'on pouvait exiger d'un Mabillon, avec toute la sagacité et tout l'intérêt qui distinguent Guizot et les deux Thierry, mais aussi avec cette vigueur, cette originalité, cet éclat, qui n'appartiennent qu'aux Tertullien, aux Augustin et aux Bossuet.

L'*introduction* qui précède cette histoire, et qu'on peut appeler la philosophie du livre, est à elle seule un livre tout entier.

L'auteur, rejetant loin de lui tous lieux communs allégués pour la défense des moines, ne demande point grâce pour ces augustes institutions au nom des sciences, des lettres, de l'agriculture. « Sans doute, les services qu'elles ont rendus en défrichant les forêts et en transcrivant les monuments historiques et littéraires, auraient dû suffire, si l'humanité était juste, pour couvrir les moines d'une éternelle égide. Mais, ce qui est bien autrement digne d'admiration et de reconnaissance, c'est la lutte permanente de la liberté morale contre les servitudes de la chair; c'est l'effort constant de la volonté consacrée à la poursuite et à la conquête de la vertu chrétienne; c'est l'essor victorieux de l'âme dans ces régions suprêmes où elle retrouve son immortelle grandeur. Voilà ce qu'ont voulu les moines, et voilà ce qu'ils ont fait. Ils pratiquaient la perfection dans une vie de mortification et de sacrifice : c'était le principal. Défoncer la terre, copier les manuscrits, écrire les annales des peuples, n'était que l'accessoire. L'éducation de l'âme, tel est le caractère fondamental des institutions monastiques. Là était le but, le fond, l'objet suprême de l'existence, l'unique ambition, le mérite unique, la souveraine victoire. »

Autant on a méconnu cette vérité en défendant les moines, autant on a oublié, en les regrettant, la véritable nature de leur vocation. « S'il est des lieux pour la santé du corps, a dit M. de Chateaubriand, ah! permettez à la religion d'en avoir aussi pour la santé de l'âme. » L'idée est poétique et touchante, mais elle n'est pas vraie. Les monastères n'étaient nullement destinés à recueillir les invalides du monde. Ce n'étaient pas les âmes malades, c'étaient au contraire les âmes les plus saines et les plus vigoureuses qui se présentaient en foule pour les peupler. On ne rencontre guère que dans les romans ces vocations produites par les mécomptes, les chagrins, la mélancolie. S'il y a eu des hommes jetés dans le cloître par un grand malheur, par une disgrâce éclatante, par la perte d'un être passionnément aimé, ces exemples sont infiniment rares. Le caractère distinctif des vocations religieuses, ce n'est ni le caprice, ni l'infirmité, ni la déception : c'est la force. Les vrais moines des grands siècles de l'Eglise sont les représentants de la virilité sous sa forme la plus pure et la plus énergique. La solitude est la patrie des forts, le silence leur prière. La milice monastique était la chevalerie de Dieu. Jamais hommes ne connurent moins que les moines la crainte du plus fort ni les basses complaisances envers le pouvoir. Les cœurs vraiment indépendants ne se trouvèrent nulle part plus nombreux que sous le froc. Il y avait là, et en foule, des âmes calmes et fières, droites et hautes autant qu'humbles et ferventes, des âmes vraiment héroïques, comme les appelle Pascal. Le cloître fut pendant toute la durée des âges chrétiens l'école permanente des grands caractères, c'est-à-dire de ce qui manque le plus à la civilisation moderne.

M. de Montalembert, il faut bien l'avouer, justifie assez ce qu'il pense de la vocation des moines par ce qu'il raconte de leurs services. Il montre dans ces prétendus rêveurs, dans ces oisifs, que le dernier siècle a flétris et que le nôtre a oubliés, des hommes énergiques, actifs, pratiques, imposant cortége de saints, de pontifes, de docteurs, de missionnaires, d'artistes, de maîtres de la parole et de la vie, les premiers au combat et au travail, sortant des cloîtres pour remplir les chaires, pour peupler et diriger les conciles, les conclaves, les diètes, les croisades ; puis rentrant dans leur solitude pour y créer des églises et des livres qui étonnent et défient l'orgueil des modernes. Voulez-vous rechercher les raisons qui ont mérité aux moines un rôle si important dans les destinées de l'Église ? Il est facile de les reconnaître dans les deux grandes fonctions communes à tous les ordres et à toutes les branches, la prière et l'aumône. Prier beaucoup et donner toujours, c'est ce que M. de Montalembert appelle éloquemment les deux services du monachisme. Quel spectacle que ce saint et perpétuel combat engagé contre l'omnipotence divine par les supplications de tant de milliers de moines, champions aguerris et infatigables de la chrétienté, rassemblés et ordonnés légalement pour la prière en commun, et regardés avec raison par le bon sens public comme une puissance d'intercession instituée pour le salut du monde. Mais les moines ne se bornent pas à cet ordre de bienfaits. Ils servent, ils touchent, ils moralisent la société par l'exemple le plus constant de la charité la plus féconde. Il ne leur suffit pas de soulager la pauvreté, ils l'honorent, ils la consacrent, ils l'adoptent, ils l'épousent comme ce qu'il y a de plus grand et de plus royal ici-bas. Que de soins délicats, que de tendres prévenances, que de précautions ingénieuses inventées et pratiquées pendant douze siècles dans ces maisons de la prière qui comptaient parmi leurs dignitaires les infirmiers des pauvres ! Après avoir édifié et réjoui la foule indigente par le spectacle de leur vie pacifique et douce, ils lui offraient encore en temps de guerre un asile presque toujours respecté. Leur seul aspect semble avoir toujours été une prédication permanente au profit de l'aumône, et leur familiarité habituelle avec les grands a toujours profité aux petits.

Quand on a lu ce chapitre, on pleure d'admiration en songeant à l'héroïsme des moines; mais M. de Montalembert nous apprend dans le chapitre suivant que ce qui nous paraît de l'héroïsme n'était que du bonheur. Le bonheur des moines était naturel, durable, profond. Ils prolongeaient et achevaient leur vie au sein d'une tranquillité laborieuse et d'une douce conformité. L'amitié en était le charme. Que de traits attendrissants, que de belles paroles à recueillir, depuis cet abbé espagnol du VIIIe siècle qui disait : « Je n'ai laissé qu'un frère dans le monde, combien n'en ai-je pas retrouvés dans le cloître ! » jusqu'à ces deux religieuses de l'ordre de Fontevrault, dont l'une étant morte avant l'autre, apparut en songe à sa compagne et lui prédit sa mort en lui disant : « Apprends, chère bien-aimée, que je suis déjà dans une grande paix, mais je ne saurais entrer au paradis sans toi. Prépare-toi donc et viens au plus vite, afin que nous soyons présentées toutes les deux ensemble au Seigneur. »

Mais cette paix et cette joie, qui constituaient leur

apanage, ils ne s'en réservaient pas le monopole ; ils la versaient à pleines mains sur tout ce qui les entourait et partout où on leur en laissait la liberté. Ils la montraient, ils la prêchaient, ils la donnaient à tous ceux qui s'approchaient d'eux. Il n'y avait pas un besoin moral ou matériel auquel n'eussent essayé de pourvoir ces moines, qui de tous les bienfaiteurs de l'humanité furent à coup sûr les plus généreux, les plus ingénieux, les plus aimables, les plus désintéressés et les plus persévérants. De là tant de bonheur inaperçu dans les annales de l'histoire, mais distillé en abondance dans le cœur des peuples chrétiens, pendant toute la durée de la ferveur monastique. De là cette paix invincible, cette lumineuse sérénité, qui régnaient sur tant d'âmes au milieu même des époques les plus orageuses du moyen âge.

Les moines avaient découvert l'art de concilier la grandeur avec l'humilité, les apaisements du cœur avec les ardeurs de l'intelligence, la liberté et la fécondité de l'action avec une soumission minutieuse et absolue à la règle, des traditions ineffaçables avec l'absence de toute hérédité, le mouvement avec la paix, la joie avec le travail, la vie commune avec la solitude, la plus grande force morale avec une entière faiblesse matérielle. Et ce merveilleux contraste, cette étrange union des qualités et des conditions les plus diverses, ils ont su les faire durer pendant mille ans. Ils avaient trouvé le secret des deux choses les plus rares en ce monde, le bonheur et la durée. Ils ont duré sept, huit, dix et quelquefois même quatorze siècles, c'est-à-dire autant que la royauté française, et deux fois ce qu'a duré la république romaine.

En pénétrant ainsi le secret d'une vie si tenace et si féconde, M. de Montalembert n'a garde d'oublier l'impartiale équité que l'histoire commande. Il ne dissimulera aucune tache, afin d'avoir le droit de ne voiler aucune gloire ; il ne taira aucun grief, afin de n'omettre aucune réponse. Après le tableau de la ferveur, vient celui de la décadence et de la ruine.

L'abus des richesses et de la commende dans les abbayes, la paresse et le relâchement des moines, la malveillance intéressée du pouvoir temporel, la cupidité de l'aristocratie, la mollesse du clergé, expliquent la décadence ; mais rien ne justifie la ruine. Après avoir eu le rare et le plus difficile de tous les courages, celui de dire la vérité aux amis de la vie religieuse, l'illustre écrivain use de la même liberté envers ses détracteurs et ses ennemis. Il dit aux révolutionnaires : « Il ne faut jamais se laisser aller jusqu'à absoudre les crimes, sous prétexte que les victimes ont mérité leur sort. L'injustice des hommes sert la justice de Dieu, mais elle n'en reste pas moins injustice ; » aux princes : « C'est vous qui êtes les grands coupables, car vous avez trafiqué des abbayes pour assouvir les passions de votre noblesse et pour asservir par là sa liberté ; » aux sophistes modernes de Berne et de Turin : « Qu'est-ce que ces reproches contradictoires dont vous accablez les moines ? S'ils observent leur règle, on dit qu'ils ne sont pas de leur siècle ; s'ils ne l'observent pas, les mêmes voix qui les insultaient comme fanatiques crient au relâchement. S'ils administrent mal leurs domaines, on les leur ôte sous prétexte qu'ils ne savent pas en tirer parti ; s'ils les administrent bien, on les leur ôte encore, de peur qu'ils ne soient trop riches. S'ils sont nombreux, on leur défend de recevoir des novices, et quand ce régime les a réduits à n'être plus qu'une poignée de vieillards, on déclare que, n'ayant pas de successeurs, leur patrimoine tombe en déshérence. » Mais il faut entendre surtout comme il flétrit ces faux savants, ces lettrés de bas aloi, ces lâches sycophantes de la spoliation qui, s'attachant à suivre la piste des Vandales, essaient encore de flétrir jusqu'à la mémoire de ceux que leurs devanciers ont naguère livrés à la hache du bourreau et au marteau du démolisseur.

« Est-ce bien vous, qu'on n'a peut-être jamais vus » ployer le genou, depuis votre enfance, dans un » temple chrétien, qui vous érigez en docteurs de la » prière et de l'office canonial? Avez-vous donc si » scrupuleusement réprimé en vous-mêmes tous les dé- » sirs et toutes les faiblesses de la chair, pour qu'il vous » soit donné de peser au poids du sanctuaire les désor- » dres plus ou moins bien constatés de certains moines? » *Contez-nous donc vos efforts*, disait Bossuet à certains » rigoristes de son temps. Ah! si vous vouliez bien » commencer par essayer de la règle la plus relâchée, » par vous contraindre aux observances de l'ordre le » plus dégénéré, vous pourriez monter avec quelque » autorité au tribunal de l'histoire, et votre âpre cen- » sure pourrait inspirer quelque confiance. Quoi! les » bénédictins mangeaient de la viande; les carmes » déchaussés portaient des souliers; les cordeliers ne » ceignaient plus leurs reins de la corde! En vérité! » et vous qui les accusez, que faites-vous donc de tout » cela? Ils ne se donnaient plus la discipline aussi » souvent qu'autrefois? Mais vous, combien de fois

» par semaine la prenez-vous ? Ils ne consacraient plus » à la prière, au travail, autant d'heures qu'ils le de- » vaient ! Et vous, où sont les champs que vous avez » fécondés de vos sueurs, les âmes que vous avez sau- » vées par vos oraisons ? Après tout, les plus coupa- » bles, les plus dépravés, vivaient comme vous vivez : » voilà leur crime. Si c'en est un, ce n'est pas à vous » qu'il appartient de le châtier. Eh quoi ! vous com- » mencez par infecter l'Eglise de vos vices, et puis » vous lui reprochez d'en être atteinte et souillée ! » Vous administrez le poison à la victime, et vous » faites un crime d'y avoir succombé ! Ah ! certes ! » que les fidèles, les zélés et les purs se soient in- » dignés et désolés du relâchement monastique ; » qu'un Bernard, un Pierre Damien, un Charles Bor- » romée, un François de Sales, une Catherine de » Sienne, une Thérèse, l'aient dénoncé à Dieu et à » la postérité, on le conçoit. On ne concevrait même » pas leur silence. Mais vous, héritiers ou panégyristes » des auteurs du mal qui a corrompu les moines, » comme de la spoliation qui les a frappés, vous de- » vriez être les derniers à vous étonner et à vous » plaindre, car c'est le procès de vos pères ou le vôtre » que vous instruisez. »

Ceux que les découvertes d'une science neuve et profonde ne charment pas assez peuvent donc lire encore, s'ils aiment l'éloquence, l'*Histoire des moines d'Occident*. Le sujet y est toujours grand, le style plein de couleurs, la parole émue et entraînante. L'érudition n'y fatigue jamais, parce que l'éloquence la soutient et l'élève ; elle n'y déborde pas, parce que le goût la domine et la contient. L'ordonnance de l'ouvrage atteste la supériorité d'esprit avec laquelle l'auteur a embrassé son sujet. Il met en relief les grands noms, groupe autour d'eux les têtes secondaires, évite par là toute confusion, renouvelle incessamment l'intérêt, donne à chacun la place qui lui convient, et fait de chaque chapitre un tableau parfait dont le dessin, les proportions et le coloris sont également admirables. Ajoutez à cela les cris de noble indignation et de sainte colère jetés contre les spoliateurs des institutions monastiques, les cris d'admiration, de reconnaissance et d'amour poussés vers Dieu et les saints à la vue des merveilles accomplies par l'esprit des Benoît, des Grégoire et des Colomban. Tout cela est bien vieux, disent les gens du jour, tout cela n'est plus, et il nous faut autre chose pour vivre et nous sauver en ce monde. Oui, tout cela est vieux; mais ce vieux, il faut l'étudier, parce que c'est là qu'est la vie. Oui, tout cela n'est plus; mais ce qui n'est plus, il faut le ressusciter et le refaire, sous peine de périr. M. de Montalembert a écrit son *Histoire des moines d'Occident* en face des sottes vanités, du luxe stérile, des égoïstes servitudes d'une société avilie, corrompue et rampante. La dignité modeste, la pauvreté féconde, l'indépendance généreuse, excitaient alors les railleries; nous regrettons aujourd'hui ces belles qualités, qui ne sont plus de notre siècle; nous parlons de grandeur antique et de noble fierté; nous souhaitons que la France, que l'Europe, se régénèrent. Eh bien! sachons gré à M. de Montalembert de nous avoir tracé le spectacle des rudes vertus et les inspirations des grands cœurs, au temps où cette France, où cette Europe, avaient des moines et des saints, et où les barbares s'arrêtaient devant eux, laissant tomber de leurs mains le fer et la flamme.... Mais, grand Dieu! ce n'est ni à Lyon, ni à Marseille, ni à Perpignan, que l'on trouvera aujourd'hui de telles barrières. Beaucoup de cloîtres renaissants viennent d'être fermés; on a eu peur des pieds nus, des cordes qui serrent les reins, des têtes rasées qui se lèvent vers le ciel avec l'expression de la prière et de la mortification. Après avoir goûté, comme toutes les Babylones modernes, le plaisir de vivre et de sentir, Lyon, égaré et impénitent, voit passer devant ses monastères pillés et son Fourvières devenu suspect, le convoi funèbre des défenseurs de l'ordre et de la patrie (1); ce convoi a passé sans prêtre, sans croix, sans signe religieux; un ministre (2) l'a conduit; la France le sait, et personne ne s'indigne, personne presque n'ose s'étonner ou se plaindre! O Montalembert! où es-tu pour venger ces moines à peine de retour et déjà bannis, pour flétrir ces révolutionnaires nouveaux qui les soupçonnent, qui les chassent et qui les dépouillent? Où est cette tristesse indignée, cette ironie vengeresse, cette éloquence qui réveillait en nous les bons mouvements et les saintes passions? Ah! dans ce silence stupide, nous relirons les cinq volumes de l'*Histoire des moines d'Occident*; nous y apprendrons que les spoliateurs et les proscripteurs ont beau recommencer leur œuvre, la pauvreté, l'obéissance, la chasteté dévouée, recommencera la sienne. Dans les greniers et dans les caves des palais usurpés par les démagogues au pouvoir, il

(1) Le convoi funèbre du commandant Arnaud.
(2) M. Gambetta.

y aura sous tous les gouvernements possibles, fussent-ils les plus insensés et les plus grossiers, des moines qui, s'ils replient leur froc, s'obstineront à donner leur cœur à Dieu, aux pauvres, aux malades ; il y aura des vierges qui, si on leur ôte leur voile, se voileront encore assez de leur fière pudeur pour se détourner avec un magnanime dédain des maîtres de ce monde, pour jurer à Jésus-Christ une inviolable fidélité, et garder ce serment, s'il le faut, au prix de leur vie.

Personne n'a parlé de ce sacrifice comme M. de Montalembert. Le P. Lacordaire le lui avait fait aimer en devenant dominicain et en prouvant, par son exemple, que « les moines, comme les chênes, sont immortels. » Ce fut l'une des plus grandes joies de notre orateur de voir entrer son émule et son ami à l'Académie française; il avait décidé son élection et il voulut lui servir de parrain ; mais, un an après, cette joie se change en larmes : le conférencier de Notre-Dame est cloué sur un lit de douleur, et Montalembert va recueillir à Sorèze ses dernières confidences; Lacordaire meurt, son ami prend la plume, la trempe dans ses larmes et écrit cette admirable notice biographique intitulée : *Le P. Lacordaire* (1). Là, il le loua à son aise d'avoir compris et pratiqué l'alliance indispensable de la foi et de la liberté, d'avoir joint à la force et à l'éclat l'intime tendresse, la douce mélancolie, le don de pleurer et de faire pleurer les autres, enfin d'offrir dans sa vie, comme parle Bossuet, « l'immortel agrément de l'honneur et de la vertu. »

L'intrépide écrivain saisissait toutes les occasions

(1) Janvier 1862.

d'affirmer et de redire ses propres convictions. Quand l'attention publique se porte sur la Pologne, il la ranime, l'élève et la soutient, en écrivant : *Une Nation en deuil* (1), *l'Insurrection polonaise* (2), *le Pape et la Pologne* (3), autant de cris d'alarme jetés à l'Europe en faveur de sa chère cliente, autant de cris d'admiration et de reconnaissance jetés à Pie IX, qui, seul devant l'humanité impuissante, la conscience publique pervertie, la pitié affranchie de ses dernières émotions, au milieu des défaites, des abattements, des tristesses, a répondu d'une voix indignée aux plaintes de la Pologne déchirée et agonisante. L'Italie, déchirée à son tour par les bureaucrates et les libérâtres piémontais, essaie du moins de se défendre par la plume. Montalembert l'encourage du geste et de la voix, souhaitant, dans un écrit intitulé *la Presse catholique en Italie* (4), la bienvenue à ses nouveaux frères d'armes, et leur prédisant que, dans cette carrière semée d'épines et d'écueils, ils n'ont à attendre leur récompense que de Dieu et de leur conscience.

A ces grandes pensées, à ces nobles luttes, il mêle sans cesse le nom et le souvenir de notre Comté. Il vient chaque année s'assurer de nos dispositions politiques et religieuses; il tient à savoir l'impression que ses écrits produisent sur nous; il augmente, il complète sa bibliothèque comtoise. Lui signale-t-on un bon livre sur la province? il l'achète, il le lit, il le juge; un jeune homme intelligent, d'une bonne conduite et

(1) *Correspondant* du 25 août 1861.
(2) *Id.* du 25 février 1863.
(3) *Id.* du 25 mai 1864.
(4) *Id.* du 25 juin 1863.

d'un cœur élevé, d'un nom comtois ? il veut le recevoir, l'écouter, lui donner des conseils sur ses études et sur son avenir. La Comté tient toujours une des premières places dans sa correspondance avec les deux mondes. On en jugera par quelques extraits :

« Maîche, ce 7 août 1859.

» Combien je vous remercie, Monsieur, de votre vigilante sollicitude à l'endroit de ma bibliothèque comtoise ! Je vous dirai que j'ai déjà la seconde édition du curieux ouvrage de Perreciot, que j'ai lu et qui me suffit. Je n'en suis pas moins reconnaissant de votre bienveillante intervention. Je crois que je suis assez bien monté quant à l'histoire de notre province, grâce aux livres que j'ai trouvés dans la bibliothèque de Maîche. J'ai même en double Gollut, Dunod, Labbey de Billy, Bullet. Ce que je désire maintenant, c'est un second exemplaire de la carte de Franche-Comté, par Querry. J'en ai un chez moi, en Bourgogne, mais je ne voudrais pas le déplacer. Je crois me rappeler en avoir vu un exemplaire chez le bon abbé Goguillot, dont je déplore sincèrement la perte.

» Mlle de Montalembert veut que je vous renouvelle tous ses remerciements pour le petit livre sur l'éducation des demoiselles (1), que vous avez eu l'extrême bonté de lui envoyer. Nous espérions tous les deux vous voir cet été à Maîche, et vous traiter en voisin. J'ai hâte de vous faire juger la valeur de ma petite collection comtoise; j'ai trouvé ici une vue du Chapitre de Besançon, c'est-à-dire de la citadelle actuelle, datée

(1) *La Femme selon l'Evangile*, conseils à ma fille et à ma petite-fille, par Mme ***.

de 1667. Je crois qu'elle vous intéressera, si vous ne la connaissez pas déjà. Elle m'a d'autant plus intéressé que je lis en ce moment le très curieux ouvrage de M. Ordinaire sur le siége de Besançon en 1674, où l'on voit que ledit Chapitre était alors fort indiscipliné.

» Si vous ne venez pas respirer l'air frais de nos montagnes, j'aurai au moins la chance de vous rencontrer à Besançon, que je compte traverser le 18 ou le 19. Agréez, en attendant, la nouvelle et sincère assurance de ma haute considération (1). »

« La Roche-en-Breny, ce 16 janvier 1860.

» Monsieur l'abbé, je veux vous remercier de vos souhaits de nouvel an et des lettres si intéressantes qui les expriment. Ma fille vous a écrit de Maîche quels sont les motifs qui m'ont empêché d'aller l'automne dernier rejoindre dans vos montagnes mon infortunée belle-sœur. Je vais beaucoup mieux en ce moment, et je suis revenu ici après l'ordonnance de non-lieu, avec l'espoir d'y mettre la dernière main à mes deux premiers volumes des *Moines d'Occident*. Le moment sera peu opportun pour la publication d'un ouvrage historique de ce genre. Il le serait beaucoup plus pour la réimpression de l'admirable petit volume de Mgr de Chaffoy sur les confesseurs et les martyrs du clergé franc-comtois pendant la révolution. Je crois vous avoir déjà dit maintes fois combien je regrettais que vous n'eussiez pas fait de cette réimpression un supplément à votre bel ouvrage des *Vies des saints de la Franche-Comté*. Voyez donc s'il ne se trouve personne parmi vos confrères qui veuille se

(1) Lettre à M. Paul de Jallerange.

charger de ce soin. Si M. Michel n'était pas absorbé par son journal, ce serait un travail digne de lui et plus utile même que sa bonne réfutation de Proudhon. Il faudrait faire un appel aux curés par la voie de l'*Union*, pour leur demander les renseignements si nombreux que l'on possède encore, mais qui dans peu auront disparu avec les derniers vieillards du sacerdoce. Je souscris d'avance pour cent exemplaires à cette publication, si quelqu'un veut l'entreprendre.

» Je vous remercie de m'avoir adressé plusieurs jeunes Franc-Comtois ; je les vois avec intérêt et plaisir. J'ai trouvé M. Léon Maurice particulièrement bien. M. Curasson est plus timide, mais je ferai de mon mieux pour l'encourager. Priez M. Boysson d'Ecole de m'envoyer ses fils, quand ils viendront à Paris ; vous savez combien j'estime et honore cette excellente famille.

» Je ne vous dis rien des événements. Nous devons évidemment sentir et penser de même sur tout ce qui se passe. Quelque triste opinion que j'eusse du gouvernement depuis 1853, j'étais loin de croire qu'on irait si loin, et que le servilisme de certaines gens recevrait sitôt une si cruelle et si humiliante leçon. Quelle confusion pour ces docteurs arrogants de l'autocratie, pour ces maîtres cyniques de la palinodie, que tout ce qui se passe aujourd'hui ! Ils applaudissaient à la confiscation du patrimoine de la maison d'Orléans, et les voilà condamnés à voir le patrimoine du saint-siége confisqué. Ils ont osé dire que la législation actuelle sur la presse était la législation même de l'Eglise, et voilà que cette législation sert à bâillonner les évêques comme les parlementaires. Ils n'ont pas rougi de montrer l'empereur disposant contre ses adversaires de deux armées, l'une de 400,000 soldats, l'autre de 40,000 prêtres, et ils voient maintenant à quoi aboutit ce que j'ai appelé un jour, et je ne m'en dédis pas, l'alliance du corps de garde et de la sacristie. L'Eglise, mon cher ami, n'est pour rien dans ce fatal compromis, en dépit des organes qui la compromettent si fort.

» Vous apprendrez avec plaisir que nous allons nommer le P. Lacordaire à l'Académie. M. Thiers nous a promis sa voix, M. Saint-Marc Girardin aussi. Ils sont avec nous comme en 1849, malgré la criminelle défection du *Journal des Débats.* Avez-vous lu Paradol dans le *Courrier du Dimanche* du 1er janvier? Je vous recommande cette feuille hebdomadaire, c'est ce qu'il y a de mieux et de beaucoup dans la presse libérale parisienne. Mille affectueux hommages (1). »

« Maîche, ce 2 septembre 1860.

» J'ai mille fois à vous remercier, Monsieur l'abbé, du rapport si bienveillant que vous avez consacré à mes *Moines d'Occident* (2). Je vous sais un gré infini de la forme que vous avez choisie pour me faire tant de compliments. Je tiens toujours à l'Académie de Besançon, parce qu'elle a été la première à me distinguer dans mon obscurité. Et cependant, en écrivant l'autre jour à M. Pérennès, j'ai été bien tenté de lui lancer une flèche sur certain choix. Je conviens, du reste, que cette élection ultra-gouvernementale est rachetée par celle que vient de faire la compagnie en la per-

(1) Lettre à M. l'abbé Besson.
(2) *Recueils de l'Académie de Besançon*, 1860.

sonne du duc Pasquier. Quel dommage que vous ne puissiez pas assister, une fois du moins en votre vie, aux éloquentes colères de ce redoutable vieillard. Je reconnais dans ce choix l'influence de mon ami X. Marmier, et je l'en félicite.

» Je lis avec plaisir et profit la *Franche-Comté ancienne et moderne* (1), que m'avait recommandée M. Bourgon. Je trouve dans ce livre des vues originales et élevées. Mais je reproche à l'auteur, qui a évidemment beaucoup lu, de ne pas indiquer ses sources assez souvent ni avec assez d'exactitude. Son érudition si variée et si attrayante m'inspire donc quelques doutes. D'où vient qu'il qualifie (p. 79, t. II) de *personnage incontestable dont les actes sont perdus*, saint Simon de Crépy, et cela, en oubliant la *Vie des saints de Franche-Comté*, qui, dans son tome III, cite lesdits actes à chaque page?

» Mais je m'oublie, comme en causant avec vous. Il faut me borner à vous remercier *ex imo corde* et à me dire plus que jamais votre tout dévoué et obligé (2). »

« La Roche-en-Breny (Côte-d'Or),
ce 29 décembre 1860.

» J'ai été charmé, Monsieur, de recevoir, grâce à votre inépuisable complaisance, un nouvel exemplaire du précieux ouvrage de Mgr de Chaffoy, et puisque vous voulez bien m'en indiquer le moyen, je m'estimerais heureux d'en posséder *une douzaine* à prendre dans ce fond de l'édition que vous avez découvert.

(1) *La Franche-Comté ancienne et moderne*, par M. le comte de Poligny, 2 vol. in-8°.

(2) Lettre à M. l'abbé Besson.

Veuillez en payer le prix que vous jugerez convenable, et que je vous rembourserai, soit à Besançon, en y retournant l'an prochain, soit à M. votre fils, quand je le verrai à Paris.

» Vous ne pouvez douter du plaisir que nous aurions à recevoir M. votre fils, ainsi que son camarade, M. de Longeville. Ils seront tous deux les très bienvenus au coin de notre modeste foyer. Je les félicite d'avoir fait la rencontre de l'abbé Lamazou. C'est un prêtre zélé et intelligent, qui les introduira dans un milieu excellent, s'ils veulent bien le prendre pour guide ou pour ami.

» Au milieu des tristesses du présent et de l'avenir, nous nous sentons remontés et consolés par l'attitude et le langage du roi de Naples. Enfin, voici un roi, et un Bourbon. Le Ciel en soit loué! Grâce à lui, à son héroïque compagne, à l'inébranlable fermeté du pape, et au glorieux dévouement des preux de Castelfidardo, l'année 1860, si fatale d'ailleurs, brillera d'un éclat inaccoutumé dans l'histoire moderne. Mais, quant aux héros de Castelfidardo, il est bien juste de dire avec le pauvre vicomte Jean des Cars : *Leur petit nombre* LES *honore, mais il* NOUS *accuse.*

» Mille respectueuses amitiés, je vous prie, au vénérable et spirituel président Bourgon. Mlle de Montalembert me charge de tous ses compliments pour vous, Monsieur, et j'y joins avec empressement la nouvelle assurance de ma haute considération (1). »

« La Roche-en-Breny (Côte-d'Or),
ce 20 septembre 1861.

» Monsieur le supérieur, votre indulgente amitié est

(1) Lettre à M. Paul de Jallerange.

toujours pour moi une consolation, et quelquefois une surprise. Le silence de l'*Union franc-comtoise* m'avait fait craindre que ma *Nation en deuil* n'eût déplu à mes amis de Besançon, je ne sais pas trop pourquoi; car enfin je ne fais que professer dans cet article les principes et les prédilections dont j'ai toujours été coupable. Quoi qu'il en soit, votre suffrage m'est plus que jamais agréable, et peut-être un jour trouverez-vous le loisir de m'expliquer les motifs du silence de M. Michel, à qui j'avais écrit pour recommander mon écrit, et qui ne m'a rien répondu..

» Permettez-moi de vous dire que je vous trouve un peu sévère pour le *Correspondant*. Aucune revue ne peut contenir dans chaque numéro des morceaux d'éclat. Voyez la *Revue des Deux-Mondes*; elle paraît souvent sans aucun nom nouveau et sans aucun travail hors ligne. Mais je conviens qu'elle a des romans qui réussissent par le côté qui nous est interdit, et des récits de voyage qui nous manquent trop. Quant au côté didactique, je n'hésite pas à croire que le *Correspondant* est au niveau de toutes les revues contemporaines, tant par la solidité que par l'originalité de ses travaux. Celui de l'abbé Meignan sur la nouvelle école rationaliste en Angleterre est réellement distingué.

» Que vous dirai-je des élections? Personne ne doute qu'elles n'aient lieu cette année, depuis que M. Billault a dit le contraire au Corps législatif. Mais, véritablement, à quoi bon me remettre sur les rangs avec la certitude d'un échec? Je ne suis plus assez jeune pour affronter *inutilement* une lutte inégale; et d'ailleurs y aurait-il trop d'amour-propre à croire que la cause catholique elle-même serait amoindrie par cet échec?

Quand j'ai échoué en 1857, c'est ma personne seule qui était en jeu; aujourd'hui, bon gré mal gré, on verra en moi le candidat du clergé, du pape même; et ma défaite fera chanter victoire à tous les ennemis de la bonne cause. Telle est du moins mon impression actuelle. — Présentez, je vous prie, mes sympathiques hommages au cardinal, et croyez à ma respectueuse amitié (1). »

« La Roche-en-Breny, ce 28 novembre 1861.

» Monsieur le supérieur,

» Voici les pages de votre intéressant travail (2) auxquelles j'ai cru devoir faire, d'après votre invitation, les corrections nécessaires pour rétablir l'exactitude complète des faits. Je me suis permis d'ajouter une note sur mon pauvre frère, qui a été, lui aussi, un élève de M. Busson, et dont la vie obscure mais méritoire et laborieuse, couronnée par une mort aussi édifiante que douloureuse, mérite un souvenir.

» Je suis écrasé par cette perte du P. Lacordaire. Quoique prévue depuis trop longtemps, elle n'en est pas moins la plus douloureuse catastrophe qui pût nous atteindre. — Le clergé ne comprendra pas la perte qu'il fait en cet homme vraiment grand et vraiment saint.— Quand on prend pour oracles MM. tels et tels, on n'est pas fait pour admirer le P. Lacordaire.

» Est-ce bien sérieusement, mon cher abbé, que vous me demandez mon avis sur ce que doivent faire les conférences de Saint-Vincent de Paul? Non certes; car cet avis ne saurait être douteux; et d'ailleurs, la

(1) Lettre à M. l'abbé Besson.

(2) La *Vie de M. l'abbé Busson*, in-12, 1862.

question, d'après ce que j'ai appris de M. Foisset il y a huit jours, est déjà résolue. On ne résistera pas plus à Besançon qu'à Paris, et cette honteuse soumission, rapprochée du *procès de l'école libre* qui menait, il y a juste trente ans, le P. Lacordaire et moi devant la cour des pairs, montre bien tout le chemin que les catholiques ont fait depuis lors vers le *byzantinisme*. Vous rappelez-vous le jour où je vous disais, au collége catholique, qu'il vous fallait faire des hommes, et non des *poulets* catholiques. Je reconnaissais déjà, à des indices trop sûrs, que le temps de la *volaille* allait arriver, et que le *sauveur de la société* ne réussirait que trop bien à faire de la France une vaste *basse-cour*.

» Je n'ai jamais dit à personne que je renonçais à la candidature pour la députation dans le Doubs, par l'excellente raison que personne ne m'en a jamais parlé. Et je suis bien sûr que, dans *aucune* des très rares lettres qui m'arrivent du département depuis ma défaite de 1857, il n'a été question de lutte électorale. Quant à moi, ma devise a toujours été celle de saint Martin : *Non recuso laborem*. Si j'avais encore affaire au clergé et aux catholiques de 1848 et de 1849, je n'hésiterais pas, malgré mon âge et mes infirmités, à courir de village en village pour demander des suffrages. — Mais je n'éprouve aucune envie de me fatiguer moralement et physiquement pour *rien*. Depuis 1857, et encore tout dernièrement en visitant le Midi, j'ai acquis la triste conviction qu'aucun pays en France n'a été aussi profondément infecté que la Franche-Comté par les doctrines de cette funeste école, grâce à laquelle nous avons vu insulter lâchement le régime qui avait produit la société de Saint-Vincent de Paul et encenser le régime qui la détruit.

» Je vous supplie de me rappeler au souvenir du président Bourgon et de l'avocat Tripard. J'espère bien les voir tous deux, ainsi que vous, à Maîche, l'été prochain ; je compte y faire un long séjour pour me dédommager de lui avoir préféré la Hongrie et la Pologne en 1861. Mille respectueuses amitiés. »

On voit que, dès 1861, M. de Montalembert ne demandait pas mieux que de remonter encore une fois sur la brèche électorale. Beaucoup de gens commençaient à ouvrir les yeux sur les affaires de Rome aussi bien que sur celles de France, et il se fit dans notre province un mouvement signalé, un effort généreux et soutenu pour rendre M. de Montalembert à la tribune, pour rendre la tribune à l'éloquence française. C'était, malgré l'éclat de ce grand nom, et l'éclat non moins insigne de l'ingratitude qui l'avait éloigné de la vie publique, une tentative pleine d'embarras et de difficultés. Il fallait lutter contre une administration active, puissante, secondée à tous les degrés par des agents stylés aux manœuvres électorales. Cette administration avait acquis, par une longue pratique, l'art d'effrayer les uns, de gagner les autres, de paralyser le zèle de ceux dont on ne pouvait obtenir la voix. Elle excellait surtout à jeter dans la balance, au dernier moment, le nom de l'empereur, qui devenait dans sa bouche tantôt une menace, tantôt une promesse, tantôt même une prière et une supplication. Enfin, il faut le dire à la honte de notre siècle, M. de Montalembert n'a jamais été populaire, il ne pouvait pas l'être, et il était cent fois plus facile de le combattre que de le soutenir auprès de la foule. M. de Montalembert était clérical; ce mot explique tout. Suspect à la plupart des universitaires pour sa croisade en faveur de la liberté d'enseignement, les sociétés secrètes l'ont constamment repoussé comme un ennemi, et jamais les démocrates n'ont voulu l'accepter comme un allié. On pressait les plus intelligents de se déclarer pour lui, ils promettaient loyalement leur concours et tenaient fidèlement leur parole; mais tout se réduisait à leur suffrage personnel. M. de Montalembert le sentait bien, il ne se faisait pas d'illusions sur le résultat, mais il voulait combattre encore. On annonçait la dissolution du Corps législatif pour 1862. Dès la première nouvelle qu'il en eut, il s'en ouvrit à ses amis de la Comté :

« Paris, 10 juin 1862.

» Monsieur le supérieur,

» J'ai à me reprocher de ne vous avoir pas encore remercié de la *Vie de l'abbé Busson*, que j'ai cependant trouvé le temps de lire et dont j'ai été parfaitement satisfait. Il m'a été impossible d'en rendre compte dans le *Correspondant*, où je venais d'insérer un travail si long sur un autre mort, le P. Lacordaire; mais la prochaine livraison contiendra sur votre ouvrage une notice dont j'espère que vous ne serez pas mécontent.

» Je suis retenu en ce moment à Paris par la présidence de l'Académie française, qui me condamne à faire un discours sur les prix de vertu. Au commencement de juillet, j'irai circuler en Angleterre et en Ecosse, pour y étudier le théâtre des premiers livres de la suite des *Moines d'Occident*. Après quoi, je viendrai passer la canicule à Maîche.

» Nous aurons les élections à cette époque. La dissolution du Corps législatif peut être regardée comme un fait accompli. M. Fould l'a annoncé officiellement avant-hier à un député de mes amis. Il a été convenu entre nous tous, orateurs naufragés des anciens partis, que nous accepterions tous les mandats électoraux qui pourraient nous être confiés. Pour moi, qui ai toujours été contraire à toutes les abstentions, je n'ai aucune peine à prendre ce parti; mais j'ai eu une certaine satisfaction à voir les hommes les plus considérables et les plus droits, tels que M. Thiers, M. Dufaure, M. Berryer, se ranger à mon avis. Malheureusement, il est trop tard. En 1852, peut-être ces grands personnages auraient-ils pu rendre service. Aujourd'hui, la France les a oubliés, et comme d'ailleurs elle déteste instinctivement toutes les supériorités vraies et légitimes, elle se passe d'eux avec bonheur.

» La dissolution a été fixée à cette année, et elle aura lieu tout de suite après la clôture de la session, afin de ne pas laisser faire les prochaines élections sous le coup de l'abandon de Rome et de l'exil du pape, dont il est impossible de douter désormais. Quelles sont les intentions du département du Doubs à mon égard? Je n'ai jamais cru à un succès probable, même en 1857; mais, comme en 1857, je serai toujours prêt à offrir mon nom pour rallier les quelques centaines d'honnêtes gens qui voudront protester contre la servitude de la France et contre la trahison dont le pape a été victime.... Agréez mes respectueuses amitiés (1). »

(1) Lettre à M. l'abbé Besson.

Quelques jours après, il écrivait avec les mêmes sentiments :

« Paris, ce 6 juillet 1862.

» Mademoiselle et chère grande électrice, pardonnez-moi de répondre si tard et si brièvement à votre charmante lettre du 2 juin. Les dossiers des prix de vertu m'ont exténué. Je pars à l'instant pour l'Angleterre. Dans un mois je serai de retour et je passerai à Besançon pour me rendre à Maîche. J'espère vous y trouver; nous causerons alors d'élections tout à notre aise. Je penche toujours à croire qu'il n'y a absolument que vous au monde (avec Mme Boigey) qui pensiez sérieusement à ma réélection.

» Les burgraves, grands et petits, se sont réunis il y a un mois et ont décidé entre eux que, *si on les en priait*, ils accepteraient des candidatures aux prochaines élections; j'ai voté pour cette résolution, avec la conviction qu'il n'en résulterait rien. Mais quelles tristes réflexions sont celles qui naissent d'une pareille assemblée! Je ne parle pas des trois degrés de la vieillesse, le *positif*, le *comparatif* et le *superlatif*, combinés pour le même effort de rajeunissement — quoique ce soit bien peu rassurant pour un pays où le *plus jeune des amants de la liberté*, comme dit le *Times* en parlant de votre serviteur, avait quarante-huit ans en 1858! Je ne parle pas non plus des études physiologiques que nous avons pu faire les uns aux dépens des autres, sur tout ce que nous avions gagné depuis le coup d'Etat en fait de ventre, de rides et de cheveux gris. — Non; mais à la vue de tous ces hommes célèbres, naguère divisés, aujourd'hui unis, depuis M. Guizot jusqu'à M. Thiers, et depuis le duc de Broglie jusqu'à M. Odilon

Barrot, comment ne pas rougir et désespérer d'un pays qui les a tous oubliés, à vrai dire, reniés, qui leur a rendu la vie impossible ou du moins insupportable quand ils étaient aux affaires, et qui aujourd'hui se laisse gouverner *avec bonheur* par les bâtards et les fripons qui les ont remplacés?

» La France, qui a fait mourir Casimir Périer à la peine, qui n'a voulu ni de Martignac, ni de Guizot, ni même de Barrot, laisse tout faire à Persigny et à Morny! — Comment espérer quelque chose avant que de nouvelles catastrophes aient purifié cet air méphitique que nous respirons? Comment supposer qu'en Franche-Comté on soit moins complice ou moins dupe de la démocratie impériale, qui domine dans le reste de la grande nation? Pour moi, j'en fais mon deuil, et je n'ai plus d'autre ambition que de mourir *debout* et sans *phrase*. Gardez pour vous le secret de ma misanthropie : j'ai fait meilleure contenance à l'Académie, mais j'étais là comme l'enfant lacédémonien qui se laissait déchirer les entrailles par son renard sans sourciller, par point d'honneur. Le renard n'en est pas moins là et pour longtemps.

» Je vous prie de croire que je n'ai pas la moindre répugnance (comme vous dites) pour la main calleuse des paysans, je la préfère infiniment à la main gantée des enrichis du régime impérial ou à la main tachée d'encre des scribes de la presse napoléonienne. Ce n'est pas non plus la peine ou la fatigue d'une candidature qui me répugne : c'est la confiance dans le résultat qui me manque. Avoir, comme en 1857, quatre mille voix sur trente-cinq mille, c'est bon pour une fois; mais recommencer une pareille campagne, c'est peu tentant. Je ne vous en demanderai pas moins tous vos renseignements et vous prie d'en ramasser le plus possible, en comptant sur la respectueuse reconnaissance dont je vous renouvelle ici l'hommage (1). »

La correspondance de M. de Montalembert avec Mlle de Saint-Juan se continue par une lettre de condoléance, mêlée de compliments sur une publication, fort opportune pour consoler son auteur après la mort d'un père chéri.

« Maîche, ce 10 septembre 1862.

» Mademoiselle,

» Je n'avais fait qu'entrevoir monsieur votre père, et je ne le connaissais pas assez pour pouvoir apprécier toute l'étendue de votre perte. Mais rien de ce qui vous touche ne saurait m'être indifférent; vous avez acquis sur moi tous les droits que peuvent créer le dévouement le plus désintéressé et une sympathie toujours exprimée avec la plus cordiale franchise. — Permettez-moi donc de venir troubler votre douleur, en vous parlant de ma condoléance. Vous ne me trouverez pas indiscret, j'en suis sûr, et vous comprendrez que je tienne à ne pas sembler indifférent au malheur qui vient de vous frapper. Si un tel malheur pouvait être allégé par une respectueuse et une affectueuse compassion, j'insisterais sur celle que j'éprouve pour vous. Mais la seule source des vraies consolations vous a toujours été ouverte, et Dieu vous accordera certainement d'y puiser sans réserve.

» A ce propos, je ne puis, même en cette triste occurrence, me dispenser de vous dire que j'ai à vous

(1) Lettre à Mlle de Saint-Juan.

remercier du service que vous m'avez rendu en me faisant lire vos deux excellents volumes intitulés : *La Source du vrai bonheur*. J'y ai trouvé des fragments de Bossuet et même du P. Lacordaire qui, à ma grande surprise, m'étaient inconnus et qui m'ont fait frissonner d'admiration. Vous voyez, Mademoiselle, que je suis destiné à être en tout votre obligé, et que le sentiment de la reconnaissance devra toujours se mêler au respectueux dévouement de votre très humble serviteur (1). »

La campagne électorale ne s'ouvrit qu'en 1863. Les amis de M. de Montalembert, sans le flatter du succès, furent unanimes à lui demander son nom et à lui promettre leur concours. Ces sympathies réveillées de toutes parts le touchaient vivement, et il en témoigna une grande joie. Avant, pendant et après la lutte, ses lettres sont toutes à l'honneur de notre pays ; il écrivait un mois avant :

« Paris, le 3 mai 1863.

» Monsieur l'abbé et cher ami,

» Vos deux lettres du 6 et du 27 avril m'ont fait autant de bien que de plaisir. Je suis souffrant en ce moment du retour de mon ancien mal, sous une forme plus désagréable encore, et malgré le portrait flatteur que notre excellent Michel a publié de moi dans un de ses excellentissimes articles de l'*Union franc-comtoise*, je ne sais trop comment je supporterais les ennuis et les fatigues de la vie législative, si j'avais la moindre chance d'y être rappelé. Mais quoique j'aie de la peine à écrire, je ne veux pas tarder

(1) Lettre à Mlle de Saint-Juan.

davantage à vous remercier et à vous dire combien je suis agréablement surpris des bonnes dispositions qui se manifestent pour moi à Besançon et ailleurs. Je ne me fais pas la moindre illusion sur le résultat; mais je regarde déjà comme un succès la possibilité d'une lutte sérieuse, et surtout la sympathie qui s'est réveillée chez plusieurs. M. l'abbé Thiébaud revient à la charge auprès de moi en me citant une longue et belle lettre de Mgr Doney, lequel insiste sur la nécessité et l'opportunité de ma candidature. J'ai été tout à fait touché des bonnes paroles que m'a adressées Son Em. le cardinal Mathieu. Votre admirable archevêque m'a non-seulement encouragé, il m'a en quelque sorte ordonné de redevenir candidat dans son diocèse. Je suis très touché de ce que vous a dit M. le vicomte Chiflet sur mon compte, et je vous prie de lui en témoigner toute ma reconnaissance. M. de Vaulchier m'a paru aussi plein de zèle et même d'une certaine confiance que je n'ose pas partager.

» Veuillez prier Mgr le cardinal de donner une approbation à l'abbé Perreyve pour la 3e édition des *Lettres du P. Lacordaire à des jeunes gens*. Outre que ce recueil est certainement ce que ce grand religieux a fait de plus irréprochable, il faut songer qu'il a été l'adversaire le plus redoutable de tout ce que nous réprouvons, que le livre est comme sa personne mis à l'index par le *Monde*, et qu'il demeure encore à peu près inconnu aux jeunes ecclésiastiques, qui ont tant besoin de cette nourriture savoureuse et substantielle. Tout à vous (1). »

(1) Lettre à M. l'abbé Besson.

Voici la lettre de M. de Montalembert à M. l'abbé Thiébaud, et celle de Mgr Doney, à laquelle il est fait allusion plus haut :

« Paris, le 30 mars 1863.

» Monsieur le chanoine,

» Je suis sincèrement touché d'apprendre par votre lettre du 23 que Mgr Doney veut bien s'occuper de ma candidature dans le Doubs. Je vous avoue que je n'aurais jamais songé à lui demander son appui, à cause des graves dissentiments qui règnent entre lui et moi sur les *libertés modernes*. Je suis en effet, et depuis plus de trente ans, un de ces catholiques *libéraux* contre lesquels le journal que Mgr Doney honore de sa protection lance tous les jours l'excommunication. J'en demeure d'autant plus reconnaissant envers ce prélat, qui veut bien oublier cette divergence et se préoccuper de la lutte électorale où je dois figurer. Je vous prie très instamment, Monsieur le chanoine, d'être auprès de Mgr l'évêque de Montauban l'interprète de cette reconnaissance et d'y joindre l'hommage de ma vieille et respectueuse affection pour lui.

» Obligé par mes convictions et par mes antécédents d'accepter toutes les candidatures qui me seront offertes, dans le Doubs ou ailleurs, je suis résolu à prêter mon nom aux électeurs indépendants qui voudront s'en servir pour lutter contre le candidat impérial aux prochaines élections. Votre concours, Monsieur le chanoine, et celui de vos amis me fera grand plaisir. Reste à savoir si, dans l'état actuel des esprits et en présence de la situation faite aux populations par la prépondérance des influences administratives, une lutte est possible ou opportune. C'est une question qui ne peut être tranchée que sur les lieux, et dont je laisse la solution à M. Michel et aux autres courageux citoyens qui ont pris en main ma candidature lors de ma défaite en 1857. Veuillez vous entendre avec eux, et croyez que, dans tous les cas, je suis, avec une respectueuse considération, Monsieur le chanoine, votre très humble et très obligé serviteur. »

« Montauban, le 4 avril 1863.

» Mon cher abbé,

» Quoiqu'il n'ait pas pu me venir dans l'idée d'offrir à qui que ce soit mon appui pour une candidature dans le département du Doubs, à deux cents lieues de ma résidence, toutefois, je veux bien vous avouer que, de tous les candidats possibles, celui que vous me nommez est le *premier que je voudrais voir arriver*. Lui seul est capable, non pas de rendre la vie au corps dont il s'agit, mais de lui redonner quelques mouvements fébriles ou violents, comme la pile de Volta le fait aux grenouilles mortes, sans pour cela les ressusciter. Il faut que tout cela se décompose, et que de ses ruines pourries il naisse un nouvel ordre de choses dans lequel, si on me consulte, je laisserai introduire la meilleure partie de la panacée du libéralisme catholique, pourvu qu'on me permette d'y mettre enfin mon grain de sel.

» Je suis très reconnaissant des bons sentiments que M. le comte de Montalembert veut bien conserver pour moi, et je vous avoue ingénument que c'est pour mon cœur et pour mes souvenirs une vive peine de voir interrompre mes relations, qui étaient si intimes et qui ont duré si longtemps, uniquement par la raison que nous ne sommes pas d'accord sur tous les points. Sur cet article, je crois que je serais plus libéral et plus tolérant. J'affirme que, du fond de mon cœur, je lui suis dévoué avec respect et reconnaissance, et que jamais rien ne diminuera ces sentiments. »

Quinze jours avant l'assemblée électorale, les journaux voués au succès de la candidature officielle remirent au jour d'anciens articles de M. Louis Veuillot peu favorables à M. de Montalembert, et prétendirent y trouver la preuve que l'illustre orateur ne s'était séparé du parti impérialiste que par suite d'une ambition déçue et d'un dépit personnel auquel les intérêts de la religion et de la liberté étaient restés complétement étrangers. Les paroles du rédacteur en chef de l'*Univers* pouvant se prêter à cette interprétation malveillante et injuste, M. Jules Sauzay profita de ses anciennes relations avec M. Veuillot pour l'informer que son nom et son crédit dans le clergé étaient encore exploités à Besançon contre la candidature qui nous était si chère, au grand détriment de la cause commune, et il le pria de vouloir bien établir le véritable sens de ses paroles, qui ne pouvait être certainement qu'à l'avantage de M. de Montalembert.

M. Louis Veuillot répondit :

« A Paris, le 17 mai 1863.

» Afin de vous donner l'éclaircissement que vous désirez, mon cher Monsieur, j'ai relu les articles que l'*Union* et la *Franche-Comté* interprètent pour et contre M. de Montalembert. Il résulte clairement de mon récit que M. de Montalembert désirait que les catholiques fussent appelés aux affaires, qu'il n'entendait point s'en exclure lui-même, qu'il fut inquiet et froissé d'être à l'écart, et que ce mélange de vues politiques déçues et de personnalité justement irritée le poussa prématurément dans l'opposition. Voilà ce que j'ai cru voir en 1852 et ce que j'ai été forcé de dire en 1856. Mais que M. de Montalembert ait demandé une position pour lui et se soit séparé par dépit de ne l'avoir point obtenue, je ne l'ai ni écrit ni pensé, ni n'ai donné lieu de le supposer. Et j'atteste que cela n'est point. Son désir d'être employé, mal inspiré selon moi, n'avait pourtant rien que d'honorable. Ses idées étaient assez belles et assez grandes pour qu'il souhaitât de les appliquer. Lui attribuer la mesquine ambition de l'habit brodé, c'est le connaître trop peu. Quant à moi, dans cette circonstance, je ne le trouvai que trop désintéressé. S'il m'avait fait l'honneur de me demander mon avis, je lui aurais conseillé d'accepter un siége au Sénat et d'attendre sans hostilité. Son jour serait venu.

» J'espère que cette explication satisfera l'*Union*, qui déclare sans façon que M. Veuillot serait le plus malhonnête des hommes et le plus noir des calomniateurs s'il avait voulu insinuer dans ses articles ce que la *Franche-Comté* prétend y voir. On a beaucoup insinué contre moi, mais on ne m'a jamais reproché d'être insinuant. Je me suis, Dieu merci, toujours fait l'honneur de parler de M. de Montalembert en homme qui le sait incapable d'une bassesse. Dans le travail même qui donne sujet à cette controverse, l'expression de ce sentiment est partout. Je n'en citerai qu'un trait. Parlant d'un moment difficile, où M. de Montalembert fut tenté d'abandonner la vie publique, « ceux, dis-je, qui l'ont approché en ces heures de trouble pourront avoir à se plaindre de lui ; mais, quoi qu'il fasse, ils ne lui retireront jamais leur cœur. Ils ont vu dans le sien de trop nobles combats, ils y ont trop admiré la volonté de prendre le parti le plus généreux et de s'effacer lui-même au profit de sa cause. » Vos journaux pourraient comprendre que l'on ne parle pas ainsi d'un homme que l'on aurait vu s'oublier aux calculs de l'intérêt personnel.

» Je vous félicite, mon cher Monsieur, d'avoir à soutenir la candidature de M. de Montalembert. Persévérez, n'eussiez-vous aucune chance de succès. Protestez ainsi contre la honte de voir un pareil homme exclu des conseils d'une nation catholique, et par la nation elle-même. La femme irlandaise criait à son mari, de qui on voulait acheter le suffrage, dû à O'Connell : « Souviens-toi de ton âme et de la liberté ! » Vous, aux vrais catholiques qui pourraient hésiter entre M. de Montalembert et son concurrent, criez : Souvenez-vous de l'Eglise ! *Souvenez-vous de votre mère !*

» Mille remerciements de votre bon souvenir, et trouvez ici l'assurance des sentiments affectueux que m'a laissés notre ancienne confraternité. »

M. Veuillot avait autorisé la publication de cette lettre. Mais, sur ces entrefaites, le journal le *Monde*, héritier de la clientèle de l'*Univers*, s'étant enfin déclaré en faveur de la candidature de M. de Montalembert, on jugea inopportun d'entretenir, même par la déclaration si cordiale du célèbre polémiste, les souvenirs d'un désaccord qui semblait tout à fait éteint.

Le clergé prit en effet, comme tous les vrais libéraux, comme les honnêtes gens vraiment éclairés, un grand intérêt à l'élection de M. de Montalembert. Notre cher candidat en fut profondément touché, et, sans attendre l'issue de la bataille, le jour même où elle s'engageait, il exprimait sa reconnaissance dans la lettre qui suit :

« Paris, 30 mai 1863.

» Chère électrice, depuis qu'il est question de ma candidature dans le Doubs, j'ai eu constamment sous les yeux votre charmante lettre du 25 septembre, où vous m'exprimiez des espérances que je regardais comme tout à fait chimériques et qui me semblent aujourd'hui presque réalisées. Car, je veux vous le dire, dès à présent, et avant de connaître le résultat du scrutin, je veux aussi que vous le disiez, dès à présent, à l'abbé Besson : *Je me tiens, quoi qu'il arrive, pour victorieux.*

» En effet, l'essentiel pour moi n'était pas de rentrer au Corps législatif, vraie caverne où j'ai étouffé pendant six ans, c'était de retrouver le cœur du clergé et des honnêtes gens de la Comté, de redevenir l'homme de leurs sympathies, la personnification de leur indépendance reconquise et de leur légitime résistance. Or, je tiens ce résultat pour *acquis*, j'en bénis Dieu, et, après lui, j'en remercie l'abbé Besson et l'excellentissime Michel, et vous, Mademoiselle, et tous ceux qui, comme vous et eux, se sont dévoués avec un zèle si désintéressé et si infatigable à la propagation de ma candidature. Les soixante lettres que vous avez vues sur la table de l'abbé Besson excitent d'autant plus mon admiration et ma reconnaissance, que je me sens tout à fait incapable d'en faire autant, pas plus pour moi que pour n'importe qui au monde! Dites-le-lui bien, je vous en supplie, en attendant que j'aille moi-même le remercier. Mais aussi remerciez cet inépuisable Michel, qui a défendu non-seulement ma candidature, mais ma carrière publique, mais ma vie tout entière, avec un élan, une intelligence, une générosité sans pareilles.

» Quand même cette lutte électorale n'aurait produit pour moi que la publication de ces articles de notre cher Michel, je serais content et consolé, car jamais apologie plus complète de mon rôle en ce bas monde n'a été offerte à mes concitoyens.

» Ne m'oubliez pas, je vous en prie, auprès de Mme Boigey; il faut bien que j'aille la voir, elle aussi, au risque de la compromettre!

» En attendant ma prochaine visite, agréez, je vous en prie, l'hommage de ma respectueuse reconnaissance. »

Près de dix mille voix se réunirent sur le nom de M. de Montalembert dans le scrutin du 31 mai et du 1er juin. Ce grand homme, *qui se tenait pour victorieux* quel que fût le résultat, se déclara, après son échec, *battu mais content*. Une lettre écrite en sa faveur par M. Emile Ollivier lui ayant été signalée, c'est à ce témoignage qu'il fait allusion dans les lignes par lesquelles il annonçait son prochain voyage en Franche-Comté :

« Paris, ce 20 juin 1863.

» Chère électrice, je vous remercie de votre précieux dossier et surtout de la lettre de M. Emile Ollivier. Elle me fait beaucoup d'honneur et à lui aussi. Je le lui ai dit sans façon, et il m'a paru satisfait de l'indiscrétion qui m'avait mis à même d'apprécier son intervention en ma faveur.

» Je suis *battu et content*. Oui, content de ce que partout, excepté dans l'inexplicable ville de Besançon, la démocratie des villes ait refusé d'être dupe ou complice de César. J'aime mieux cette démocratie, avec tous ses vices et tous ses dangers, que le régime dont la France est infectée depuis douze ans. Je me promets un certain plaisir malin en écoutant tout ce que vous allez me raconter, et je tâcherai de vous tenir tête convenablement. Lundi en huit, sauf obstacle, je compte aller vous voir à Salans ; mais il est bien entendu, n'est-ce pas, que nous serons en *tout petit comité ?* Je désire par-dessus tout éviter tout ce qui pourrait avoir l'air d'une *démonstration* ou même d'une *consolation*.

» Je me tiens pour vaincu, je ne m'en vante pas, mais je ne m'en désole pas davantage. Cela ne m'empêchera jamais d'être, comme auparavant et même plus qu'auparavant, votre tout dévoué et respectueux serviteur (1). »

Un de ses meilleurs amis reçut le billet suivant :

« La Roche-en-Breny, ce 25 juin 1863.

» Cher Monsieur de Jallerange,

» Puisque vous voulez bien continuer à m'offrir l'aimable hospitalité dont j'ai tant tardé à user, je vous arriverai pour le dîner dimanche 28. Une affaire imprévue m'oblige de passer la matinée de ce jour à Dijon, sans quoi je comptais arriver à Besançon par le train de la nuit de samedi à dimanche. Mais je ne

(1) Lettre à Mlle de Saint-Juan.

pourrai, à cause de la messe, quitter Dijon que par le train de 2 h. 30 de l'après-midi.

» Agréez d'avance tous mes remerciements, avec la nouvelle assurance de mon affectueuse considération (1). »

M. de Montalembert vint en effet à Besançon, et M. de Jallerange se fit un grand honneur et un noble plaisir de lui offrir l'hospitalité. Dans les trois jours qu'il y passa, ses amis redoublèrent auprès de lui d'attentions et de soins, et l'accueil qu'il leur fit prouva combien il était sensible à ces marques de vive sympathie et de sincère admiration. Il acquitta sa dette envers Mlle de Saint-Juan en allant lui rendre au château de Salans une visite dont elle a gardé le plus agréable souvenir, et il partit pour la Suisse dans la compagnie de M. de Jallerange. De retour à Maîche, il écrivit à son hôte :

« Maîche, ce 12 juillet 1863.

» Mon cher hôte et compagnon de voyage,

» Donnez-moi, je vous prie, des nouvelles de votre voyage. Avez-vous été aussi content du retour que nous l'avons été de l'*aller*, de cette belle montée entre Arbois et Salins, et de cette incomparable vue sur le lac de Neuchatel et les glaciers ? Quant à moi, je conserve un très agréable souvenir de notre voyage, et une très vive reconnaissance des renseignements si abondants et si précieux que vous m'avez fournis sur les gens, les choses et lès lieux. — Je suis encore plus touché de l'hospitalité si gracieuse et si agréable que j'ai reçue sous votre toit, pendant les trois jours que

(1) Lettre à M. de Jallerange.

j'ai passés à Besançon. Grâce à vous, ce séjour n'a eu que des facilités et des consolations, et j'aurai à vous donner la première place dans ma gratitude à l'endroit des Bisontins qui ont voté pour moi.

» Nous espérons toujours vous voir ici avant notre départ pour la Bourgogne en septembre, et j'aime à croire que le président Bourgon pourra vous accompagner. Veuillez lui demander s'il n'a pas reçu les deux exemplaires de mon *Histoire de sainte Elisabeth*, que j'ai chargé mes éditeurs de lui envoyer de Paris. Mais veuillez ajouter aussitôt que ces deux exemplaires ne sont pas *pour lui*, quoiqu'il me les ait demandés. D'abord il a déjà trop de livres; ensuite, il a la langue trop acérée à l'encontre des puissances de ce monde pour qu'il puisse se complaire en des lectures aussi *édifiantes*. Je destine donc ces deux exemplaires à Mesdames ses filles, et je ne lui laisse que le soin de choisir quelle est l'édition qui convient le mieux à Mme Dusillet et quelle est celle qui doit être réservée à Mme d'Augicourt; toutes les deux ont été pour moi d'une bonté dont je ne perdrai jamais le souvenir. Dites aussi au président que j'ai repris la lecture du second volume de la *Franche-Comté ancienne et moderne*, par M. le comte de Poligny, qu'il m'avait recommandé : je suis émerveillé de tout ce que ce livre renferme d'instruction, d'indépendance et de véritable originalité. Je voudrais bien que l'hommage de mon admiration pût être transmis à l'auteur, dont j'ignore absolument la demeure.

» M. le marquis du Carieul a passé ici l'autre jour, allant sans doute voir sa ferme brûlée. Nous avons fait de vains efforts pour l'arrêter au passage et pour le retenir, soit à dîner, soit à coucher. Impossible de le découvrir : il avait fui comme une ombre, en laissant son nom sur un carré de papier. Soyez assez bon pour lui dire, quand vous le verrez, combien Mme de Montalembert et moi nous regrettons de n'avoir pu le recevoir chez nous.

» Vous voilà chargé de presque autant de commissions qu'au beau temps de votre jeunesse, où vous partiez pour Paris avec ordre de rapporter des corsets pour toutes vos cousines, etc., etc., etc. Pardonnez-moi mon indiscrétion, et venez bien vite m'en gronder, en me procurant l'occasion de vous redire, sous nos tilleuls, à quel point je suis votre très dévoué et très obligé serviteur (1). »

Quelques mois après la campagne électorale, notre glorieux vaincu paya, par un sacrifice bien autrement sublime et poignant, l'honneur d'avoir étudié, compris et fait aimer la vie religieuse. Mlle Catherine de Montalembert, sa seconde fille, avait vingt-deux ans; elle lui servait de secrétaire, elle était initiée à ses hautes pensées et à ses fortes études, elle partageait tous les généreux mouvements de son âme. Associée aux voyages de son père comme à ses travaux, elle avait été remarquée en France, en Belgique, en Allemagne, en Hongrie, et les fêtes du monde n'avaient pas paru sans attrait pour sa vive et brillante jeunesse. Un matin, elle se lève et s'en vient dire à son père et à sa mère : « Adieu, tout est fini ! Je vais mourir, mourir à vous, mourir à tout. Je ne serai jamais ni épouse ni mère, je ne suis plus qu'à Dieu. » Ces paroles, re-

(1) Lettre à M. de Jallerange.

produites dans les *Moines d'Occident*, M. de Montalembert les a réellement entendues de la bouche de sa fille, aujourd'hui religieuse du Sacré-Cœur. Il n'a demandé à la jeune victime qui le crucifiait par cette déclaration en se crucifiant elle-même, qu'une retraite de huit jours et la permission d'entretenir son confesseur. Les vacances approchaient, et, avec les vacances, cet heureux séjour à la Roche et à Maîche, dont toute la famille se faisait une fête. N'importe, il n'y aura plus pour l'amante du cloître ni de famille ni de vacances ; elle se refuse un plaisir dont elle craint de faire aux siens une peine et une épreuve. Le sacrifice fut, du premier jour, complet et irrévocable. Nous l'avons vu dans l'admiration et dans la douleur que cette perte inattendue lui avait causées, ce père n'osant se plaindre à Dieu de lui avoir repris sa fille, et cependant la cherchant tous les jours du cœur et des yeux pour en faire la confidente de ses pensées. Il pliait humblement la tête, mais l'âme saignait ; on voyait que Dieu lui avait enlevé la chair de sa chair et comme la moitié de lui-même. Sa correspondance est encore, quatre mois après, toute pleine du nom et du souvenir de sa fille chérie :

« La Roche-en-Breny, ce 24 janvier 1864.

» Chère avocate et électrice,

» Il faut que je vous remercie de votre précieuse lettre du 25 décembre, et aussi de votre excellent volume dédié aux jeunes âmes chrétiennes, dont ma femme s'est emparée et dont elle est enchantée. Elle compte en faire profiter une mère qui n'est pas assez chrétienne à son gré, qui a grand besoin d'être stylée par vous ou par l'abbé Besson.

» Non vraiment, vous ne pouviez vous douter, quand j'ai été vous voir à Salans, du sacrifice qui devait m'être imposé, car *personne* ne le savait alors, et moi-même je n'y croyais pas encore ; et la glorieuse et charmante victime elle-même n'était rien moins que sûre de sa résolution. Elle ne nous avait quittés que depuis huit jours et nous avait imposé le plus grand secret, afin de se réserver toute sa liberté. Il est vrai que très peu de temps après, cette résolution était devenue irrévocable, et que, depuis lors, elle n'a cessé de nous transporter d'admiration par la magnanimité de ses sentiments et le bonheur surnaturel dont toutes ses lettres portent l'empreinte. Mais la plaie qu'elle a ouverte dans mon cœur n'en demeure pas moins ouverte ; elle se cicatrisera avec le temps, je le sais..., cela n'est pas encore fait. Rien n'a comblé le vide qu'a laissé cette âme charmante et vaillante dans notre intérieur, dans ce vieux manoir où elle a passé presque toute sa vie et qu'elle illuminait de sa grâce, de sa candeur, de son énergie, et j'ajouterai même de son ironique dédain des choses d'ici-bas. Croyez, d'ailleurs, que votre sympathie m'est très douce et très nécessaire ; j'y comptais tout à fait ; mais je vous sais un gré infini de me l'avoir témoignée avec ce généreux élan qui vous distingue toujours. Ah ! que les femmes valent donc mieux que les hommes, en tout et toujours !

» Mettez-moi aux pieds de Mme votre mère, et agréez mes affectueux et respectueux hommages (1). »

Toutes les fois que quelque lettre rappelait la pen-

(1) Lettre à Mlle de Saint-Juan.

sée de M. de Montalembert sur la province où il venait d'échouer pour la seconde fois, il laissait échapper quelque accent de tristesse. Il parlait de résignation et de silence ; il se plaignait de n'être plus écouté ni compris. Les *Annales franc-comtoises*, fondées en 1864, devaient naturellement ambitionner, sinon sa collaboration, du moins son patronage. Il répondit à cette requête en envoyant les paroles prononcées par Mgr Dupanloup à la prise de voile de sa fille, mais en s'excusant, comme il suit, de ne pas parler lui-même.

« La Roche-en-Breny, 15 janvier 1864.

» Vous me demandez une lettre pour vos *Annales*. Je vous avoue que je me sens profondément incapable de vous la faire. Vous voulez que je vous trace vos devoirs ; mais, en vérité, je ne sais plus quels devoirs il faut remplir aujourd'hui. Au sein de ma solitude, je *cuis* dans la tristesse et dans l'indignation que m'inspire l'état du pays et du monde. Ce n'est pas là une bonne disposition pour s'adresser à un public tel que le vôtre. Et, d'ailleurs, à quoi bon vous mettre ainsi officiellement sous le quasi-patronage d'un candidat deux fois malheureux ? Vos gens n'aiment pas la défaite ; il faut leur montrer l'avenir et non le passé. D'ailleurs, je vous le répète, je ne me sens plus capable de me contenir comme il faudrait, pour parler aux gros bonnets laïques et ecclésiastiques dont votre prospectus donne la liste si respectable ; je ne me sens nullement appelé à leur faire la leçon. Devant des jeunes gens, comme à Malines, cela pourrait encore aller. A propos de Malines, vous savez sans doute que plusieurs prélats ont tout fait au monde pour faire mettre mon discours à l'index. Ils y ont travaillé des pieds et des mains pendant trois mois, sans m'avertir. L'abbé Gerbet a refusé de se joindre à eux; je reconnais bien là sa vieille amitié. La cour de Rome n'a pas accueilli les dénonciations. Le cardinal Antonelli a affirmé, le 1er janvier, qu'il ne serait rien fait, absolument rien, contre moi.

» Les paroles de Mgr Dupanloup intéresseront peut-être cette partie si notable de votre clergé qui ne m'a pas abandonné.

» Avouez qu'il est dur de n'avoir pas eu la chance du marquis d'Andelarre et du duc de Marmier, et de languir dans mon coin tandis que MM. Thiers et Berryer renaissent avec un tel éclat. Mais, enfin, il faut savoir se résigner: *Inter hæc vivendum, moriendum, et, quod est durius, tacendum.* Tout à vous (1). »

L'allusion faite dans cette lettre au discours prononcé à Malines rappelle le dernier triomphe oratoire de Montalembert. Il avait trouvé, au congrès tenu dans cette ville, une tribune libre, française et catholique. C'en était plus qu'il ne fallait pour lui rendre ses grandes inspirations. Son discours ne fut point condamné à Rome. Le grand orateur en reçut l'assurance le 2 mars 1864, de la bouche du nonce apostolique. Il en instruisit aussitôt son cher curé de Maîche, dans une lettre précieuse à recueillir, utile à citer, et qui témoigne hautement des sentiments d'obéissance qu'il professait envers l'Eglise.

« Paris, ce 14 mars 1864.

» Monsieur le curé,

» Une note insérée dans l'*Union franc-comtoise* a dû

(1) Lettre à M. l'abbé Besson.

vous rassurer sur la portée des rumeurs que mes adversaires mettent depuis quelque temps en circulation avec un redoublement d'animosité. Ce que l'*Union* n'a pas dit, c'est que le nonce apostolique, Mgr Chigi, a bien voulu se transporter chez moi, le 2 mars, pour me dire qu'il avait reçu l'ordre de me rassurer pleinement et de m'affirmer que je n'avais rien à craindre.

» Toutefois, j'ai lieu de croire que l'on prépare à Rome un document sous forme d'allocution ou d'encyclique, où il sera question des *idées modernes* ou des *libertés modernes*, et qui sera très certainement interprété par les lecteurs et adhérents du *Monde* comme une condamnation du *Correspondant*. Nous verrons quelle sera la nature de cette pièce quand elle aura paru. Comme de raison, nous nous y soumettrons avec un respect scrupuleux, comme je l'ai fait il y a trente-deux ans à l'encyclique *Mirari vos*. Mais on peut affirmer d'avance que, pas plus que cette encyclique, elle n'arrêtera le cours invincible des événements et des conséquences qui découlent de ces événements, pour l'Eglise et la société.

» Je suis très touché, mon cher Monsieur le curé, de votre sollicitude toujours si affectueuse, et j'y reconnais votre cœur si dévoué à toute notre famille. Ma femme va très bien, ainsi que Mme de Meaux, qui va accoucher dans un mois. Croyez à mon respectueux dévouement (1). »

Les grandes chaleurs étant venues, M. de Montalembert quitta, selon sa coutume, le château de la

(1) Lettre à M. l'abbé Porteret, curé de Maîche.

Roche pour sa maison de Maîche, et s'arrêta une soirée à Besançon, conformément à l'avis qu'il en donnait, dans ce gracieux et spirituel billet, à un de ses amis.

« La Roche, le 28 juin 1864.

» Cher supérieur et ami,

» Je vous préviens que j'irai vous faire visite vendredi soir, en arrivant de Dijon, pour aller le lendemain matin à Maîche. Ne le dites pas au préfet, bien que je le soupçonne d'être aujourd'hui trop rassuré sur mon compte pour mettre, comme l'an passé, toute sa police sur pied et la faire encore une fois rhabiller de neuf. Ne le dites même à personne, car je ne veux voir absolument personne que vous, M. Michel et M. de Jallerange. Mais je ne veux pas déranger M. de Jallerange cette année ; je veux seulement aller le remercier de la bonne hospitalité qu'il m'a donnée après ma défaite électorale. Un vaincu doit se cacher, excepté aux intimes. Aussi veux-je éviter tous vos chers Bisontins, excepté vous, qui savez rire de tout, et le bon M. Michel, qui ne se lasse pas de pleurer sur tout et d'annoncer la fin du monde pour après-demain. Au revoir donc, et, comme toujours, tout à vous (1). »

Les lettres suivantes, datées de Maîche et de la Roche, indiquent comment ce grand solitaire partageait son âme et son temps, entre les tristesses du présent et les consolations que lui donnait l'étude du passé. Il continue à prendre intérêt aux livres et aux revues de la province, et il les juge avec une indulgence qui les encourage.

(1) Lettre à M. l'abbé Besson.

« Maîche (Doubs), ce 13 juillet 1863.

» Pardonnez-moi, Monsieur, de venir si tard vous remercier du plaisir que vous m'avez fait par votre excellente lettre du 13 juin au sujet de ma défaite électorale. De très graves préoccupations de famille m'accablaient au moment où je l'ai reçue, et depuis j'ai dû faire une tournée dans notre pauvre Franche-Comté. Pendant ce voyage, ma pensée s'est sans cesse dirigée vers vous et vers les autres jeunes gens qui ont bien voulu, à l'occasion de cette lutte récente, m'apporter la plus efficace des consolations en protestant de leur inébranlable dévouement à l'union du catholicisme et de la liberté. J'avais besoin de me consoler ainsi en étudiant sur place le spectacle répugnant de l'exploitation des préjugés, des passions et des besoins du peuple, par les scribes et les valets de César. La démocratie impériale a déjà fait d'immenses progrès dans la voie qui rapproche notre France moderne de la Rome des Césars, de cette horrible personnification *volontaire* d'une plèbe omnipotente en un maître couronné, que les lettrés de cour nous ont vantée comme le *couronnement de l'édifice* de la grandeur romaine ! C'est à vous, jeunes gens, qu'il appartient de réagir contre ce honteux destin et d'en préserver la France, qui n'y incline que trop. Consacrez toutes les forces de votre esprit et de votre conscience à lutter contre l'abaissement continu des âmes, contre l'oppression de l'individu par le nombre, contre la confiscation de la liberté au nom de l'égalité. J'attends beaucoup de la jeunesse qui aura su résister aux appâts et aux embûches du régime napoléonien, et j'augure bien de son avenir. Vous aurez eu l'*avantage* de naître à la vie intellectuelle dans un temps triste et sombre ; je dis bien l'*avantage*, car, grâce à la mobilité française, cela vous donne la chance de voir des jours plus beaux et plus radieux. Quand j'avais votre âge, tout le monde en France se croyait ou se disait *libéral*; j'ai été dupe de cette illusion généreuse. Vous ne l'aurez pas connue, mais en revanche vous n'aurez pas connu comme moi l'affreuse douleur de voir cette liberté, qui semblait immortelle et toute-puissante, de la voir reniée par les lâches, accaparée par les fourbes et engloutie dans les eaux stagnantes du suffrage universel. Soyez donc non-seulement les consolateurs, mais encore les vengeurs de ceux qui ont fait naufrage pour lui être restés fidèles et sont restés abandonnés sur la plage par ce que j'appelais naguère « la marée descendante de l'ingratitude et de la peur. »

Deux de vos camarades, M.... et M...., sont entrés ce printemps en relation avec moi. Je ne sais s'ils partagent vos sentiments politiques. Mais je serais heureux de les revoir, ainsi que vous, cher Monsieur, si vous êtes encore à Paris. Venez sans faute me chercher, rappelez-moi cette adhésion donnée à la dernière phase de ma vie publique et qui me constitue votre débiteur pour le reste de mes jours, en même temps que votre sincère ami et serviteur (1).

« Maîche, ce 16 juillet 1864.

» Cher supérieur et ami,

» Je vous dois de nouveaux remerciements pour le beau volume que vous m'avez récemment envoyé (2).

(1) Lettre à M. Léonce Pingaud, élève de l'école normale supérieure.

(2) *L'Homme-Dieu*, conférences prêchées dans l'église métropolitaine de Saint-Jean.

Je vous admire de plus en plus, en songeant à tout ce que vous trouvez moyen de faire pour le service de Dieu et du prochain. Ces dix-sept discours, consacrés à la défense de la vérité la plus fondamentale du christianisme et composés au sein de tant d'autres travaux incessants, vous constituent un titre nouveau et considérable à la reconnaissance des *honnêtes gens*. Comme ces honnêtes gens sont essentiellement ingrats de leur nature, vous ne risquez pas d'être embarrassé ou enorgueilli par l'expression de leur gratitude. Nous en reparlerons quand vous viendrez me voir le mois prochain. En attendant, j'ai lu l'*analyse* de vos discours dans les *Annales franc-comtoises*, dont je viens d'absorber les cinq premières livraisons. J'en suis fort content, beaucoup plus que de la *Revue littéraire*, où je n'ai remarqué qu'un curieux travail sur le cardinal de Granvelle. Mais comment avez-vous fait pour ne pas avoir le concours de M. Grenier, de Baume, et surtout le catalogue de la bibliothèque du président Bourgon? J'espère que ce président, encore si vert et si vif, vous accompagnera ici. Priez-le de nous faire cet honneur : je vous le demande avec instance.

» Voici maintenant deux autres demandes que je vous adresse, parce que, étant l'homme *le plus occupé* que je connaisse, vous êtes aussi le plus empressé et le plus capable de rendre service à autrui :

» 1° J'ai le compte rendu des séances académiques de Besançon pour l'année 1861 et pour l'année 1863; mais je n'ai pas le cahier pour 1862, d'où il résulte que ma collection est dépareillée. Quand vous verrez M. Pérennès, veuillez lui demander ce cahier. J'y tiens surtout comme bibliographe; car je vous avoue que je suis très peu flatté de voir mon nom à côté de celui de M....., sur le rôle d'une compagnie qui n'a pas même songé à ouvrir ses rangs à notre excellent ami Michel, lequel donne depuis vingt ans à la Franche-Comté son cœur et son esprit, son temps et sa vie.

» 2° Ce à quoi je tiens beaucoup plus et ce dont j'ai le plus grand besoin, c'est de la *Vie de saint Wilfrid*, évêque d'York, mort en 709. J'ai apporté avec moi ici deux volumes des *Acta Sanctorum* de Mabillon, avec la persuasion que cette vie s'y trouvait. Mais j'oubliais que ce saint avait eu la fantaisie de mourir dans le VIIIe siècle, après avoir vécu pendant la plus grande partie du VIIe ; ce qui fait que sa vie par *Eddius* doit se trouver dans le tome III des *Acta Sanctorum ordinis sancti Benedicti*, ou *Sæculum tertium, pars prima*. J'imagine que notre vénérable Weiss, si vous réussissez à le saisir dans un moment de bonne humeur, vous confiera ce volume pour moi. Et dans cette persuasion, je vous prie de me l'envoyer par le chemin de fer. Cela vous embarrassera moins que de me l'apporter vous-même, et d'ailleurs vous viendrez probablement trop tard. Il me faudrait ce volume dès mon retour d'Einsiedeln, où je vais faire une apparition à la fin de la semaine prochaine.

» Recevez d'avance tous mes remerciements pour ce service ajouté à tant d'autres, et laissez-moi compter sur le plaisir de vous recevoir ici, et de vous y renouveler l'assurance de mon respectueux attachement.

» Mille amitiés à notre bon Michel, que je voudrais tant attirer ici avec vous ; mais je crains qu'il ne soit inexorable. »

« Maîche, ce 2 août 1864.

» Mon cher supérieur,

» Revenu hier seulement de mon excursion en Suisse et en Alsace, j'ai trouvé ici votre bonne lettre du 21 avec le gros paquet qu'elle accompagnait. Je suis désolé de toute la peine que je vous ai donnée et que je vous donnerai encore. Mais, hélas ! ce n'est pas du tout là le volume *demandé;* ce volume que vous m'envoyez, je l'ai apporté avec moi. Celui qu'il me faudrait, c'est le tome IV des *Acta Sanctorum* de Mabillon, édition de Paris, dont vous m'avez envoyé le tome III, et ce n'est pas du tout de votre faute. C'est la mienne, qui ai oublié la distinction entre les deux éditions de Venise et de Paris. Pour éviter toute autre erreur, voici l'indication exacte du volume dont j'ai besoin : *Acta Sanctorum ordinis S. Benedicti, sæculum tertium, pars prima;* c'est celui qui contient la vie de saint Wilfrid. J'espère que vous pourriez avoir la bonté de me l'apporter quand vous viendrez ici. Je puis l'attendre jusque-là. Je suis charmé de pouvoir compter sur votre visite, ainsi que sur celle du président Bourgon, et je voudrais beaucoup que M. Michel fût des vôtres.

» J'ai vu, en arrivant ici, dans les journaux, que M. Emmanuel Brugnon avait été nommé secrétaire de la conférence des avocats ; il n'y avait donc pas lieu d'en écrire à M. Dufaure. Je serai toujours charmé de pouvoir être utile à ce jeune homme, si distingué, ainsi qu'à tous vos autres protégés, vraiment dignes d'intérêt. Je voudrais seulement que M. Brugnon ne m'oubliât pas quand il sera à Paris, et me procurât quelquefois le plaisir de l'entretenir.

» N'attendez aucun morceau de moi pour les *Annales.*

Je suis décidé à n'avoir pour elles qu'un amour essentiellement platonique. Je ne veux rien faire pour personne, avant d'avoir fini un nouveau volume des *Moines*. Il n'y a point eu de discours de moi au comice agricole du Russey; seulement quelques paroles d'encouragement que personne n'a entendues, et la promesse d'un prix pour le prochain concours.

» Le *Père Carrichon* vous arrivera sous bandes de Paris, où j'ai dû écrire pour le faire chercher; vous pouvez très bien dire que je vous en ai demandé l'insertion, si bon vous semble. Je vous ai déjà prévenu qu'il avait paru dans le *Correspondant* en 1846 ou 47. Mais, depuis lors, que d'eau a coulé sous le pont! Vous expliquerez comme quoi Mme de Grammont, femme et mère des députés successifs de la Haute-Saône, belle-mère de M. Félix de Mérode et grand'mère de Mme de Montalembert, était fille, petite-fille et sœur des trois martyres (1). Et comme quoi elle est partie à *pied* de Villersexel pour aller chercher à Paris les enfants de sa sœur, que la hache révolutionnaire venait de rendre orphelins, lesquels enfants sont devenus *Alexis de Noailles*, l'un des plénipotentiaires de France au congrès de Vienne, et la *marquise de Vérac*, encore vivante.

» Mille affectueux et respectueux compliments. »

« Maîche, le 1er septembre.

» Cher et malheureux supérieur! malheureux sur-

(1) Les trois martyres dont le P. Carrichon a raconté la mort sont la maréchale de Noailles, la duchesse d'Ayen et la vicomtesse de Noailles, grand'mère, mère et sœur de Mme la marquise de Grammont, toutes trois mises à mort par ordre du tribunal révolutionnaire, le 22 juillet 1793.

tout d'être enfermé à Besançon avec des *examinandi* par ce beau temps, et quand vous devriez être à Malines avec l'évêque d'Orléans! Ce n'est pas lundi 5, mais mardi 6, à 7 heures 47 m. du matin, que je ferai mon entrée triomphale dans la gare de Besançon, et que j'y attendrai la visite des autorités civiles ou inciviles, militaires et ecclésiastiques. Venez m'y voir déjeuner (si tant est qu'on y trouve à déjeuner) et amenez-moi le factieux Michel. Mais n'imposez pas cette fatigue au vénérable président Bourgon. Je lui ai déjà écrit que j'acceptais ses doubles avec la plus vive reconnaissance, et que je comptais en faire le principal ornement de ma petite bibliothèque comtoise à Maîche. Acceptez-les donc en mon nom et *gardez-les-moi* jusqu'à mon retour de l'année prochaine. Ne me les apportez pas à la gare, car je ne saurais qu'en faire en Bourgogne, où je vais m'occuper exclusivement des Anglo-Saxons et autres sauvages qui n'ont jamais eu le bonheur de vivre sous Napoléon III, *fondateur de la liberté française! Vive l'empereur!* comme a si bien crié cet assassin qui vient d'être condamné par la cour d'assises de l'Ariége.

» Tout ce que vous me dites du mariage Marquiset me charme. Si j'avais été encore dans le pays, j'aurais demandé à servir de témoin. Présentez, je vous prie, mes vœux les plus paternels au jeune ménage, et mes compliments empressés au président Jobard.

» Je vous chercherai le discours de Mgr Gerbet ; je l'ai certainement à la Roche-en-Breny ou à Paris. Vous pouvez y compter ; mais, par exemple, vous ferez bien de me le rappeler d'ici à quelque temps. Au revoir donc, mardi matin, et, en attendant, mille fois dévoué. »

« La Roche-en-Breny (Côte-d'Or),
le 17 septembre 1864.

» Mon cher supérieur et ami, je n'ai pas pu retrouver ici le discours de l'abbé Gerbet sur mon mariage : il doit être à Paris, où je le chercherai et d'où je vous l'enverrai. Mais ce ne pourra être que dans quatre ou cinq mois. Il a été publié dans l'*Univers* du mois d'août 1836. Mais qui est-ce qui possède l'*Univers* de ce temps-là ? pas même moi, le collectionneur par excellence. Peut-être est-il à la bibliothèque du séminaire de Besançon.

» En lisant dans le *Monde* de ce matin l'article de M. l'abbé de la Doue sur l'évêque de Perpignan, où il parle de son origine comtoise et de ses commencements, d'une manière si incomplète, il m'est venu dans la tête qu'il vous fallait absolument faire un article sur lui pour le *Correspondant*. Après que ce travail aura paru dans notre recueil, rien ne vous empêchera de le réimprimer dans vos *Annales* avec le discours sur le mariage, que je vous trouverai d'ici là (1). Mais en vous aidant des renseignements que vous fournira Mgr Doney, et aussi mon beau-frère Werner, qui a dû écrire quelques pages non erronées sur lui, vous parviendrez facilement à faire quelque chose de tout à fait original et sincère. Pensez-y sérieusement, et dites-vous que ce que vous ferez méritera assurément un public plus étendu que celui des *Annales*.

» Si vous adoptez mon idée, et si vous voulez bien rédiger votre travail à mi-marge, je pourrais y ajouter quelque chose, à mesure que mes souvenirs rani-

(1) Cette étude a paru dans les *Annales franc-comtoises*, t. III.

més par vos pages se représenteront à mon esprit.

» J'ai lu en épreuves le discours de Mgr Dupanloup à Malines : il est admirable et mérite bien le succès *colossal* qu'il a obtenu. Mais il est moins remarquable en un sens que celui du P. Félix, lequel a tout simplement refait mon discours de l'an dernier, en ôtant toutes les aspérités et en lui donnant une forme irréprochable. Mais la thèse est absolument la même ; l'Eglise a triomphé de la *persécution*, triomphé de la *protection*; elle triomphera également de la liberté et *par* la liberté. Elle n'a *rien* à redouter et *tout* à espérer de l'ère de liberté qui s'annonce pour le monde, si cette liberté est de bonne foi. Jamais jésuite ne s'était exécuté à ce point, et cela *en chaire* à Saint-Rembaud, pour la clôture du congrès. Je ne sais si les RR. PP. consentent à ce que ce discours soit publié en France tel que le donne le supplément du *Journal de Bruxelles*. Mais dans tous les cas il en restera assez pour que l'*Union franc-comtoise* ait tout intérêt à le donner. Priez notre bon Michel d'avoir l'œil ouvert sur ce *prodigieux* document et de le reproduire dès qu'il le pourra. Je crains que notre ami Michel ne soit fâché contre moi, puisqu'il n'est pas venu à la gare pour me voir et puisqu'il ne m'écrit plus ! Je ne sais pas ce que j'ai fait pour le mécontenter. Je l'aime toujours beaucoup et n'oublierai jamais ce qu'il a été pour moi. Priez M. Jacquin de m'adresser le journal *ici* et de m'envoyer le n° 18 de cette année, qui manque à ma collection. Mille respects et amitiés. »

Nous avons cité toute cette lettre, mais il faut la faire suivre d'une observation essentielle. Entre le discours de M. de Montalembert et le sermon du

P. Félix, tout théologien remarquera une différence qui échappait à M. de Montalembert. Cette différence tient surtout à la manière d'apprécier ce qu'on est convenu d'appeler les libertés modernes. L'Eglise vit sous tous les régimes, elle les voit passer tous et elle demeure parfaite au milieu des imperfections, immuable au milieu des changements. Ne lui demandez pas de voir dans les libertés modernes un progrès incontestable. Ces libertés sont mêlées de bien et de mal, et leur défaut est de lâcher trop facilement la bride au vice et à l'erreur. Le régime de la liberté politique est accepté par l'Eglise ; l'Eglise ne saurait le préconiser ni témoigner qu'elle le préfère absolument à un autre. Elle en tire le meilleur parti possible dans l'intérêt des âmes, et elle ne cesse pas d'en signaler le danger et les imperfections.

« La Roche-en-Breny, le 29 octobre 1864.

» Monsieur l'abbé et cher ami,

» Votre excellente lettre du 9 octobre m'a fait grand plaisir, d'abord en me prouvant la fidélité de votre amitié, à laquelle je tiens tant, puis en vous exprimant avec votre franchise habituelle sur toutes les questions, grandes et petites, y compris celle de la liturgie lyonnaise, laquelle a été débattue ici de fond en comble avec mon beau-frère Xavier de Mérode. Il est venu nous faire visite à la Roche et nous a électrisés par sa gaieté, son ardeur inépuisable, sa vivacité entraînante. Ce n'est pas que je partage tous ses sentiments sur ce qui touche aux véritables intérêts de l'Eglise. Nous avons maintenant l'évêque d'Orléans, M. Cochin et M. Foisset. Je vous laisse à deviner tout ce qui se dit à cette occasion sur les grandes questions du jour.

» Signalez de ma part à l'*Union franc-comtoise* le discours de Mgr Dupanloup et le sermon du P. Félix à Malines. Mais voici encore la brochure de M. de Falloux qu'il faudrait reproduire en entier, car on ne peut dire jamais rien de plus fort ni de plus essentiel sur cette fameuse convention du 15 septembre, qui consomme la ruine du pouvoir temporel.

» Je prends acte de votre promesse d'écrire pour le *Correspondant* une notice sur Mgr Gerbet. J'irai probablement à Paris dans deux mois, et de là je vous enverrai son discours pour notre mariage, si je puis le retrouver.

» D'ici là, priez pour moi et conservez-moi votre affection, à charge de revanche (1). »

Sur ces entrefaites parut l'encyclique *Quantâ curâ* suivie du *Syllabus*. Cette pièce, que M. de Montalembert attendait depuis six mois, excita au plus haut degré les critiques de la presse et les susceptibilités jalouses du gouvernement. Deux évêques français, Mgr le cardinal Mathieu et Mgr de Dreux-Brézé, évêque de Moulins, en firent publiquement lecture dans leur cathédrale, avec un courage qui demeurera l'honneur de leur nom; les autres y adhérèrent sans réserve. M. de Montalembert avait tout accepté d'avance, comme le prouve sa lettre au curé de Maîche. La lettre suivante, plus intime encore, est un document historique que le devoir même de l'amitié et les intérêts de la vérité nous pressent de mettre au jour.

« La Roche-en-Breny, le 21 janvier 1865.

» Mon cher supérieur,

» Ce qu'il y a de plus grave, à mon sens, dans le

(1) Lettre à M. l'abbé Besson.

grand événement du jour, c'est l'attitude de l'épiscopat. Cette attitude est admirable en ce qui touche le gouvernement et l'intervention de César dans la question. Au point de vue ecclésiastique, c'est à vous, prêtres, d'en juger ; c'est à nous, laïques, d'en souffrir, si le jugement contrarie nos vues et nos espérances.

» Quand un prélat aussi intelligent, aussi courageux et au fond aussi libéral que le cardinal Mathieu trouve, en présence d'un acte aussi considérable que l'encyclique, qu'il n'y a rien de mieux à faire que d'y adhérer purement et simplement, sans demander aucune explication à Rome, sans en donner aucune au public, il faut en conclure qu'il ne nous reste plus qu'à nous soumettre nous-mêmes.

» Les questions personnelles sont bien peu de chose auprès de celle que je viens de vous indiquer ; néanmoins, en considération de l'affectueux dévouement que vous m'avez toujours témoigné, je vais vous parler avec ma franchise ordinaire et d'une façon toute confidentielle. Je crois qu'à l'aide de certaines interprétations, la conscience d'un catholique libéral comme moi peut se trouver à l'aise dans les termes de l'encyclique. D'ailleurs, dans tout ce qui nous regarde, il ne s'agit que de politique et non de théologie. Ni moi ni aucun de mes amis n'avons jamais soutenu les thèses absolues que condamne le *Syllabus*.

» Mais en présence d'une pareille situation, mon devoir comme chrétien est d'accepter l'encyclique et le *Syllabus*, et votre devoir comme prêtre est de me prêcher la soumission à cette grande loi de la souffrance, de l'épreuve, de l'expiation, qui est le fond de la vie, surtout de la vie chrétienne, et la condition du salut. En dehors de cela, croyez-le bien, mon cher ami, toutes les explications et toutes les interprétations, en ce qui me touche, sont vaines et dérisoires. Je vous dis tout cela pour vous seul, et en vous défendant expressément d'en rien communiquer à d'autres avant ma mort. Je vous le dis, parce que je vous regarde comme un ami spirituel, parce que je compte bien vous revoir de temps à autre en Franche-Comté, parce qu'alors et même avant cela vous pouvez être utile à mon âme, en aidant à ma fille la religieuse à me faire une atmosphère de résignation et d'humilité où je puisse achever ma vie en silence et en offrant à Dieu le sacrifice de mon âme navrée et de ma carrière deux fois brisée. Encore un coup, votre devoir, comme prêtre et comme ami, est de m'y aider, et j'y compte.

» Quant aux jeunes gens que mon exemple aurait pu autrefois séduire et qui se troublent peut-être devant l'encyclique, donnez-leur deux conseils, d'abord d'être meilleurs chrétiens que je ne l'ai été, et ensuite de ne se mêler jamais de théologie. Je vous parle surtout des Mallié et des Marquiset, que j'ai remarqués entre tous les autres. Ce jeune ménage Marquiset m'intéresse toujours beaucoup. M. Léon m'a écrit une très bonne lettre, à laquelle j'ai eu le tort de ne pas répondre. Excusez-moi auprès de lui, je vous en prie, et dites-lui que j'espère bien qu'il viendra avec sa femme et avec vous nous voir à Maîche l'été prochain. Adieu, mon cher ami, il n'y a pas plus de trois personnes à qui je voudrais écrire ce que je vous écris. Ainsi n'abusez pas de ma confiance, du moins de mon vivant, et voyez-y la preuve de ma bien sincère affection [1]. »

La guerre d'Amérique fit diversion à ces préoccupations théologiques et ramena M. de Montalembert sur un autre terrain. En embrassant la cause du Nord avec la vivacité et la chaleur qui lui étaient si naturelles, il rencontra dans notre province des contradicteurs parmi ceux qui lui témoignaient le plus de confiance et d'admiration. Son article sur la *victoire du Nord*, publié par le *Correspondant* le 25 mai 1865, essuya de vives critiques. On se demandait si cette victoire était un bienfait et si ceux qui l'avaient obtenue n'en abuseraient pas. Nombre de gens regrettaient que la France et l'Angleterre ne fussent pas intervenues en faveur du Sud, pour séparer en deux cette formidable république américaine dont la puissance politique et l'influence sociale pouvaient peser si fort sur les destinées des deux continents. On aurait fait par là du Sud affranchi un auxiliaire pour l'empire naissant du Mexique; la reconnaissance nous aurait attaché les Sudistes; les Mexicains, délivrés de l'oppression, auraient laissé la civilisation européenne s'introduire dans les mœurs, et l'Europe aurait ainsi fait prévaloir le besoin de la paix, les instincts de la vie tranquille, les intérêts de l'agriculture, dans ces contrées bouleversées par d'inévitables révolutions. M. de Montalembert ne considérait dans cette question que la traite des noirs, et c'est à ce point de vue qu'il se place pour faire une petite querelle à ses bons amis de Franche-Comté. Il vint coucher à Besançon le 7 juillet, en se

(1) Lettre à M. l'abbé Besson.

rendant de la Roche à Maîche, et repartit le lendemain matin. Voici les lettres qu'il adressa à ses correspondants ordinaires, une fois qu'il eut repris en montagne ses habitudes de travail et de lecture.

« Maîche, le 10 juillet 1865.

» Mon cher ami,

» J'ai bien regretté de vous avoir si peu vu mercredi matin. Si j'avais su qu'il y avait une voiture de Clerval pour Maîche le soir, je vous aurais certainement donné ma matinée, et nous aurions discuté la situation où nous sommes, y compris la question d'Amérique, sur laquelle vous m'avez débité de mauvaises plaisanteries, puisées dans le commerce assidu du président Bourgon, très peu dignes de cet excellent magistrat et de vous surtout, prêtre du Dieu qui est mort pour les noirs comme pour les blancs.

» Je compte toujours sur votre visite ici, et je voudrais que vous m'ameniez notre excellent M. Michel, dont le découragement, si visible par les articles qu'il publie, m'afflige et m'alarme pour l'avenir de la bonne cause en Franche-Comté. Quant à moi, comme je viens de le lui écrire, plus je suis personnellement désintéressé dans les affaires publiques, et plus je me sens de résolution et d'assurance en ce qu'il convient de faire et de dire devant les périls de l'avenir et les aplatissements du présent.

» Je n'ai pas eu le temps de vous parler de M. de Jallerange, à qui je vous prie de faire mille amitiés de ma part; de M. Jules Sauzay, dont les travaux m'intéressent tant; de l'avocat Tripard, ni de l'aimable ménage Marquiset, que j'ai été si heureux d'entrevoir à Paris et que j'espère bien revoir à Maîche.

Faites-leur à tous mes plus sincères compliments.

» Vous pouvez m'envoyer les *doubles* du vénérable président Bourgon et les mémoires de l'Académie de Besançon par la bonne religieuse de Maîche qui vous remettra cette lettre. Tout à vous (1). »

« Maîche, ce 22 juillet 1865.

» Mademoiselle,

» Je vous ai bien reconnue dans la bonne et charmante lettre que j'ai trouvée de vous à Paris, en revenant de Belgique. Mais je vous admire plus que jamais! Comment avez-vous osé vous émanciper à ce point de vos deux oracles habituels, l'abbé Besson et le président Bourgon? Enfin, puisque vous avez cette audace, usez-en jusqu'au bout et tâchez de rappeler à la pudeur, comme disaient les conventionnels, ce prêtre et ce magistrat, qui ne répondent que des plaisanteries pitoyables sur les noirs qui meurent de faim et qui vont manger les blancs! Jugez, par l'indignation qu'ils m'ont fait éprouver, de la joie que j'ai eue de me voir d'accord avec vous sur cette grande question comme sur toutes les autres! Je vous avoue, entre nous, que j'ai eu grand'peur lorsque, après avoir lancé mon factum, j'ai vu arriver l'amnistie dérisoire du nouveau président, la poursuite contre Jefferson Davis, etc. Mais, maintenant, je suis rassuré; toutes les nouvelles qui arrivent de là-bas sont bonnes, en ce qui touche du moins les dispositions des vainqueurs. Il demeure acquis à l'histoire que ces républicains ont su éviter, à l'égard des vaincus, toutes les infamies qui ont déshonoré les monarchistes russes en Pologne,

(1) Lettre à M. l'abbé Besson.

et même les Autrichiens en Hongrie. La liberté, qui aime toujours trop à se calomnier elle-même, ne nous fera pas rougir cette fois de ses défenseurs.

» Comme toujours, j'ai soulevé contre moi tout le camp *sudiste* ou absolutiste, et je n'ai été encouragé par personne dans le camp démocratique ou soi-disant libéral. Bien que *nordistes* (on ne sait pourquoi), ces messieurs n'entendent pas que l'on puisse se permettre de défendre une bonne cause sans être de leur boutique ou de leur secte. De là, conspiration du silence à défaut des clameurs de l'invective. Vous voyez donc que vous avez bien fait de me tendre une main amie, aujourd'hui comme toujours. Je suis aussi infiniment sensible au suffrage de Mme votre mère et de Mme votre tante de Gravier ; veuillez les en remercier, et croyez à mon affectueuse reconnaissance comme à mon respectueux dévouement (1). »

« Maîche, ce 31 juillet 1865.

» Mon cher *hôte*,

» J'apprends que vous devez bientôt venir à Maîche avec votre jeune abbé. J'espère bien que vous ne me ferez pas l'injure de prendre votre gîte ailleurs que chez moi. Notre petite maison sera cette fois bien assez grande pour vous recevoir, car ma femme est aux bains de mer avec tout son train. Je n'ai avec moi que ma fille Madeleine et sa gouvernante, qui vous feront les honneurs tant bien que mal. Nous jouirons l'un et l'autre d'une liberté complète et réciproque. Je vous demanderai la permission de rester pendant la journée avec mes *Moines*, comme si vous n'étiez pas

(1) Lettre à Mlle de Saint-Juan.

là ; vous irez, de votre côté, visiter nos pâtures desséchées et le reste. Mais, aux repas, nous nous rejoindrons, nous causerons des antiquailles franc-comtoises (sans préjudice du reste), et la nuit, vous pourrez dormir sans être dérangé par le bruit des cabarets, où se triture si bien le suffrage universel.

» Ainsi donc, au revoir, et, en attendant, mille affectueux compliments (1). »

« Maîche, ce 31 juillet 1865.

» Mon très cher abbé,

» Vous me trouverez très sûrement ici du 8 au 12 août et même plus tard, mais enseveli dans mes affreux moines et moinesses, dont je veux absolument terminer le quatrième volume avant de partir pour l'Espagne. Ainsi donc venez avec les Jallerange, ce qui ne doit pas vous empêcher d'aller à Allevard. Vous ferez le détour de Neuchatel et de Genève en partant d'ici, cela vous fera grand bien. Comme vous le sentez et comme je le sens beaucoup mieux que vous, vous vivez beaucoup trop renfermé, et moralement et physiquement. Quant à moi, je serai charmé de vous voir, malgré nos dissentiments sur l'Amérique, ou plutôt à cause de cela. Vous êtes, comme votre ami Edouard Grenier, du petit nombre de ceux avec lesquels je suis toujours d'accord, même quand je les contredis. Convertissez-le sur l'Italie, je l'ai chargé de vous convertir sur l'Amérique.

» Je vous ai fait envoyer mon discours sur le comte Beugnot à la société d'*Histoire de France*, dont on a beaucoup parlé au printemps à Paris, parce que ladite

(1) Lettre à M. de Jallerange.

société, après l'avoir beaucoup applaudi, prétendait exiger le retranchement d'une certaine phrase sur les hommes prétendus providentiels (1). Je n'aurais pas dû, disait-on, avancer ces choses-là *dans une enceinte appartenant à l'Etat,* parce que M. de la Borde, directeur général des archives, nous prête son local pour une réunion. Il a fallu batailler pendant un mois entier. La correspondance échangée à ce sujet avec le secrétaire de la société et votre serviteur, soigneusement conservée par moi, sera un des monuments les plus amusants de l'histoire confidentielle du second empire. N'ayant pas voulu changer une virgule, c'est de guerre lasse, et sous le coup de la menace répétée de ma retraite, que mes savants et courageux confrères m'ont enfin autorisé à enfouir cette notice dans leur bulletin, d'où je désire que vous la tiriez, si vous pensez qu'elle peut intéresser vos lecteurs des *Annales,* et qu'on ne la juge pas trop politique pour y paraître.

» Vous voyez, mon cher ami, que je ne fais plus, comme vous me le reprochez quelquefois, le mort parmi vous. Ce n'est pas en courant de village en village et de presbytère en presbytère, comme je l'ai trop fait avant mes deux défaites électorales, que l'on montre que l'on est vivant. Lorsqu'on est à mon âge, ce n'est plus par ses démarches, mais par ses écrits et par ses paroles, que l'on se montre à ses semblables. Que

(1) « Quand on désire la liberté ou quand on la regrette dans le présent, il ne faut pas glorifier ni même absoudre la tyrannie dans le passé; il ne faut pas surtout assigner à l'ambition de n'importe quel potentat une de ces prétendues missions providentielles qui sont, Dieu merci, démenties par la conscience du genre humain. » (*Le comte Arthur Beugnot et ses travaux historiques.*)

l'on accueille donc mes ouvrages, que l'on me blâme et que l'on me combatte, je ne m'en plaindrai pas, étant beaucoup trop homme de lettres pour ne pas préférer mille fois la critique au silence.

» Je vous envoie l'extrait de l'*Indépendance belge* où est raconté ce petit orage de la société d'*Histoire de France*. Renvoyez-le-moi, j'en ai absolument besoin pour ma collection d'extraits de journaux, auxquels je tiens autant et plus que M. le président Bourgon peut tenir à ses livres. Remerciez mille fois cet énergique vieillard de l'exemple vigoureux qu'il nous donne et de ses bontés pour moi. A bientôt donc, dans une huitaine, n'est-ce pas? Tout à vous. »

M. Jules Sauzay, un des collaborateurs des *Annales franc-comtoises*, publia alors dans cette revue un article biographique sur le baron Martin, de si bonne et de si noble mémoire. Cette étude attira l'attention de M. de Montalembert et valut à son auteur la lettre suivante :

« Maîche, ce 6 août 1865.

» Monsieur,

» Je suis de ceux qui sont entrés dans la vie au moment où ce pauvre baron Martin en sortait si prématurément, et à ce titre j'ai été complice de l'oubli, de l'injustice universelle dont il a été victime. A ce titre aussi, je viens vous remercier de m'avoir fait connaître cette belle et honorable carrière, que vous avez jugée, racontée, expliquée, avec autant d'indépendance que de perspicacité. Agréez ce témoignage de la reconnaissance d'un homme public qui s'est vu éloigner de la scène politique, plus jeune encore que M. Martin, et pour avoir perdu, non pas la vue, mais l'intelligence de ce que voulait au fond cette France pseudo-libérale dont M. Martin a été, comme moi, la dupe innocente.

» M. l'abbé Besson m'a dit que vous vous occupiez d'un ouvrage historique dont je ne me rappelle pas bien le sujet. Permettez-moi de vous le demander, afin d'en causer avec vous, si un heureux hasard nous rapprochait, surtout si vous étiez tenté de venir visiter nos montagnes pendant les mois d'été, où j'y viens toujours. On serait charmé de vous voir ici.

» Je demeure, Monsieur, avec une sincère considération, votre très humble et très obligé serviteur. »

M. Sauzay s'empressa de témoigner sa reconnaissance pour la lettre si bienveillante qui était venue le trouver dans sa retraite. Suivant le vœu de M. de Montalembert, il y joignit une esquisse du travail historique dont il rassemblait les matériaux depuis plus de dix ans, et un exposé des principes religieux, politiques et historiques qu'il avait pris pour guides. Ces principes étaient en tout point ceux mêmes auxquels l'illustre orateur avait consacré toute son existence. Heureux de trouver dans notre collaborateur un soldat voué à la même cause, il lui répondit avec la bienveillance la plus chaleureuse :

« Maîche, ce 15 août 1865.

» Cher Monsieur,

» Je le disais hier à l'abbé Besson, et je vous le répète : de toutes les lettres que j'ai reçues pendant ma trop longue vie, je ne sache pas qu'aucune m'ait plus intéressé et à plusieurs égards plus ému que la vôtre du 6 août. Elle fait un honneur infini à votre âme, à votre conscience, à votre jugement, et j'ajouterai, à votre style. Les personnes auxquelles je l'ai lue,

Mme de Montalembert, mon gendre, M. de Meaux, et mon beau-frère, le comte Werner de Mérode, ont eu absolument la même impression que moi.... J'espère que vous me procurerez la satisfaction de vous entretenir à mon aise dans ces belles montagnes, où vous ne trouverez malheureusement presque plus de souvenirs des temps *héroïques* dont vous avez entrepris le récit. Il y a cependant ici un vieil avocat, nommé Perrot, octogénaire, et un paysan nommé Chatelain, père de M. le curé de Chazot, qui ont encore la mémoire fort alerte et que vous ferez peut-être bien de consulter avant leur prochain décès.... Acceptez, je vous prie, mes encouragements les plus chaleureux. Vous avez entrepris une œuvre admirable, et vous y apportez les dispositions les plus judicieuses, les plus intègres, les plus édifiantes qui se puissent imaginer. Surtout ne vous laissez pas arrêter par ces esprits étroits et pervers qui prétendent que l'on peut servir la vérité en la *supprimant* ou en l'habillant au gré de ses préférences ou de ses répugnances. Persévérez dans votre projet de dire la vérité, TOUTE la vérité, et rien que la vérité. Mais élaguez les longueurs inutiles, et surtout les considérations ou les détails relatifs aux événements généraux et à la législation générale. On n'ira pas chercher cela dans vos volumes. Si on a besoin d'éclaircissements sur certains points obscurs, on les trouvera ailleurs en se donnant un peu de peine. Ce que le bon Dieu et la justice historique vous demandent, ce sont *les faits locaux*, les dates précises, les *noms propres* sans réticence aucune, et surtout les *paroles*, les interrogatoires, qui constitueront, j'en suis sûr, une nouvelle série des *Acta sincera* de Ruinard.

Hâtez-vous de nous donner deux volumes pour commencer. Ouvrez une liste de souscription parmi le clergé et les fidèles, non pour faire face à vos frais, mais pour vous assurer tout d'abord un certain nombre de lecteurs. Je n'ai pas le loisir de vous dire la centième partie de ce que votre lettre m'a fait éprouver ; mais j'ai voulu vous remercier, par ces lignes trop rapides, de la très vive consolation que vous m'avez procurée, en me révélant l'existence d'une âme telle que la vôtre, et d'un travail tel que celui auquel cette âme se consacre. Croyez-moi votre tout dévoué et obligé serviteur. »

M. de Montalembert avait à peine quitté les montagnes du Doubs pour retourner à la Roche-en-Breny, qu'une affreuse nouvelle déchira son âme, déjà tant de fois éprouvée, et lui rappela toutes les pertes qu'elle avait déjà faites ici-bas. Le général de la Moricière venait d'être frappé par la mort subitement, mais non à l'improviste, dans la soirée du 11 septembre 1865. Après avoir fait, en embrassant la cause pontificale, le sacrifice de son nom, de sa réputation, de son auréole militaire, de ses anciennes victoires ; après avoir été impopulaire jusqu'à l'héroïsme, il mourait dans la retraite, ayant eu à peine le temps de décrocher son crucifix comme autrefois il décrochait son sabre, trop vite pour recevoir des secours humains, assez lentement encore pour murmurer le nom de Dieu, appeler un prêtre et recevoir la grâce de l'absolution. C'est ce tableau que Montalembert voulut tracer dans son article intitulé le général la Moricière. Hélas ! c'était le dernier qu'il écrivait en pleine santé ; c'était sa propre fin, non moins soudaine et cependant encore consolée par la présence du prêtre et les secours de la religion, qu'il décrivait d'avance, ayant eu aussi, comme il le disait de son illustre ami, ces quinze ans de disgrâce humaine où la grâce divine envahissait son âme et le menait, à travers les épines et les croix, les avanies et les désastres, les angoisses et les amertumes, au couronnement chrétien de sa carrière (1).

Ce tribut payé à l'amitié et à la vraie gloire, le désir de compléter ses études sur l'ordre de Saint-Benoît en Espagne et d'étudier l'état politique de cette nation, conduisit M. de Montalembert dans la Péninsule. Rentré à la Roche, il reprit sa correspondance et ses lectures franc-comtoises.

« La Roche-en-Breny, le 15 décembre 1865.

» Monsieur l'abbé et très cher ami,

» A mon retour d'Espagne, j'ai trouvé votre excellente lettre du mois d'octobre, et ces jours-ci m'est arrivée celle du 7 de ce mois, dont je vous remercie de tout mon cœur. Absorbé par la nécessité de terminer à jour fixe le quatrième volume des *Moines d'Occident*, qui doit paraître en même temps que le troisième, déjà imprimé, je ne me suis pas encore donné le plaisir de lire vos conférences sur l'*Eglise*, mais j'en ai écrit trois fois, ni plus ni moins, au *Correspondant*, pour qu'il en soit parlé vite et bien.

» Je suis toujours très content des *Annales franc-comtoises*. Il y a souvent du très bien, de l'excellent, et tout y est d'une qualité suffisante et honorable. J'espère que cette revue compte assez d'abonnés pour marcher sans encombre. De toutes celles qui me

(1) *Le général la Moricière*, *Correspondant* du 25 septembre 1865.

passent sous les yeux, je n'en vois pas dont l'esprit soit meilleur et les travaux plus intéressants. Je vous prie instamment de féliciter en mon nom M. Sauzay de son article sur le P. Besson, et de l'hommage qu'il a rendu au P. Lacordaire, si peu connu encore d'une partie du clergé. J'ai aussi été très frappé du travail de M. l'abbé Morey sur *les curés d'autrefois*. J'en ai trouvé l'esprit excellent, et j'y ai appris une foule de faits inconnus et instructifs. J'espère que vous me ferez faire la connaissance personnelle de cet ecclésiastique, dont je n'avais pas encore entendu parler jusqu'à ce jour. Et c'est là un désir que je n'éprouve plus guère pour personne, excepté pour les très jeunes gens en qui je m'applique à démêler les symptômes de l'avenir qui nous attend ou qui nous menace.

» Notre petit cercle de famille, grossi en ce moment de ma fille mariée et de ses enfants, a beaucoup ri de l'intéressant récit que vous me faites sur le changement de votre préfet et sur la part que certaines gens m'attribuent ou à M. de Mérode dans cette affaire. Démentez ce bruit dans l'occasion. Je consens à passer pour tout ce qu'on voudra, excepté pour avoir de l'influence au ministère et du crédit à la cour.

» Je serais très heureux d'offrir quelques pages de mes futurs volumes à vos *Annales*, en janvier ou février; mais je ne sais vraiment ce que j'en pourrais détacher, tant tout cela est obscur, enchevêtré et fort peu fait pour le public de nos jours. Enfin, je vous enverrai les volumes dès qu'ils seront prêts et avant toute publication. Vous choisirez. Tout à vous (1). »

(1) Lettre à M. l'abbé Besson.

M. de Montalembert revient sur ses *Moines d'Occident*, deux mois après, en empruntant cette fois la main de sa fille, car il commençait à ressentir les atteintes de la maladie incurable à laquelle il allait être voué dans l'année même pour le reste de sa vie.

« La Roche, 29 janvier 1866.

» Monsieur le supérieur et cher ami,

» J'ai lu votre *Oraison funèbre des comtes de Bourgogne*, qui m'a intéressé, instruit et satisfait, sauf dans ces deux lignes où vous décernez des éloges à la reine Isabelle II. Vous auriez grand besoin de faire avec moi le voyage d'Espagne, que j'ai entrepris cet automne, et qui m'a laissé le plus vif désir d'y retourner.

» L'impression du quatrième volume des *Moines d'Occident*, retardée par la maladie et la mort de M. Lecoffre, va tant bien que mal; si vous avez dans les *Annales franc-comtoises* une place vide en février ou plutôt en mars, je vous donnerai volontiers un morceau, mais je ne sais lequel choisir, tant cet énorme bloc, d'un ennui écrasant pour le commun des lecteurs, est fortement cimenté par des détails de pure érudition ou plutôt de scrupuleuse exactitude. Cette exactitude, qui entraîne à sa suite, bon gré mal gré, la sincérité et par conséquent l'impartialité entre les adversaires, était quelque peu estimée du temps de Mabillon et de Fleury. Elle n'est plus du goût de notre pays ni de notre temps. Il faut aux gens des histoires mêlées d'imprécations furibondes contre les uns et d'adulations écœurantes en l'honneur des autres.

» Vous voyez que je ne suis pas très malade, puisqu'une fois étendu sur mon canapé, je puis dicter toutes ces longueurs, à la grande désolation de Madeleine, qui aimerait beaucoup mieux faire la généalogie des Tudor et des Stuarts, dont elle s'occupe en ce moment.

» Adieu, mon cher supérieur; priez pour moi; faites mes amitiés au président Bourgon, l'*esclavagiste*, et surtout à la bonne Mlle de Saint-Juan, la *libérale*, ainsi qu'à tous ceux qui ont encore un souvenir quelconque de moi (1). »

De retour à Paris, ses souffrances diminuent, et il reprend lui-même la plume pour continuer sa correspondance sur le même sujet :

« Paris, le 13 avril 1866.

» Cher supérieur et ami,

» Vous avez dû recevoir ces jours-ci, sous bande, trois bonnes feuilles du tome IV des *Moines d'Occident*. Ce chapitre sur saint Oswald m'a paru pouvoir se détacher pour les *Annales franc-comtoises*, mais uniquement pour leur donner une marque de ma vive sympathie. Je proteste de toutes mes forces contre cette publicité fragmentaire. Elle est aussi contraire à l'intérêt de l'auteur qu'à l'instruction du lecteur. Pour un sujet tel que le mien, elle est fatale. Mais comme il faut savoir sacrifier l'amour-propre à la charité fraternelle, j'ai cédé, comme pour le *Correspondant* et la *Revue d'économie chrétienne*, aux instances que vous avez bien voulu me faire.

» Ayez la bonté de me faire envoyer sous bande une épreuve de ce chapitre, si vous tenez à le publier.

(1) Lettre à M. l'abbé Besson.

Je ne tiens pas du tout à ce que vous reproduisiez les notes qui ne renferment que des citations latines, et je me contenterai bien volontiers des notes françaises.

» Mais comment faire comprendre à nos lecteurs ce qu'étaient les Saxons, les Celtes, les Northumbriens et tout le reste, dont ils n'ont pas peut-être la moindre idée? Pour cela, il faudrait un entête de deux ou trois pages que je n'ai absolument pas le temps de faire, ni vous non plus. Nous sommes tous deux écrasés, surchargés, accablés. Hélas! une toute petite poignée d'hommes a tout à faire, tandis que la foule de ceux qui pourraient et qui devraient partager leurs travaux végète dans l'oisiveté....

» Adieu, mon cher supérieur et ami, pensez quelquefois à mon âme et priez pour moi. J'ai de grandes tribulations, comme il en arrive aux hommes de toute condition, mais surtout de la mienne, qui ont mangé leur pain blanc le premier. Comptez sur ma respectueuse et fidèle amitié (1). »

Il faut opposer à cette lettre, qui respire la tristesse, une lettre écrite un mois avant avec cette gaieté vive et spirituelle des meilleurs jours, hélas! près de devenir si rares pour notre cher Montalembert :

« La Roche-en-Breny, 6 mars 1866.

» Mademoiselle et chère idolâtre,

» Je pars pour Paris, et je n'ai qu'un moment à trois heures du matin, qui sonnent à l'instant, pour vous dire que votre bonne lettre du 26 février a, comme toujours, fort agréablement et peut-être trop agréablement

(1) Lettre à M. l'abbé Besson.

Chatouillé de mon cœur l'orgueilleuse faiblesse.

Dans l'intérêt de nos deux âmes, il est bon de constater que vous êtes la seule personne au monde qui ayez songé à me parler de ma lettre au P. Chocarne. Elle me vaudra peut-être des critiques, mais certainement pas d'autres éloges que les vôtres. Vous voyez donc bien que vous êtes une originale qui avez un tout petit fétiche à vous toute seule, comme les nègres du Congo, qui ont chacun leur dieu portatif.

» Je charge l'abbé Besson de vous développer ce point de vue dans sa prochaine conférence. Je le félicite de sa notice sur M. Weiss, qui est véritablement touchante et instructive, et je lui en veux toujours de n'être pas venu me voir à Maîche cette année.

» Adieu, Mademoiselle, gardez-moi toute votre bienveillance et n'ayez point de scrupule à me la témoigner, vu la solitude à laquelle elle vous condamne. Recevez mes affectueux hommages et faites agréer mon respect à madame votre mère (1). »

Deux mois après, M. de Montalembert, au moment même où il se disposait à faire un voyage en Amérique, était cloué et pour toujours sur ce lit de douleur qui devait être pendant quatre ans le calvaire de son corps épuisé, en laissant à son âme toute sa vigueur, à sa parole toute sa liberté et toute sa verve. Les habitudes laborieuses de sa vie, trop secondées par l'ardeur de son intelligence, avaient amené à la longue la plus cruelle des infirmités. Une pierre s'était formée dans le rein et il en résulta un abcès. Cette infir-

(1) Lettre à Mlle de Saint-Juan.

mité rendit nécessaire une opération chirurgicale pour essayer de frayer une issue à la fatale pierre. Mais le mal était trop caché et trop profond. Tous les secours de l'art se bornèrent à laisser échapper la suppuration ; malgré les soins incomparables de M. Nélaton, il fut impossible de broyer la pierre et de cicatriser la plaie. Les premières nouvelles de ce mal incurable furent signalées en Franche-Comté par une lettre de Mlle Madeleine de Montalembert, devenue, à partir de ce jour, le secrétaire intime de son illustre père.

« Paris, le 1er mai 1866.

» Monsieur l'abbé,

» Mon père a reçu il y a quelque temps l'épreuve du chapitre de ses *Moines d'Occident* destiné à être reproduit dans les *Annales franc-comtoises;* mais il est très gravement indisposé depuis plusieurs jours, et tout travail, quel qu'il puisse être, lui est interdit; cela se prolongera peut-être beaucoup, et il ne voit pas quand il sera assez bien pour continuer son livre. Il lui est donc impossible de corriger l'épreuve de son article, et c'est pourquoi il vous demande de vouloir bien vous en charger, ainsi que de tout ce qui en regarde la publication dans les *Annales*, sans attendre qu'il puisse s'en occuper lui-même.

» Agréez, je vous prie, Monsieur l'abbé, l'hommage de mon profond respect (1). »

Le mal fit des progrès, et l'espoir de la guérison fut ajourné à long terme. Mlle de Montalembert nous en donna la triste certitude, en se faisant l'interprète des saints désirs du malade auprès de toutes les per-

(1) Lettre à M. l'abbé Besson.

sonnes de Franche-Comté qui avaient de l'amitié pour lui.

« Paris, 19 juillet 1866.

» Monsieur l'abbé,

» Mon père, infiniment reconnaissant de la lettre que vous avez bien voulu m'écrire à son sujet, me charge de vous en remercier de sa part.

» Son état ne varie pas beaucoup en ce moment ; cependant, voici quelques jours qu'il est plutôt mieux. Les médecins sont plus contents et espèrent le voir bientôt délivré des malaises terribles qui, outre la plaie, le faisaient beaucoup souffrir. Mais, d'un autre côté, ils pensent que la maladie sera plus longue encore qu'ils ne l'avaient dit au commencement, et qu'au lieu de trois mois, la durée de la suppuration sera probablement de quatre ou cinq. C'est une perspective bien longue et bien fatigante, mais que mon père envisage avec une grande résignation ; ce qui lui est le plus pénible, c'est de penser à ses volumes des *Moines*, qu'il est obligé de laisser inachevés jusqu'à une époque encore bien éloignée, et cela au moment où il allait les publier.

» Mon père vous prie, Monsieur l'abbé, de vouloir bien le rappeler au souvenir et surtout le recommander aux prières de ses amis et connaissances de Besançon. Il vous remercie mille fois des prières que vous voulez bien lui promettre au Mont-Roland.

» Agréez, je vous prie, Monsieur l'abbé, l'hommage de mon profond respect (1). »

On a vu dans le cours de cet ouvrage, écho fidèle

(1) Lettre à M. l'abbé Besson.

des pensées et des désirs de M. de Montalembert pour notre province, quel prix il attachait aux souvenirs religieux de nos montagnes et comme il nous pressait d'en recueillir les traditions. M. Jules Sauzay lui avait confié le plan de son livre sur ce sujet, et il avait reçu de lui les plus sympathiques encouragements. Dans les premiers jours de 1867, l'éditeur de l'*Histoire de la persécution révolutionnaire dans le département du Doubs* publia le prospectus de cet ouvrage; M. de Montalembert souscrivit l'un des premiers et pour six exemplaires. M. Jules Sauzay s'étant empressé de le remercier de ce nouveau témoignage de sympathie, reçut ce billet pour réponse :

« Paris, ce 9 février 1867.

» Votre lettre, Monsieur, m'a fort touché et fort intéressé. Je vous en remercie cordialement; je ne puis vous en dire davantage, car il m'est impossible d'écrire moi-même sans une grande fatigue, et je n'ai personne en ce moment auprès de moi à qui je puisse dicter. Persévérez courageusement dans votre œuvre excellente, et résignez-vous à être victime de cette double opposition que vous me signalez. La vérité a toujours été combattue par les *ultras* et de droite et de gauche. C'est un grand malheur pour nous d'être nés dans un temps et dans un pays où la majorité de nos concitoyens a pour oracle le *Siècle,* et où la minorité se délecte dans les *Odeurs de Paris.* Mais il faut bien se dire aussi que partout et toujours le métier des honnêtes gens, amis de la patrie et de la vérité, a été un métier aussi dur qu'ingrat. Tout à vous. »

L'Académie de Besançon venait de reprendre, après vingt-cinq ans d'interruption, la publication de ses

Documents inédits pour servir à l'histoire de notre province. M. de Montalembert n'avait cessé de presser et d'aiguillonner notre zèle à ce sujet, en se plaignant des retards qui compromettaient l'avenir de l'œuvre. Il apprit avec joie que le IVe volume des *Documents* venait de paraître, et chargea un de ses correspondants de le recevoir.

« Paris, 10 mai 1867.

» Monsieur l'abbé et cher ami,

» Vous m'annoncez la continuation de vos *Documents inédits*; je félicite l'Académie et M. le président Alviset, qui a eu besoin, à ce qu'il paraît, de sa vigoureuse initiative pour emporter la décision d'assaut. Recevez pour moi ce quatrième volume. Je le prendrai à Besançon, si jamais je retourne en Franche-Comté, et je le mettrai dans ma chère bibliothèque de Maîche, qui a, comme vous le savez, tout à fait le goût de terroir.

» Vous lisez mes trois derniers volumes des *Moines*, à l'intention de l'Académie de Besançon, et aussi pour en faire un rapport à ma gloire. Je voudrais bien que ce ne fût pas aux dépens de votre pauvre santé et du peu de repos qui vous reste après toutes vos corvées quotidiennes.

» Votre Académie a fait d'excellents choix. M. Charles de Vaulchier, M. l'abbé Pioche, M. Sauzay, honorent les lettres et la compagnie. Vous voulez, n'est-ce pas, que je vous charge de tous mes remerciements pour M. Charles de Vaulchier, dont je viens de lire dans les *Annales franc-comtoises* l'article, si plein de talent et de cœur, sur les *Moines d'Occident*? Il a mis précisément en lumière les points que je désirais le plus voir signalés à l'attention du public. Je lui en sais un gré infini, et je compte sur vous pour le lui témoigner. Dites aussi, je vous prie, à notre ami Michel, que j'ai lu avec émotion et reconnaissance les lignes qu'il m'a consacrées dans son *Union franc-comtoise*. J'y ai reconnu sa vieille et constante affection pour moi.

» Je suis toujours dans la même impossibilité de marcher et d'écrire, mais du reste je vais certainement mieux, et mes courses en voiture ne me fatiguent pas. On veut en profiter pour m'envoyer à la campagne.

» J'aurais bien voulu que ce fût à Maîche, mais on y est trop loin des chemins de fer et des médecins. J'irai donc probablement en Belgique, dans une terre que nous y avons en commun avec l'archevêque de Mélitène. Je me recommande plus que jamais à vos prières et à votre bonne amitié (1). »

Le vif et prodigieux intérêt avec lequel M. de Montalembert continuait à suivre les hommes et les affaires de notre province éclate encore dans les lignes écrites avant son départ pour la Belgique.

« Paris, le 6 juin 1867.

» Monsieur l'abbé et cher ami,

» Au moment de quitter Paris pour Rixensart, je veux, malgré mon extrême fatigue, répondre deux mots à votre lettre du 1er juin. Vous me recommandez, de la part de M. Champin, sous-préfet de Baume, Mlle Marguerite Vigelet, de Rougemont, dans la distribution des prix de vertu. Je vois que cette pieuse

(1) Lettre à M. l'abbé Besson.

fille est fort méritante et que les pauvres profiteront des bienfaits de l'Académie. C'est M. de Falloux qui fait le discours cette année. Il m'a affirmé que Mlle Vigelet aurait une médaille de 500 francs.

» Je m'occupe aussi du poëme de M. Edouard Grenier sur la *Mort du président Lincoln.* Vous savez l'amitié que j'ai pour votre compatriote, malgré ses idées par trop démocratiques. J'ai parlé de son ouvrage à M. de Falloux, ainsi qu'au prince de Broglie, pour attirer leur attention d'une manière toute spéciale.

» Tout ce que vous me dites de M. Jules Sauzay et de son livre m'a fort intéressé. Je vous prie de le remercier du premier volume qu'il m'a envoyé ici. Je n'ai pas pu le lire encore, mais je l'emporte avec moi en Belgique, malgré sa grosseur. Dès que j'aurai pu en prendre connaissance, je lui en écrirai. Je voudrais en rendre compte ; mais, hélas ! il ne faut plus compter sur moi pour quoi que ce soit, tant je retombe vite dans les défaillances qui constituent ma triste vie depuis quatorze mois.

» Je regrette infiniment pour vous que vous ne puissiez pas faire le voyage de Rome dans les circonstances actuelles. Priez pour moi, et comptez sur mon respectueux attachement (1). »

Le livre qu'il avait emporté à Rixensart fut lu d'un bout à l'autre ; le compte rendu qu'il craignait de ne pouvoir faire a été dicté de sa bouche et corrigé de sa main pour le *Correspondant*. Il écrit, en conséquence, à l'auteur de l'*Histoire de la persécution révolutionnaire dans le département du Doubs :*

(1) Lettre à M. l'abbé Besson.

« Rixensart, par Ottignies (Belgique),
ce 18 juillet 1867.

» Monsieur,

» Avant de répondre à votre lettre du 22 mai, j'ai voulu lire votre livre d'un bout à l'autre, ce qui n'est pas peu de chose dans l'état où je me trouve. Mais, cette lecture achevée, j'ai éprouvé le besoin de dire publiquement ce que j'en pensais. Cette tâche s'est trouvée presque au-dessus de mes forces. Ne pouvant moi-même écrire, j'en suis réduit à dicter; ce que je n'ai jamais fait jusqu'à présent, et ce qui me fatigue au delà de toute expression. De là, ce long silence que vous avez pu me reprocher, tandis que depuis six semaines, je ne suis à vrai dire occupé que de vous. Enfin, j'ai pu achever cette petite tâche. Mais je n'y ai réussi qu'en vous empruntant à vous-même presque tout mon texte, tant j'éprouve de difficulté à trouver des mots quand je ne tiens pas moi-même la plume.

» Vous recevrez donc, en même temps que cette lettre, une épreuve de ce que j'ai voulu dire sur votre livre, sous forme d'une lettre à vous adressée, que je destine à être insérée dans le *Correspondant* du mois d'août....

» Permettez que je vous charge de mes souvenirs pour mes amis de Besançon, et d'abord pour l'abbé Besson, puis pour M. Michel, M. le président Bourgon, M. de Jallerange, M. l'avocat Tripard. Je ne reverrai pas la Franche-Comté cette année, ni probablement jamais! Le changement d'air que je suis venu chercher en Belgique ne m'a fait aucun bien; il m'est, au contraire, survenu différentes incommodités qui, sans aggraver, à ce qu'on assure, le fond de mon état, rendent ma situation encore plus misérable qu'elle ne l'était à Paris.

» Depuis le mois de novembre, je n'ai pas fait le moindre progrès vers la convalescence qu'on me fait si vainement espérer. Il ne me reste qu'à solliciter le secours des prières de ceux qui s'intéressent encore à moi, et parmi lesquels je n'hésite pas à vous compter. Croyez à toute ma sympathie et à mon affectueuse estime. »

Une multitude de personnes ont lu dans le *Correspondant* (1) et dans les *Annales franc-comtoises* le beau travail si généreusement consacré par M. de Montalembert, sur son lit de souffrance, à l'*Histoire de la persécution révolutionnaire* dans nos montagnes. Ces pages offrirent un intérêt plus qu'ordinaire à tous les amis de l'illustre malade, d'abord parce qu'elles venaient après un assez long silence de cette voix si éloquente, puis à raison des douloureux efforts qu'elles avaient coûtés, et enfin parce qu'on était menacé d'y recueillir les derniers éclairs de cette grande intelligence, les derniers accents de ce mâle écrivain.

Quelque cruelle, quelque longue que fût l'épreuve, il en parlait toujours avec résignation, souvent avec une grâce mêlée de spirituelles et douces plaisanteries; on en jugera par ce billet :

« Paris, le 29 octobre 1867.

» Mademoiselle,

» Je vous remercie mille fois de votre bonne lettre

(1) *La Persécution religieuse de 1789 à 1791*, lettre à M. Jules Sauzay, *Correspondant* du 25 août 1867.

du 23. Malgré le mieux que vous a signalé M. l'abbé Marmier, je ne puis pas rester levé plus d'une heure ou deux par jour, et je ne puis écrire sans une excessive fatigue, ce qui m'oblige à employer la main de ma fille pour vous dire combien je suis touché de votre sollicitude et combien je compte sur le secours de vos prières pour m'obtenir la patience qui m'est si nécessaire dans une épreuve dont les médecins ne me laissent pas encore entrevoir la fin, tout en m'affirmant que je guérirai tôt ou tard. Prenez garde seulement de ne pas contribuer à la faire durer, car il est bien possible que Dieu me l'ait envoyée en expiation, non-seulement de mes péchés, mais de certains éloges exagérés dont vous pourriez bien être coupable. Cette opinion est très répandue dans ma famille.

» Permettez-moi aussi de ne pas entrevoir l'avenir resplendissant que vous évoquez pour moi au milieu des sombres horizons que nous signalent tous les évêques. J'ai eu mon jour, il est passé, et je ne crois à aucune restauration.

» Présentez, je vous prie, mes hommages à Mme votre mère. Parlez de moi à l'abbé Besson, quand vous le verrez, et comptez sur ma sincère et respectueuse reconnaissance (1). »

Avec un tel amour pour la Franche-Comté, une telle passion pour sa gloire aussi bien que pour le service de l'Eglise, M. de Montalembert se sentit à la fois consolé et glorifié par ces jeunes Comtois qui s'étaient faits soldats du pape pour répondre à l'appel de la Moricière, et qui achetèrent par leur sang les trophées de

(1) Lettre à Mlle de Saint-Juan.

Mentana. Il salua au premier rang de ceux qui avaient été les témoins de Dieu, dans ce grand duel du bien et du mal, les deux Dufournel, les héros graylois, ces répondants du droit, de l'honneur et de la justice, également inséparables dans la vie, dans le combat et dans la mort. Il écrivit au prêtre qui les avait loués dans la chaire chrétienne :

« Paris, le 10 novembre 1867.

» Monsieur l'abbé et cher ami,

» Je ne peux résister à l'envie de vous faire mon compliment sur votre admirable oraison funèbre d'Emmanuel Dufournel. Vous êtes naturellement éloquent, vous l'êtes toujours ; mais vous l'avez été plus que jamais dans cette circonstance si touchante. Quel sujet ! quelle vie ! quelle mort ! Je ne doute pas que votre allocution n'ait produit le meilleur effet à Besançon et dans toute la province. Le petit nombre de personnes auxquelles j'ai pu la montrer ici en ont été émues jusqu'aux larmes, et surtout M. et Mme Cochin, qui ont connu les deux Dufournel dans leur adolescence. La mort d'Adéodat, survenue depuis votre discours, ajoute à la grandeur tragique et vraiment chrétienne de cet épisode de notre histoire contemporaine. J'ai connu leur père, j'ai été son collègue à l'Assemblée législative. Est-il à Rome? Est-il arrivé assez tôt? Je vais lui écrire, je veux le féliciter. Quel honneur pour lui d'abord, pour votre collége, pour toute la province, pour nous tous enfin, de voir de tels jeunes gens sceller ainsi de leur sang nos convictions religieuses ! Voilà la jeunesse telle que je l'avais rêvée, telle que je la suppliais d'être, quand je lui disais si familièrement chez vous : Ne soyez pas des *poulets* chrétiens.

» Quand vous m'écrirez, dites-moi quel est l'auteur d'une brochure intitulée : *La Démocratie en Franche-Comté*, qui vient de m'être envoyée sans nom d'auteur. J'ai besoin de remercier celui qui l'a écrite (1).

» Mon état est toujours le même; ma maladie est devenue une sorte d'infirmité permanente dont je n'ai plus l'espoir de guérir. Je me sens cependant mieux depuis mon retour à Paris, mais pas assez pour reprendre un travail suivi et sérieux. Je me recommande donc toujours à vos prières comme à votre bonne amitié (2). »

Cependant M. de Montalembert voulait revoir encore une fois ses chères montagnes du Doubs. Ce désir, cette espérance, perce dans toutes ses lettres dès le commencement de l'année 1868. Voici quelques fragments choisis parmi les plus intimes :

« Paris, 29 janvier 1868.

» Monsieur l'abbé et cher ami,

» Je suis vraiment stupéfait de voir que vous ayez non pas seulement la bonne volonté et la bonne amitié de m'écrire, mais le temps et la force matérielle de m'adresser une épître aussi longue, aussi pleine et aussi intéressante que celle du 14 janvier. Quoique je n'aie absolument rien à vous dire aujourd'hui qui puisse se comparer aux renseignements si précieux et si variés que vous me donnez, je ne veux plus différer de vous adresser mes remerciements.

» Les esprits, me dites-vous, se réveillent en Franche-Comté; j'en suis encore plus charmé que surpris.

(1) M. le marquis d'Andelarre.
(2) Lettre à M. l'abbé Besson.

Plaise à Dieu qu'on ne s'endorme plus, et que notre cher Michel, si courageux, si spirituel, si dévoué au bien, ne laisse pas rouiller entre ses mains cette bonne plume, cette excellente arme dont il se sert si heureusement !

» Donnez-moi, quand vous m'écrirez, des nouvelles des deux frères Tripard, l'avocat et le colonel ; ils sont au premier rang des Franc-Comtois que j'aime et que j'admire.

» Je n'ai pas encore pu lire le deuxième volume de M. Sauzay. Mon infirmité consiste surtout en défaillances et en assoupissements qui absorbent la plus grande partie de ma triste journée. Je lis certainement beaucoup plus que la plupart des malades, mais bien moins encore que je ne le voudrais et ne le devrais. Je compte toutefois me faire transporter à la campagne en commençant par la Bourgogne, d'où j'espère pouvoir passer en Franche-Comté et monter jusqu'à Maîche, après trois ans d'absence.

» Je ne saurais vous cacher que j'ai lu la plus grande partie de votre lettre à l'évêque d'Orléans, qui est venu chez moi le jour où je l'ai reçue. Il s'est beaucoup diverti de ce que vous me racontez sur la nouvelle entreprise du ministre Duruy et sur les cours des demoiselles à Besançon.... Ce grand évêque, qui est aussi un grand chasseur devant le Seigneur, comme Nemrod, et qui, en cette qualité, court toujours deux ou trois lièvres à la fois, est fort occupé, entre autres mille occupations, du nouveau *Journal des villes et des campagnes*. S'il vient à bout, comme nous l'espérons, de déterminer M. Cochin à prendre en main cette grande œuvre, ce sera un véritable événement. Dans un temps où la presse est tout ou à peu près tout, il est lamentable de penser à quels oracles quotidiens nous sommes livrés. Un jeune homme tout à fait distingué, M. de Chabrol, qui s'occupe de fonder un journal indépendant en Auvergne, me disait dernièrement : « Le clergé de mon pays est tout à fait dégrisé du régime actuel. Ce qu'il voudrait, ce serait de voir la France gouvernée par M. Thiers, mais par M. Thiers *sans chambres et sans journaux!* Notre clergé comtois en est-il là?

» Sur quoi je vous dis adieu, en vous chargeant de toutes mes amitiés pour nos amis communs à Besançon, et en vous assurant de mon plus sincère attachement (1). »

Les deux lettres qui suivent, datées du même jour, l'une adressée à M. Sauzay, l'autre à M. Edouard Grenier, ramènent encore la pensée du malade vers la Franche-Comté. L'espérance de la revoir lui sourit avec les fleurs du printemps, et il s'abandonne à ce sentiment qui nous fait tant d'honneur :

« Le 26 avril 1868.

« Cher Monsieur Sauzay,

» Comment pourrais-je assez vous remercier de votre très intéressante lettre du 6 avril? J'ai reçu en même temps votre troisième volume. Mais, comme le second, je le réserve pour le lire sur place, c'est-à-dire en Franche-Comté, où j'espère me rendre cet été. Je serai, là, plus à même d'apprécier le très grand service que vous avez rendu à l'histoire, à la vérité, à la justice et à la religion. Je pourrai en causer avec ceux qui viendront me voir, et juger par moi-même de l'effet

(1) Lettre à M. l'abbé Besson.

produit par votre publication dans cette pauvre Franche-Comté, si endormie et si déchue depuis le second empire. Je vous remercie des détails que vous me donnez sur le succès matériel de votre œuvre. Je n'en persiste pas moins à vouloir compter parmi vos souscripteurs, pour les six exemplaires; car je tiens à honneur de contribuer pour ma petite part à la noble tâche que vous avez si courageusement entreprise. Vous avez la bonté de vous intéresser plus que personne à ma santé. Elle est certainement dans un état plus satisfaisant. Je marche *à pas de tortue*, mais je marche vers la guérison, à travers bien des rechutes et des anicroches. M. Nélaton me fait espérer que la *troisième année* de ma maladie (dans laquelle je viens d'entrer), ne s'achèvera pas sans que cette guérison soit complète; et après en avoir longtemps douté, je commence à y croire moi-même. Je sors même déjà quelquefois, et je compte sur l'air et le séjour de la campagne pour accélérer un progrès que je trouve par trop graduel. Ce qu'il y a de plus triste dans mon état, c'est l'impossibilité de travailler comme je le voudrais. Il me semble que mon âme et mon esprit ont conservé ou repris leur ancienne vigueur; mais mon corps leur refuse ses services, et je suis sans cesse obligé de laisser retomber la plume que j'ai essayé de soulever pour exprimer des sentiments plus intenses et peut-être plus passionnés que jamais, sur tout ce qui se passe dans l'Eglise et dans l'Etat. C'est la plus cruelle de mes épreuves actuelles. Il faut s'y résigner, comme à tant d'autres; mais je désire qu'elle vous soit épargnée, à vous, l'homme amoureux, comme moi, de l'étude et du travail.

» Quel triste tableau vous me faites de l'état politique du Doubs ! Hélas ! je crains bien qu'il ne soit trop fidèle. Je ne puis ni me consoler de cette décadence ni me l'expliquer. *Quomodò ceciderunt fortes in prælio ?* Quel contraste avec l'état des esprits en 1848 et 49, quand on était si plein d'ardeur et de zèle pour la défense du bien ! Quel contraste même avec vos voisins de la Haute-Saône, qui ont trois députés indépendants, tandis que vous n'avez pas même des *candidats !* A quoi peut tenir cette prodigieuse infériorité, cette molle condescendance pour tous les abaissements contemporains ?........ Certes, je n'hésiterais pas à entreprendre une nouvelle lutte électorale et à en prendre les frais à mon compte, quel que fût l'état de ma santé, si c'était pour répondre, comme il y a vingt ans, à l'appel d'un pays ému de ses dangers et résolu à se défendre contre toutes les tyrannies dont nous sommes assaillis et menacés. Mais, d'après ce que vous me dites et ce qui me revient de tous les côtés, je vois qu'il n'y a rien à faire. Adieu, cher Monsieur, je me fais une vraie fête de causer avec vous de tout ce qui nous intéresse, au mois de juillet ou d'août, époque où j'espère aller à Maîche, en m'arrêtant à Besançon (1). »

« Paris, le 26 avril 1868.

» Monsieur,

» Votre carte P. P. C. m'a attristé. J'aurais voulu vous revoir et surtout vous dire que j'avais lu votre dernier volume avec une sympathique émotion. Vous voulez bien, n'est-ce pas, que je prenne ma part dans

(1) Lettre à M. Jules Sauzay.

cet aimable titre et dans cette dédicace : *Amicis*, car je sens que je suis votre ami, et plus peut-être que vous ne le supposez. J'avais déjà, vous le savez, distingué plusieurs de ces morceaux dans la *Revue nationale*. Je les aime bien mieux ainsi, entre eux, que dans la compagnie de Félix Roquain et de ses pareils. J'ai joui de les retrouver et avec eux beaucoup de vers nouveaux et excellents. Moi, qui ai trop souvent pour les poëtes contemporains le dédain d'un vil prosateur, je me sens attiré vers vous, tant par le fond de vos pensées que par la forme digne et gracieuse que vous leur donnez. Je veux vous dire les pages que j'ai le plus goûtées. Ce sont : *La Rose des adieux* ; *L'Ile heureuse* ; *Dans la Clairière* ; *Dans la Rue* ; *Consolation*; mais surtout les douze pièces intitulées *Iambes*. *La Retraite des Dix mille* vous a très noblement et très heureusement inspiré, ainsi que l'*Ombre d'André Chénier*. Vous êtes bien l'enfant de celui-ci. Gardez et cultivez son héritage. Gardez-moi aussi un bon souvenir, et croyez à ma sincère reconnaissance (1). »

Le voyage de Franche-Comté s'accomplit enfin, selon les désirs du malade. Il l'annonça à un de ses amis.

« La Roche-en-Breny (Côte-d'Or),
le 29 juillet 1868.

» Monsieur le supérieur et cher ami,

» Mon beau-frère de Mérode m'a écrit que, si je me trouvais assez bien pour aller d'ici à Maîche, en m'arrêtant à Besançon, vous auriez l'extrême bonté de m'offrir un gîte au collége catholique; et non-seule-

(1) Lettre à M. Edouard Grenier.

ment à moi, mais encore à la sœur de Bon-Secours qui ne me quitte pas.

» La diminution des chaleurs excessives dont nous avons souffert jusqu'ici me permettant de songer au voyage de Franche-Comté, je viens vous prier de me dire, par un *tout petit mot*, au milieu de vos accablements, s'il vous serait possible de nous accorder un coin, à ma sœur et à moi, où nous pourrions passer une nuit et peut-être une journée, entre Dijon et Maîche. Je voudrais surtout savoir à quel moment je vous dérangerais le moins, quand a lieu la distribution des prix, quand vous songez à partir pour les vacances, etc.

» Enfin et *surtout*, dans le cas où je devrais renoncer au voyage de Franche-Comté, ce qui, dans l'état si précaire où je suis, est toujours un cas *probable*, je veux vous supplier avec les plus vives instances de venir me voir ici en Bourgogne, et de me donner quelques jours pendant lesquels vous vous reposerez de vos incroyables fatigues, tout en m'accordant quelques heures d'entretien dont j'ai le plus grand besoin. Je ne saurais vous dire à quel point j'ai l'âme attristée et troublée par tout ce qui se passe. Ce mal me tourmente et me consume bien autrement que la maladie matérielle dont je suis victime depuis des années. Ayez donc pitié de moi, et venez m'éclairer en me consolant, et en vous procurant à vous-même un peu de repos, de silence et de fraîcheur, à l'abri des parents et des élèves, des bacheliers et des examinateurs, de toutes les sangsues qui vous consument, vous aussi !

» Quoi qu'il arrive, sachez que je ne me résigne pas à ce que ces vacances se passent sans que je vous aie revu. Mettez cela dans vos papiers et croyez toujours à mon affectueuse et respectueuse admiration. »

A peine averti qu'il est attendu à Besançon avec tous les empressements dont il était si digne, M. de Montalembert répond aussitôt :

« Monsieur l'abbé et cher ami,

» Encouragé par votre affectueuse lettre du 30 juillet, je compte vous arriver samedi 8 août, à cinq heures quarante minutes du matin. La grande chaleur me détermine à voyager la nuit. En arrivant chez vous, je vous demanderai la permission de me coucher et de ne me relever qu'à midi. Je ne repartirai pour Maîche que dimanche soir. Puis-je compter sur votre infatigable obligeance pour avoir une voiture à la gare de Besançon, le samedi 8, à l'heure indiquée ?

» J'annonce mon arrivée à notre cher Michel, et j'espère que M. Jules Sauzay viendra me voir, ainsi que l'avocat Tripard, le président Clerc, M. Ch. de Vaulchier et M. Bourgon, s'ils sont à Besançon. Je voudrais entretenir aussi M. Pérennès de l'Académie et de ses travaux. Prévenez de mon passage tous ceux de mes amis qui n'ont pas honte de visiter un vaincu, et qui ne s'effraient pas trop de voir un malade.

» Ainsi, au revoir, à moins d'obstacle et d'aggravation dans mon état.

» En attendant, mille affectueux hommages (1). »

Les amis qu'il avait nommés et d'autres encore, comme M. Boysson d'Ecole, M. le vicomte Chiflet, M. Jacquin, M. l'abbé Farey, M. le curé de Notre-Dame, M. le chanoine Ruckstuhl, vinrent saluer M. de

(1) Lettre à M. l'abbé Besson.

Montalembert et s'entretenir avec lui. Autant ses cheveux blancs, sa figure amaigrie, ses traits fatigués, impressionnèrent vivement ses amis, autant sa conversation les séduisit et les entraîna encore, tant elle était animée et pleine de verve. C'était toujours notre Montalembert. Rien n'était changé que son corps; mais jamais âme ne se montra mieux vivante et debout sur un corps en ruine, jamais homme ne parut mieux sortir par avance du temps et du changement.

M. de Montalembert partit le 9 août pour Maîche et y passa six semaines. Il jouissait pour la dernière fois de nos sites pittoresques, de cet air pur qui se mêle à l'odeur des sapins, de ce soleil d'été qui illumine de si vives couleurs la superbe parure de nos montagnes. Il menait, malgré ses infirmités, la vie réglée, austère et studieuse qu'il avait pratiquée dès sa première jeunesse, également fidèle à la prière, à l'étude, aux relations d'amitié et de voisinage, et se félicitant de recevoir quelqu'un de ces visiteurs intimes dont la conversation ajoutait encore aux charmes de sa solitude. Un de nos poëtes franc-comtois, M. Edouard Grenier, se souvient, comme des meilleurs jours de sa vie, de ceux qu'il a passés dans cet intérieur de Maîche, si plein d'intérêt, de souffrance, et pourtant de nobles et sympathiques agréments, faits pour les esprits d'élite et les cœurs délicats. Je lui cède la plume ; il répond en ces termes à l'auteur de cette notice qui lui avait demandé des détails sur ses relations avec M. de Montalembert et sur sa visite au château de Maîche.

« Baume-les-Dames, le 15 février 1871.

» Oui, mon ami, j'ai reçu et naturellement gardé plusieurs lettres de M. de Montalembert. Mais, comme vous le supposez, toutes, hormis une seule que je vous adresse, sont restées à Paris. Je les ai laissées chez moi (hélas ! quand les retrouverai-je?) avec d'autres autographes précieux, rangés dans un coffret arabe que l'excellente et vénérée Mme Tastu m'a apporté de Bagdad. Je regrette de ne pouvoir vous les communiquer ; il y en avait dans le nombre qui méritaient de passer sous les yeux du public. Toutes sont intéressantes, quelques-unes éloquentes et vives, une surtout qui a trait à la question italienne, et, quoique j'y sois un peu malmené, moi et mes amis, à cause de mon dissentiment très nettement exprimé, je ne la trouve pas moins très remarquable par la véhémence du style et l'impétuosité de la pensée. Elle fait songer involontairement au mot de M. de Falloux et le justifie. Vous vous rappelez ce mot? M. de Montalembert remarquait un jour tristement qu'il était le premier de sa race qui n'eût pas porté l'épée : Détrompez-vous, lui répondit vivement son confrère, votre plume est une épée.

» Sa parole l'était encore davantage, à mon sens. Car je l'estime encore plus orateur qu'écrivain, et c'est de lui qu'on peut dire que, sauf son dernier grand ouvrage, tout ce qui sortait de sa plume, surtout depuis l'empire, livres, brochures, articles de revues, n'étaient au fond que des discours refoulés à qui la tribune manquait, et qui s'adressaient au public épars et lointain, faute d'une assemblée vivante et présente à qui parler. La conversation même s'en ressentait ; elle trahissait l'orateur. Je le vois encore, et je le verrai toujours, tel qu'il était à Paris dans les dernières années de sa maladie et de sa vie, avec sa figure amincie et blanche comme ses cheveux, couché dans l'angle de sa bibliothèque sur un simple lit de camp, des rayons pleins de livres au-dessus de sa tête, des livres ouverts et une lampe sur une console à son chevet, et tout autour quelques fauteuils, trois ou quatre tout au plus, où, vers les cinq heures du soir, venaient s'asseoir à tour de rôle, pendant une heure ou deux, ses amis de tout bord, de tout âge et de toute condition : mélange singulier d'hommes célèbres et inconnus, pêle-mêle plein d'imprévu et de charme; et la causerie, resserrée entre ce peu d'heures rapides, semblait se condenser et se hâter pour mieux fournir sa course. Personne n'eut plus que M. de Montalembert l'art d'animer la conversation et d'y intéresser chacun de ses auditeurs par un mot gracieux, un appel direct et flatteur; mais quand il prenait la parole, elle affluait à flots pressés et rapides, la pensée l'entraînait, le courant oratoire le ressaisissait et le poussait à son insu vers les grandes rives de l'éloquence.

» Je ne l'ai connu que tard. Ce fut la poésie qui m'ouvrit sa porte. En 1857, je lui portai mon premier ouvrage, *La Mort du Juif Errant*, et quand il sut que j'étais Franc-Comtois et votre ami, son accueil redoubla de bienveillance. Il était d'ailleurs très friand, si j'ose m'exprimer ainsi, de la jeune littérature et surtout de la jeune démocratie. Il eût aimé pouvoir l'attirer à lui et chez lui. Il me parlait sans cesse de mes amis de ce bord-là. Il était à la piste de tout talent nouveau qui s'élevait, et ce fut lui qui proposa, soutint et fit réussir la candidature de Prévost-Paradol à l'Académie. Pour tout dire, le talent ne suffisait pas; il lui fallait encore trouver dans la jeune génération une certaine chaleur d'âme qui manquait aux partis conservateurs. Quand il la rencontrait sous sa forme la plus répandue, la haine de l'empire, il louait cette généreuse disposition de l'âme et cherchait à la tourner au bien. Mais cette condition se rencontrait facilement à Paris.

» Pardon, mon cher ami, je m'oublie ; tout cela sort de votre cadre, et j'aurais dû me rappeler plus tôt que votre thème est *M. de Montalembert en Franche-Comté*. Je vais m'y conformer et vous dire en peu de mots, puisque vous m'en pressez, les souvenirs que m'ont laissés les seules fois que j'ai eu l'honneur de l'y rencontrer.

» La première, ce fut dans l'automne de 1859. Il arriva un beau jour à Baume dans l'après-midi, en habit de campagnard, le bâton à la main, venant de visiter à pied un bois de ses domaines, du côté de Tressandans, je crois. Car il était encore alerte à cette époque, et sa figure, si longtemps jeune, n'avait pas encore subi les altérations de la longue maladie qui devait nous l'enlever. Rien ne la faisait présager ; et la preuve, c'est que, malgré sa longue course du matin, il eut encore la force de venir contempler l'admirable paysage de la vallée du Doubs au pied du mont Châtard, seul régal que je pusse offrir à mon illustre visiteur pour reposer ses yeux et contenter son amour pour le beau, vivement affligés par la vue de notre clocher doré, dont il ne put jamais rattacher le style étrange à une école d'architecture quelconque. Je le crois bien ! Après avoir fait deux visites, l'une à Mme Courvoisier, l'autre à M. Théodore Dufay, qui lui avait courageusement dédié sa thèse de docteur en droit, il repartit le soir même pour Besançon, et je ne le revis que l'hiver suivant à Paris.

» Ce fut plusieurs années après, à la fin d'août 1868, que je lui rendis sa visite au château de Maîche. Vous connaissez ce vieux manoir, mon ami, vous avez goûté les douceurs de cette aimable et noble hospitalité, vous vous êtes promené comme moi à l'ombre séculaire des ormes gigantesques de la grande allée, vous vous êtes accoudé comme moi sur la terrasse du côté du jardin, en regardant ce vert horizon où les pommiers des vergers vont rejoindre insensiblement les sapins des prés-bois, et où le travail de l'homme et la nature semblent rivaliser pour le plaisir des yeux. Vous avez joui comme moi de cette vie calme, intelligente, pleine de simplicité et de liberté. Quelle atmosphère de soins et de sérénité, de gaieté même, y entourait l'illustre malade ! Comment peindre cette charmante famille, la force admirable de caractère, l'activité, la noblesse d'âme et de maintien de la mère, le charme si différent des deux jeunes filles, les dernières restées au foyer; l'esprit fin et déjà mûr de Mlle Madeleine, la grâce naïve de Mlle Thérèse ? Je voudrais dire tout cela, mais je n'ai, par malheur, dans ce moment, ni la liberté d'esprit ni le loisir nécessaires pour rassembler ces souvenirs et les traduire dignement. L'étranger règne en maître dans notre pauvre petite ville de Baume. Nos maisons en regorgent. Si on ne les voit pas, on les entend. A chaque instant leur lourd talon résonne sur notre seuil, dans nos corridors, dans nos chambres; à chaque instant il faut répondre à leurs exigences. Nous ne nous appartenons plus.

Nous n'avons même pas l'amère consolation de pouvoir nous livrer en paix à l'immense douleur qui doit déchirer le cœur de tout Français. Plaignez-nous, et Dieu veuille vous épargner nos misères ! C'est le vœu bien sincère de votre ami tout dévoué. »

Deux jours après le départ de M. Grenier, un tragique accident vint mettre en danger une vie si précieuse et répandre une mortelle tristesse dans toute la contrée. Le 24 août, M. de Montalembert reconduisait en voiture le curé de Cerneux-Péquignot, qui avait reçu chez lui l'hospitalité. Il l'accompagna jusqu'aux bords du Doubs, en compagnie de M. l'abbé Millot, ancien vicaire de Maîche, l'un des prêtres qu'il avait le plus aimés, et dont la conversation lui était particulièrement agréable. Au retour, l'abbé descendit pour faire visite au curé de Charquemont, et la voiture s'arrêta un instant près d'une auberge qui borde la route; mais le cheval, n'ayant plus de frein, brisa ses rênes, écrasa et tua le conducteur, qui essayait de le retenir, et emporta la moitié de la voiture dans sa course furieuse. M. de Montalembert, qui était dans le fond, fut renversé, jeté sur la route et couvert de contusions. Il demeura plus de trois quarts d'heure sans connaissance, et le premier usage qu'il fit de ses sens, en les recouvrant, fut de demander un prêtre pour entendre sa confession. Mme de Montalembert, prévenue aussitôt, accourut auprès de lui et passa à son chevet une nuit pleine d'angoisses. Le lendemain, on put le reconduire à Maîche, et le docteur Nélaton, mandé par le télégraphe, lui apporta ses soins affectueux. Les paroles du célèbre praticien furent recueillies avec avidité. Il donna l'assurance que l'accident n'aurait pas de suites funestes pour son client ; il faisait espérer, pour l'infirmité même dont il connaissait toute la gravité, une sorte de guérison.

Cette espérance se soutint pendant tout l'hiver suivant. L'approche des élections ranimait la verve de M. de Montalembert et rajeunissait toutes ses facultés, excepté les forces de son corps. Il sentait passer sur le pays comme un souffle de liberté ; il eût voulu devenir encore une fois notre représentant. On pensait à lui, mais, hélas ! c'était pour regretter qu'il ne fût plus possible de solliciter, en faveur de ce glorieux invalide, des suffrages si mérités et de venger douze ans d'ingratitude et d'oubli. Chose admirable et vraiment digne d'un grand courage ! M. de Montalembert, qui ne se faisait aucune illusion sur son état quand il ne voyait en lui que l'homme privé, se croyait capable encore de fournir une longue carrière dès qu'il avait conçu l'espoir de redevenir un homme public. Cette pensée, ce regret, se lit dans sa correspondance. Il tourne ses yeux du côté de nos montagnes, et il se plaint d'être oublié dans la lutte qui s'apprête. Recueillons les lettres écrites par lui en Franche-Comté, dans cette année 1869, dont l'agitation électorale fit présager aux uns une ère de liberté sous le gouvernement de l'empire, aux autres, qui étaient plus clairvoyants, une révolution prochaine et complète dans nos institutions et dans nos mœurs. L'une de ces lettres est adressée à un prêtre franc-comtois qui avait eu l'occasion d'entendre, le second dimanche de l'Avent, en 1868, le P. Hyacinthe dans la chaire de Notre-Dame. Ce prêtre n'avait pas dissimulé à M. de Montalembert la pénible impression que lui avait causée la parole du célèbre orateur. Il avait été un peu surpris, en vrai provincial, que l'on fît à Paris, devant une assemblée de quatre mille chrétiens, l'éloge assez accentué des Musulmans. Cette foule, qui écoutait sans étonnement un tel éloge, lui avait paru médiocrement instruite en matière religieuse. Il s'étendit assez longuement sur tout cela dans sa correspondance avec M. de Montalembert, ajoutant que les croisades réfutaient assez le P. Hyacinthe, et que cette réfutation serait faite au besoin par celui qui s'était écrié à la tribune de la chambre des pairs : « Nous sommes les fils des croisés ! » Voici la réponse de M. de Montalembert :

« Paris, le 14 février 1869.

» Monsieur le supérieur et cher ami,

» Je réponds bien tard à votre bonne lettre du 10 janvier, et cependant je suis toujours pénétré non-seulement de reconnaissance, mais encore d'étonnement, en songeant au peu de loisir dont vous pouvez disposer, et à la peine que vous prenez de m'écrire avec tant de soins et de détails au milieu de vos innombrables labeurs. J'ai pris une part sincère à l'affliction qui est venue encore compliquer et surcharger votre vie, en vous privant de la collaboration de l'excellent abbé Marmier, qui a enseigné la philosophie dans le diocèse de Besançon avec tant de zèle et d'éclat. J'avais, en effet, comme vous voulez bien me le rappeler, une très grande estime pour son caractère et son esprit, et je regarde sa mort comme une très grande perte pour la religion et la société en Franche-Comté. J'ai goûté beaucoup les belles pages que vous avez consacrées à sa mémoire dans le numéro des *Annales* de décembre.

» Vous me parlez du P. Hyacinthe et de la pénible impression que vous a laissée sa conférence du deuxième dimanche de l'Avent, que vous avez entendue à Notre-Dame. Je vous trouve un peu sévère ; je n'étais pas à Paris, et je n'ai lu que les analyses données par les journaux. J'ai consulté, depuis mon retour ici, plusieurs de ses auditeurs ; ils ne m'ont pas semblé avoir reçu la même impression que vous. J'ai toutefois fait part de vos observations au P. Hyacinthe, et il m'a promis d'en faire son profit. Il a dû s'expliquer avec plus de précision sur l'islamisme, dans un sermon qu'il a fait avant-hier à la Madeleine, pour les œuvres de Mgr Lavigerie en Algérie.

» Vous voulez bien, comme toujours, prendre un affectueux intérêt à mon état de santé. Il est toujours le même, et je n'entrevois aucune chance de guérison. J'ai été beaucoup plus souffrant pendant mon séjour à la Roche-en-Breny ; depuis mon retour ici, je vais mieux et suis tel que vous m'avez vu à Besançon pendant que j'étais votre hôte au collége catholique.

» Je crois bien que, dans cet état, je pourrais être un député aussi intelligent et aussi actif que la plupart de ceux qui le sont ou qui le seront. Mais, certes, je ne pourrais pas faire le métier de candidat comme il faut le faire aujourd'hui. Et, d'ailleurs, comment pourrais-je songer, même si je me portais comme le Pont-Neuf, à une candidature dont personne au monde ne m'a dit mot, ni de vive voix ni par écrit, pendant mon séjour en Franche-Comté ou depuis. Quand je dis personne, je dois faire une exception pour l'abbé Suchet, pour notre excellent Michel et pour vous. Mais vous êtes, j'en suis sûr, encore plus convaincu que moi de l'impossibilité d'une lutte sérieuse contre les vainqueurs de 1857 et de 1863. Les catholiques et les conservateurs du Doubs se sont par trop désintéressés de toute préoccupation politique et de toute opposition libérale, et cette lamentable déchéance leur a fait oublier l'ancien collègue, le sincère ami du grand Berryer (1). »

« La Roche-en-Breny, le 12 décembre 1868.

» Chère et fidèle amie du vaincu,

» Je vais répondre de mon mieux à vos questions électorales. A un tiers indifférent ou simplement curieux, je dirais tout simplement que mon état de souffrance, qui s'est aggravé depuis quelque temps, m'interdit toute participation future aux luttes de la vie publique. Mais à vous, qui vous intéressez à moi et depuis si longtemps, je dirai toute la vérité. Je suis arrivé à Besançon en août, avec la pensée qu'on songerait peut-être encore à moi dans les élections prochaines. S'il en eût été ainsi, à moins d'obstacles insurmontables, je me serais exposé pour la troisième fois aux chances de la lutte. Mais pendant les deux mois que j'ai passés en Franche-Comté, je n'ai pas trouvé une âme pour me parler de ma future candidature. Je dois cependant faire une exception pour notre excellent Michel et pour deux ou trois abbés de votre connaissance.... N'étant pas moi-même candidat, je me trouve tout naturellement dispensé de me prononcer sur les mérites ou les chances d'une candidature autre que la mienne. Je n'ai donc aucun avis à émettre sur celle de M. Ordinaire.... Je ne puis songer

(1) Lettre à M. l'abbé Besson.

à arborer sa candidature, pas plus qu'à décliner celle que personne ne m'a offerte.

» Agréez, Mademoiselle, mes sincères remerciements pour cette nouvelle preuve de votre sympathie, et recevez pour Mme votre mère et pour vous-même l'hommage de mon respectueux dévouement (1). »

Mlle de Saint-Juan, sa chère et fidèle électrice, comme il l'appelait lui-même, l'instruisit de la candidature et de l'échec de M. Pidoux au premier tour de scrutin, et de l'élection de M. Ordinaire au second. En réponse à cette lettre, il s'expliqua nettement sur l'échec immérité de son ancien collègue à la législative.

« Paris, le 3 juin 1869.

» Je n'ai pas revu M. Pidoux depuis 1851, et je ne me rappelle même pas très bien sa figure. Mais il représentait ce que j'aurais voulu représenter moi-même, l'indépendance politique et la foi catholique. Il a été vaincu, comme je l'ai été deux fois, et, autant que j'en puis juger, par les mêmes causes et les mêmes influences; mais ce qui ajoute aux humiliations salutaires qui ont été si nombreuses dans ma vie, depuis l'avénement du second empire, c'est de voir que la population rurale du Doubs, qui n'a rien voulu faire pour moi en 1857 et en 1863, s'est tout à coup émancipée du joug administratif pour faire triompher M. le docteur Ordinaire....

» Je viens de franchir une formidable étape, qui aurait dû me conduire à la fin de mon triste voyage; mais il paraît que le bon Dieu ne m'a pas encore jugé digne de la délivrance que j'appelle depuis si long-

(1) Lettre à Mlle de Saint-Juan.

temps. Je suis loin d'avoir retrouvé la situation relativement supportable où j'étais avant cette dernière crise; mais je crains bien d'en avoir encore pour longtemps. Aidez-moi par vos bonnes prières à supporter cette croix si longue et si lourde surtout, puis croyez bien à mon respectueux et affectueux dévouement (1). »

M. de Montalembert recouvra encore assez de forces pour se rendre de Paris à la Roche. Il y passa, avec des alternatives de mieux et de plus mal, l'automne. A un de ses amis de Franche-Comté qui lui demandait de ses nouvelles, il répondit par cette invitation très amicale et très pressante :

« Soyez donc assez bon pour venir nous voir le plus tôt possible et dès jeudi, s'il se peut. Je suis vraiment un peu confus de vous imposer un si long voyage et pour si peu de temps, puisque vous êtes si peu libre. Mais il y a là pour moi un intérêt égoïste auquel je ne sais pas résister, tant j'éprouverai de consolation à pouvoir causer à fond avec vous sur toutes nos préoccupations religieuses et sociales. Je n'ai pas pu le faire à Besançon comme je l'aurais voulu. Je sens bien que tout cela ne peut avoir une grande importance pour vous; mais je sais aussi que vous êtes très charitable, très dévoué à vos vieux amis, et par conséquent très capable de faire l'effort que je vous demande (2). »

Le prêtre franc-comtois à qui cette invitation était faite s'empressa d'y répondre et demeura trois jours à la Roche. Voici les notes qu'il a rédigées au retour de son pèlerinage :

(1) Lettre à Mlle de Saint-Juan.

(2) Lettre à M. l'abbé Besson.

« La terre de la Roche-en-Breny, dont M. de Montalembert s'est fait l'acquéreur en 1841, est située dans le Morvan, sur les limites de la Nièvre et de la Côte-d'Or. Là tout rappelle son culte pour le moyen âge, ses goûts d'artiste et d'archéologue, ses grands sentiments de chrétien. Un château d'un aspect à la fois sévère et grandiose, flanqué de tourelles, entouré de fossés pleins d'eau ; dans l'intérieur une vaste salle dont le plafond est orné de devises et d'emblèmes héraldiques, et dont les murs sont couverts de vieilles tapisseries de haute lisse sorties de Flandres ; une chapelle étroite, mais s'ouvrant d'un côté sur cette salle d'honneur, de l'autre sur le salon voisin, et où les regards s'arrêtent avec satisfaction sur deux inscriptions latines composées par le propriétaire, l'une qui indique les indulgences et les grâces accordées à la famille et à son chef par le pape Pie IX, l'autre la messe célébrée dans ce lieu par Mgr Dupanloup, évêque d'Orléans, avec la mention de M. Cochin, de M. de Falloux, de M. Foisset et du prince Albert de Broglie, tous présents de corps ou d'intention à ce divin sacrifice ; au delà de la cour du château, un pont-levis avec sa herse retombée, et plus loin, dans un horizon presque sans bornes, des bois, des prairies, des étangs, des moulins, le tout d'un seul tenant, mais trop accidenté et trop divers pour être embrassé d'un seul regard. Les ormeaux, les frênes les érables, les marronniers et les tilleuls forment les principales allées du parc ; ils ont de vingt à vingt-cinq ans, et c'est M. de Montalembert qui les a plantés ; mais deux millions de pieds de sapins apportés des montagnes du Doubs mêlent aux feuilles qui jaunissent et qui tombent une parure toujours verte, tapissent agréablement les coteaux et offrent aux regards du maître comme une image de la Comté encadrée parmi les sites du Morvan. Des routes carrossables traversent les bois et facilitent partout l'accès du domaine. A dix minutes du château, s'élève le bourg de la Roche, dont la succursale a été érigée en cure de seconde classe, grâce à l'influence du châtelain. La paroisse, qui renferme deux mille cinq cents habitants, s'étend à sept lieues de tour et comprend dix-huit hameaux. L'église est d'une architecture ancienne et curieuse. On y reconnaît, à tous les pas, le goût, les conseils ou les dons de M. de Montalembert, dans les peintures et dans les verrières qui la décorent. L'école, tenue par des religieuses, est aussi de sa fondation. On doit à sa fille, Mme Catherine de Montalembert, un établissement non moins important pour la contrée. Le jour où elle entra au Sacré-Cœur, elle offrit à l'église de la Roche le prix de sa corbeille de noces et de sa parure nuptiale, pour fonder les revenus d'un vicariat et augmenter ainsi les secours de la religion dans une paroisse si vaste et si dispersée. M. de Montalembert a donné à tous les siens l'exemple, la pensée et le goût de la bienfaisance chrétienne.

» La journée du châtelain est celle d'un chrétien, d'un savant, d'un promeneur et d'un homme du monde ; c'est aussi, hélas! celle d'un malade. Quand il pouvait aller entendre la messe au village, il s'y rendait chaque matin et faisait l'édification publique. Cette année, qui fut la dernière de sa vie, il n'a pu descendre que de temps en temps, et avec un effort bien méritoire, dans la chapelle du château. Levé de bonne heure, malgré ses cruelles souffrances, il s'installe dès le matin dans sa bibliothèque, lit, le crayon à la main, les revues et les journaux, les annote et les envoie à ses hôtes en les rendant attentifs aux articles qu'il a remarqués lui-même. A l'heure du déjeuner, toute sa famille le trouve assis à table, lorsqu'elle entre à la salle à manger, car il s'y est rendu d'avance en descendant, non sans douleur, l'escalier qui y conduit, et il a épargné à ceux qui l'aiment la peine de le voir souffrir. Cette délicatesse commande tous ses mouvements, à la salle à manger, au salon, sur la terrasse. Dès qu'il a pu prendre sa place sans être accompagné et sans être vu, il est tout à sa famille et à ses hôtes. Il plaisante, il raille finement, il écoute bien plus qu'on ne croit, il amène la conversation sur tous les grands sujets, il raconte volontiers ses meilleurs souvenirs. Dans l'après-midi, sa principale distraction est une promenade en voiture, en compagnie de sa fille Madeleine, de son secrétaire, ou des amis qu'il a reçus. La promenade dure quatre heures au moins. Le dîner sonne au retour, et après le dîner la longue et intéressante causerie du salon. L'homme du monde se retrouve tout entier, avec ses anecdotes, ses bons mots, ses plaisanteries mêlées de choses affectueuses et tendres, ses traits d'éloquence aussi animés et parfois aussi impétueux qu'à la tribune. L'orateur vit et parle toujours. Il stimule, il aiguillonne le zèle et l'esprit de ses filles, de ses amis, de ses neveux, de tous ceux qui composent le cercle du soir. Il se plaint, c'est là un de ses thèmes favoris, des jeunes gens du jour, parce qu'ils ne dévorent pas, comme lui, avec passion les journaux et les revues, et qu'ils semblent n'avoir qu'un goût médiocre pour la politique. Deux de ses neveux sont auprès de lui, l'un sortant de Saint-Cyr, l'autre du collége, tous deux promettant d'honorer leur nom dans le monde, comme il convient aux descendants des croisés, et comme leur aîné leur en a donné l'exemple dans la Compagnie de Jésus, où il vient de mourir épuisé par les exercices du noviciat. Le sous-lieutenant, que j'ai vu à la Roche, M. Geoffroy de Montalembert, a déjà justifié toutes ses espérances dans les derniers engagements que l'armée de la Loire a livrés aux Prussiens.

» J'ai fait deux promenades en voiture avec notre cher et illustre malade, et j'ai recueilli les principaux traits de sa conversation. C'était la dernière fois qu'il m'était donné de le voir et de l'entendre ; son entretien fut pour moi comme le testament de son amitié. Il venait de lire le manifeste des évêques allemands assemblés à Fulda. Il y adhérait de grand cœur et ne cessait de témoigner de ses sentiments de foi et de soumission. « Jamais je ne me suis senti autant de tendresse et de respect envers l'Eglise; je veux vivre et mourir, dites-le bien, dans le sein de l'Eglise catholique, apostolique et romaine. Je ne suis pas théologien, je ne suis pas philosophe, c'est au point de vue politique et social que je m'occupe des questions religieuses, je le fais avec toute liberté, mais aussi avec toute chance de me tromper, et en laissant à l'autorité compétente le droit et le devoir de me reprendre. Vous êtes prêtre, vous avez étudié ces matières-là, j'espère que vous m'éclairerez. » La question de l'infaillibilité pontificale fut abordée plusieurs fois : « Pensez-vous, mon cher abbé, qu'on la traitera au concile ? — Je le crois; mais beaucoup de prélats estiment qu'on se bornera à condamner la doctrine contraire, sans formuler encore une définition dogmatique. Au reste, pour un libéral sincère et à larges vues comme vous l'êtes, comme j'ai appris à l'être à votre école, cette définition me semble très désirable. — Comment cela? — Je vais vous étonner, eh bien! je la souhaite dans l'intérêt de la liberté de conscience bien entendue, dans l'intérêt de la vérité dont vous êtes l'intrépide champion. L'infaillibilité pontificale ne s'exerce que sur la foi, la morale et la discipline générale de l'Eglise, en un mot sur ce qui constitue le dépôt commis à Pierre et à ses successeurs, et il ne faut pas s'en rapporter là-dessus à quelques catholiques plus zélés qu'instruits, qui étendent ce privilége bien au delà et ne lui donnent plus de limites. — Ainsi, on ne peut pas nous apporter un bref de pure administration, une simple lettre d'un secrétaire, un article de l'*Univers* ou de la *Civiltà*, comme devant servir de règle et de règle infaillible à la foi des chrétiens? — Ce n'a jamais été là une règle de foi, et le zèle mal entendu n'est pas la vraie doctrine.— Vous avez raison ; vous savez, vous théologiens, mais nous, profanes, nous ne savons pas assez quelles sont les matières sur lesquelles le pape prononce infailliblement. La liberté humaine n'a rien à y perdre. En dehors des limites établies, il reste à la pensée humaine et à l'activité de l'esprit un champ assez vaste pour s'exercer.... Mais vous êtes donc ultramontain? — Oui, sans doute, et parce que je suis libéral dans le sens chrétien du mot. Libéral par les sentiments et ultramontain par la doctrine, libéral en politique et catholique romain en religion, comme vous l'avez été et comme vous l'êtes toujours. C'est la pensée de votre admirable écrit : *Les Intérêts catholiques au* XIXe *siècle.* C'est la devise de vos œuvres : *Qualis ab incepto.* — Je vous remercie de la justice que vous me rendez. Quelques-uns demandent comment je finirai. Eh bien, je finirai comme j'ai commencé, en catholique soumis. Les définitions dogmatiques me trouveront toujours obéissant, quelles qu'elles soient ; mais le gouvernement de l'Eglise, dont l'appréciation demeure libre, me préoccupe beaucoup plus que la définition de l'infaillibilité pontificale. J'aime un gouvernement à haute portée, à larges vues, à grandes directions. Je voudrais voir tous les hommes d'élite, de quelque nation qu'ils fussent, prendre part aux affaires de la catholicité, Rome élargir son centre pour atteindre encore plus sûrement aux extrémités, et l'esprit catholique animer jusque dans ses moindres détails cette vaste administration de l'Eglise, où la souplesse et la patience des Italiens peuvent rendre sans doute de grands services, mais où l'on pourrait souhaiter aussi un peu plus de la science allemande, de l'activité française et de l'initiative propre à la race anglo-saxonne. Quand vous irez à Rome, vous serez frappé de la manière dont on y parle quelquefois des *forestieri.* Certaines gens tiennent qu'il faut laisser les étrangers se plaindre sans les écouter, et qu'on ne doit faire aucune réforme. Dieu sait ce qu'a souffert la Moricière et combien il lui a fallu d'énergie et de persévérance pour créer cette petite armée vaincue, il est vrai, à

Castelfidardo, mais triomphante à Mentana, et qui ne cesse de se recruter parmi les meilleurs soldats de l'Europe. C'est la Moricière qui a forcé l'opinion et la langue à changer le sens ironique avec lequel on prononçait autrefois le nom de *soldat du pape.*

» La conversation passa ensuite de Rome à Paris, et M. de Montalembert ne cacha pas la satisfaction que lui faisait éprouver l'essai de gouvernement constitutionnel commencé par le second empire. Il saluait le retour des libertés publiques, il y voyait une conquête heureuse faite par l'opinion, il mettait cette conquête bien au-dessus des questions de dynastie, oubliant ses griefs personnels, ne considérant que la France, goûtant comme par avance tous les plaisirs de la parole publique émancipée. Il m'interrogeait sur les jeunes Comtois qui pouvaient prétendre à prendre une place dans les affaires. « Dites-leur, ajoutait-il, d'entrer dans la vie publique par toutes les portes qu'on leur ouvre, et d'élargir le passage le plus qu'ils pourront. J'en vois dans la magistrature, dans le barreau, dans l'armée, c'est bien; mais il faut aller plus loin, il faut prendre place dans les conseils de la commune et du département, il faut briguer les honneurs du Corps législatif. Plus d'émigration à l'intérieur, plus de retraite, surtout à un âge où l'on ne doit connaître que le travail. Point de querelles intempestives au gouvernement, point de soupçons ni de défiances. Le gouvernement du pays par le pays, voilà le principal; le reste, entendez-le bien, est variable et accessoire. — Si l'empereur vous entendait, il vous ferait président du Sénat. — Ah! j'aimerais encore mieux être député du Doubs. — Rien ne vous a détaché de nous, et cependant nous avons été bien ingrats. — Non, mon ami; ce sont les temps qui l'étaient, et non pas les hommes. »

» Cette parole charmante, cette excuse sortie du cœur, me toucha jusqu'aux larmes. Elle fut accompagnée d'un de ces sourires que la douleur laissait éclore quelquefois sur les lèvres pâlies du malade, et qui avaient sous ses cheveux blancs toute la grâce de la jeunesse. En ce moment, quelques paysans abordèrent la voiture, le chapeau à la main, et s'informèrent « de la santé de Monsieur le comte. » Leur parole aisée, leur tenue respectueuse, me frappa. Ils honorent évidemment le bienfaiteur du pays; ils savent que ce bienfaiteur est un grand homme, et ils se tiennent eux-mêmes pour honorés de le posséder au milieu d'eux.

» Je quittai la Roche le lendemain. « Promettez-moi, me dit M. de Montalembert à voix basse, de revenir ici l'année prochaine. Vous m'y trouverez peut-être encore, mais je n'irai plus en Franche-Comté. Vous direz alors la messe dans ma chambre, au pied de mon lit; c'est une faveur qui a été accordée à tous les membres de notre famille par le saint-père, en mémoire des services que mon beau-père, M. le comte Félix de Mérode, a rendus à l'Eglise. Mais, l'année suivante, vous reviendrez voir ma femme et mes enfants, et vous irez célébrer la messe à l'église pour le repos de mon âme. »

Le terme fatal était plus rapproché qu'il ne le disait au visiteur de la Roche. Celui-ci reçut encore plusieurs lettres de son illustre ami; la dernière lui fut adressée à Rome, et les dernières lignes sont un adieu, cette fois trop définitif et trop prophétique.

« La Roche-en-Breny, 15 décembre 1869.

» Monsieur le supérieur et cher ami,

» Vous m'avez procuré une bien agréable surprise et une bien vive satisfaction par la lettre que vous avez bien voulu m'écrire de Rome, la veille de l'ouverture du concile. Je savais que vous deviez y être, mais j'étais loin de croire que vous auriez le loisir et l'envie de m'écrire pour illuminer ma solitude morvandaise de toutes les nouvelles et de toutes les impressions que vous me communiquez. Je vous en remercie cordialement pour moi et pour ces dames, qui ont beaucoup joui, comme moi et avec moi, de votre lettre si animée et si remplie de faits curieux et de jugements intéressants sur les hommes et les choses.

» Grâce à vous, nous avons eu des nouvelles de mon beau-frère l'archevêque de Mélitène, qui n'écrit jamais lui-même. J'ai été bien heureux d'apprendre qu'il était content de ma lettre aux étudiants suisses. Cette lettre est d'ailleurs déjà bien ancienne, tant les événements se précipitent. Elle a été écrite au mois d'août, dans le but d'inspirer un peu de confiance dans l'avenir, à la suite de l'heureuse et singulière transformation qui venait de s'opérer dans notre régime politique.

» Continuez, je vous en supplie, mon cher supérieur, à me raconter tout ce que vous verrez et saurez, autant du moins que vous pourrez me le dire en honneur et conscience, à cause du secret imposé aux théologiens. Comme je n'écris plus jamais une lettre sans supposer et sans espérer surtout qu'elle sera la dernière, je veux profiter de cette occasion pour vous dire encore une bonne fois combien je suis reconnaissant de tout ce que vous avez été pour moi depuis tant d'années, sans que je l'aie mérité en rien, et surtout sans que j'aie rien pu faire pour vous témoigner ma gratitude. J'ai toujours grand besoin de prières, j'en demande à votre charité, et je me recommande à elle corps et âme. Tout à vous (1). »

M. Sauzay reçut, quelques jours après, la lettre suivante, la dernière sans doute que M. de Montalembert ait dictée pour la Franche-Comté :

« La Roche-en-Breny (Côte-d'Or),
ce 3 janvier 1870.

» Cher Monsieur Sauzay,

» C'est avec vous que je commence cette année, parce que vous m'avez valu, par votre lettre du 23 décembre, peut-être la plus vive parmi les très rares jouissances et consolations de la triste année que je viens de terminer. *Tôt ou tard*, a dit Vauvenargues, *on ne jouit que des âmes;* cette vérité en est une pour moi plus que pour personne dans le lamentable état auquel je suis réduit, en voyant débuter la cinquième année d'une infirmité incurable, qui me réduit à une incapacité aussi humiliante que douloureuse, sans aucune chance de délivrance prochaine ! Ça donc été pour moi un véritable soulagement que de recevoir dans ma solitude souffrante les pages où vous me prouvez, avec une effusion si touchante, que nos deux âmes et nos deux esprits sont tout à fait d'accord sur tout ce qui nous intéresse le plus au monde. Je vous en remercie avec la plus cordiale sincérité, et je veux de plus vous supplier de *recommencer souvent*. Je voudrais que vous eussiez la bonté de devenir mon correspondant

(1) Lettre à M. l'abbé Besson.

habituel et de me tenir au courant de tout ce qui touche à la Franche-Comté. Je n'ose pas vous affirmer que la corvée dont je voudrais vous charger ne durera pas longtemps. J'ai au contraire la douloureuse conviction d'avoir encore de longues années à traverser dans la misère et l'ennui, à charge à moi-même comme à autrui. Mais je vous crois très capable d'un acte de charité *prolongé* à l'égard d'un ex-représentant du Doubs. Bien que, depuis plus de douze ans, je sois devenu politiquement un étranger pour ce pays, je ne saurais oublier les titres qu'il aura toujours à ma reconnaissance et à mon vif intérêt, puisque c'est lui qui, comme je l'ai dit dans mon discours de réception à l'Académie française, m'a ramassé sur le champ de bataille en 1848 et m'a permis, pendant quatre mémorables années, de proclamer l'union de la religion avec la liberté et de les défendre toutes deux contre l'anarchie. Je suis encore à me demander comment ce pays a pu changer comme il a fait....

» Rien de plus sombre que l'horizon qu'il nous est donné d'apercevoir aujourd'hui en tout ce qui touche la religion. Néanmoins j'ai la conviction qu'un meilleur avenir se prépare, à moins que Dieu, dans les mystères impénétrables de son omnipotence, ne réserve à son Eglise une troisième échéance de la formidable épreuve qu'elle a déjà subie.

» Ce qui me rend de l'espoir, c'est la renaissance si subite, si imprévue et si complète de la vie politique et du régime parlementaire dans cette France, où tout semblait éteint et accroupi pour si longtemps sous les pieds de Napoléon. Quoi qu'il arrive, la question politique est aujourd'hui tranchée. Nous oscillerons sans doute pendant longtemps encore entre l'anarchie et la dictature ; mais nous ne nous arrêterons définitivement ni à l'un ni à l'autre de ces points extrêmes. Mais les catholiques seront-ils capables de profiter de ce prodigieux revirement pour reprendre dans la vie publique et moderne la place qui leur convient, comme nous leur avons enseigné de 1830 à 1850? Sont-ils même capables de comprendre ce qui vient de se passer? Cela est douteux. Ils ont besoin d'un renouvellement complet dans leur éducation morale et intellectuelle........ Il y a là toute une révolution à opérer, aussi urgente que légitime. Pour le tenter, il ne faudrait qu'un groupe d'honnêtes gens, bons chrétiens, mais résolus et intrépides.... Se pourrait-il que le bon sens et le bon droit pussent manquer désormais de recrues chez les catholiques ? Au début de ma vie, j'ai trouvé, j'ai suivi, et plus tard j'ai conduit un groupe de gens comme ceux que je voudrais revoir aujourd'hui. Mon malheur a été de ne plus le retrouver après le second empire, mais j'espère bien que d'autres seront plus heureux que moi.

» Les *Annales franc-comtoises* auraient pu devenir un foyer de vie et d'action ; mais il faudrait pour cela être moins préoccupé du passé que de l'avenir. Quoi qu'il en soit, j'apprends avec bonheur que ce récueil continuera à paraître, et vous prie de présenter mes compliments affectueux aux excellents rédacteurs que vous me nommez, MM. de Vaulchier, Terrier de Loray et Chiflet.

» Comment avez-vous pu découvrir ma lettre aux étudiants suisses? On a refusé de l'insérer dans l'*U-*

nion franc-comtoise, malgré les instances du bon petit curé suisse qui me l'avait fait demander pour son association. Si jamais vous allez du côté de Pontarlier ou de Morteau, ne manquez pas de faire la connaissance de ce très remarquable abbé Jacquet, curé aux Cerneux-Péquignot. Il vous consolera et il vous ranimera comme moi. C'est tout à fait *rara avis in terrâ.* Grâce à lui, j'ai pu faire entendre ma voix en Suisse, d'où elle a retenti jusqu'en Allemagne. Mais en France elle n'a plus d'organe....

» Je vous félicite de la patience et de la persévérance que vous mettez à poursuivre votre œuvre utile et laborieuse. Je me réserve votre VIe volume pour le cas, malheureusement très improbable, où je pourrai retourner, cet été, en Franche-Comté. Si j'y vais, je compte bien que vous me procurerez la consolation de vous voir dans le canton de Maîche, dont vous avez si bien parlé.

» Voici une lettre démesurée. Je vous promets bien de ne pas vous en écrire de pareille avant 1871. Mais, d'ici là, je compte en recevoir plusieurs de vous et, en les attendant, je demeure plus que jamais votre dévoué, affectionné et obligé serviteur. »

A la date de cette lettre, M. de Montalembert n'avait plus guère que deux mois à vivre. De retour à Paris dès le 13 janvier 1870, il s'était senti assez bien, un dimanche, pour aller à pied, de son hôtel de la rue du Bac à l'église Saint-Thomas-d'Aquin, où il entendit la messe et reçut la communion. Ce fut le 6 février qu'il fit cette visite d'adieu à sa chère paroisse. Au sortir de l'église, il écrivit ces mots dans son journal : « Pour la première fois depuis mon retour à Paris, je me traîne à la messe dans la tribune de Saint-Thomas d'Aquin. Je ne m'aperçois que trop de tout ce que j'ai perdu de forces depuis un an. La distance me semble trois fois plus longue que l'an dernier, quoiqu'il n'y ait toujours que la rue du Bac à traverser. Après la messe et la sainte communion, à l'intention d'obtenir la résignation dont j'ai tant besoin, je rentre exténué de fatigue et de malaise. » Le P. Matignon, son confesseur ordinaire, était à Rome. En l'absence de ce savant religieux, il avait fait choix du P. Adolphe Perraud, de l'Oratoire, qui venait l'entendre chaque dimanche. Le 13 mars, le jour même où le P. Perraud était attendu, à huit heures du matin, M. de Montalembert porte brusquement la main à sa poitrine en s'écriant : « Mon Dieu! que je souffre! » A ce mot, sa garde-malade, sœur Marie-Antoinette, religieuse du Bon-Secours, qui dans ce moment même lui faisait une friction, croit à un commencement de congestion cérébrale et court prendre des sinapismes qui se trouvaient dans un tiroir, à proximité du lit. Elle les applique sur les jambes, et le malade paraît immédiatement soulagé : « C'est singulier, dit-il, je suis remis et me voilà tout à fait bien. » Ni son visage ni sa voix n'étaient altérés. Sœur Marie-Antoinette se rassure et croit avoir conjuré la menace. Mais tout à coup M. de Montalembert laisse échapper un nouveau cri, plus violent que le premier. « Mon Dieu! que je souffre! Vite un prêtre, un médecin! » En disant ces mots, sa tête retombe dans les bras de la religieuse. Celle-ci, le voyant avec une figure livide, un regard troublé, une parole éteinte, n'a que le temps de s'écrier : « Oh! Monsieur le comte, faites votre acte de contrition ! » Le moribond lui serra la main avec un geste qui voulait dire : « Je vous remercie et je vous comprends. » Puis joignant les mains et levant les yeux au ciel avec un regard inexprimable : « Pardon ! mon Dieu ! pardon ! » répondit-il deux fois avec une voix agonisante, mais forte et pleine d'onction. Madame de Montalembert était dans sa chambre, on l'appelle en toute hâte, elle accourt, ses enfants la suivent, et M. l'abbé Rivié, vicaire de Saint-Thomas d'Aquin, apporte l'extrême-onction. L'agonie dura une demi-heure. Le prêtre eut le temps de verser l'huile sainte sur tous les membres du mourant, de l'exhorter, de réciter les prières du dernier passage et de donner l'indulgence plénière. Pendant la cérémonie, M. de Montalembert, étouffé par les suffocations, ne pouvait prononcer aucune parole. Il passa d'un monde à l'autre au milieu de tant de larmes impuissantes, malgré tous les empressements que l'art apporta à le soulager. Nous avons la confiance que l'âme voyait, dans ce moment suprême, ce qui échappait aux yeux du corps, qu'elle a joui encore une fois de toutes les affections de la terre, qu'elle a profité encore une fois de toutes les grâces du ciel. Ce fut le sentiment du médecin du quartier, qui lui prodigua inutilement tous ses soins et pour qui il était un inconnu. Il disait en se retirant : « M. de Montalembert a dû entendre tout ce qui s'est passé autour de lui. C'est par le cœur qu'il a péri, mais les organes de la tête étaient parfaitement sains. » M. le docteur Nélaton a constaté, en effet, le lendemain, que l'illustre malade avait été étouffé par un caillot de sang qui s'était précipité de la poitrine au cœur. C'était la mort de la Moricière, avec la même soudaineté, mais aussi avec la même foi, le même repentir, les mêmes secours et les mêmes espérances.

La vie de M. de Montalembert avait rencontré des contradicteurs ; sa mort n'a trouvé que des larmes et des regrets. Non-seulement toutes les critiques se sont tues devant son lit funèbre, mais il y a reçu tous les hommages. L'*Univers* a offert le premier l'exemple du deuil national et catholique, en publiant, dans un numéro encadré de noir, la nouvelle de cette perte inconsolable ; le P. Félix a donné, le jour même de l'affreuse catastrophe, le signal de tous les éloges du haut de la chaire de Notre-Dame ; et notre saint père le pape s'est mis à la tête de toutes les prières en faisant célébrer par l'évêque d'Ascoli, dans l'église de Sainte-Marie-Transpontine, un service auquel il a lui-même assisté.

Ce n'est pas notre rôle de juger ce grand mort, nous avons voulu seulement faire voir combien il aimait notre province, et rappeler à quelques intimes tout ce qu'il avait été dans l'intimité. La franchise, qui est une portion si précieuse de l'amitié, ne s'est point altérée dans ce long et agréable commerce. M. de Montalembert la provoquait lui-même. Il est convenu cent fois qu'il pouvait se tromper, il demandait qu'on l'avertît, il écoutait, autant que sa vive et impétueuse nature pouvait le faire. Je dirai donc sur sa tombe, avec une franchise qui ne lui déplaisait pas, ce qu'une amitié respectueuse et sincère aurait voulu effacer dans ses écrits. Sa plume, cédant à la première impression et au premier mouvement, a laissé tomber quelques lignes d'autant plus regrettables qu'elles rendaient mal ses vrais sentiments. Sa lettre relative au concile a affligé tous les catholiques. On s'explique cette lettre, en se rappelant que son caractère était généreux, mais passionné et facilement irritable ; que ses longues souffrances l'avaient aigri ; et qu'il cédait au désir inconsidéré de défendre plusieurs de ses amis tristement engagés dans les querelles du jour. Faisons observer encore que sa parole forçait quelquefois sa pensée et que, chez lui, l'énergie a fait quelque tort à la justesse. Mais on va juger par deux traits qui appartiennent aux derniers jours de sa vie, combien, malgré certaines paroles empreintes de mauvaise humeur, malgré les illusions du libéralisme, son âme était restée profondément catholique et par conséquent obéissante. Le premier de ces traits est une lettre, le second une conversation, tous deux d'une parfaite authenticité :

La lettre a été écrite le 12 mars 1870, veille de sa mort. Elle est adressée au baron de Hübner, auteur d'une *Vie de Sixte-Quint.* M. de Montalembert l'avait laissée sur sa table, et quand M. de Hübner la reçut, l'historien des *Moines d'Occident* avait déjà quitté ce monde. « Vous avez compris et jugé la grande réaction catholique de la seconde moitié du XVIe siècle avec une sagesse et une impartialité dont je vous remercie d'abord comme chrétien, dont je vous félicite comme publiciste et comme historien, moi aussi, mais d'une époque plus reculée et plus oubliée que celle dont vous allez faire revivre les annales. Vous n'avez dissimulé ni les ombres, ni les taches qui sont inséparables de l'élément humain, toujours si visible et si puissant dans l'Eglise, et par cela même vous faites d'autant mieux ressortir l'élément divin, qui finit toujours par prévaloir et par nous consoler en nous inondant de sa douce et convaincante lumière [1]. »

La conversation est fort explicite. Nous la tenons d'un témoin qui l'a entendue, écoutée, retenue, écrite mot à mot, avec tout l'intérêt que pouvait exciter un pareil sujet, et reproduite avec toute l'exactitude qu'elle mérite. Une personne de l'intimité de M. de Montalembert entra dans sa chambre, la tête un peu troublée par la lecture d'une brochure sur la définition de l'infaillibilité pontificale. Elle dit au malade : « Avec votre grand esprit, que ferez-vous si l'infaillibilité est proclamée ? » M. de Montalembert se redressa de toute sa taille, s'avança comme pour se lever jusque sur le bord de son fauteuil, et, faisant un geste plein d'autorité, avec une voix étonnée et émue, il s'écria du fond de son âme : « Ce que je ferai ! Mais le pape est notre père. Eh bien ! il y a des pères qui imposent à leurs enfants des choses qui contrarient leurs vues et leurs sentiments. Un fils discute quelquefois, mais quand le père a parlé avec autorité, le fils se soumet ; je ferai comme cela. — Oui, vous vous soumettrez extérieurement, mais comment parviendrez-vous à arranger cette soumission avec vos idées ? » M. de Montalembert reprit plus vivement et plus nettement encore : « Je n'arrangerai rien du tout ; mais jé soumettrai, entendez-le bien, mon intelligence, mon cœur, ma volonté, comme on les soumet dans toutes les autres questions de foi. Le bon

(1) Lettre au baron de Hübner, 12 mars 1870.

Dieu ne me demandera pas de comprendre, ni de combiner, ni d'arranger quoi que ce soit. Il me demandera de soumettre mon intelligence, mon cœur, ma volonté, et je les soumettrai. » Puis, après avoir fait cette solennelle profession de foi, il se mit à sourire, et regardant son interlocuteur : « Eh bien ! qu'est-ce que vous imaginiez donc ? — Mais je n'avais pas eu l'esprit de trouver cette solution ; je me creusais la tête pour changer les arguments, et je n'en venais pas à bout. Vous m'édifiez beaucoup par vos sentiments, je ferai comme vous, j'adhérerai sans réserve, je me soumettrai sans regret. » Le visiteur se retira en disant : « On a bien raison de dire que les gens supérieurs sont supérieurs sur tous les points. »

Cette supériorité n'est pas seulement celle de la raison, c'est celle de la foi, c'est celle de l'obéissance. Après tous ces témoignages, après les lettres que nous avons rapportées et qui attestent d'une manière si nette et si concluante la soumission passée et future de M. de Montalembert à l'Eglise et au saint-siége, qu'est-ce qu'un tort d'une heure dans soixante ans de combats, de services et de gloire ? qu'est-ce que ces taches de quelques lignes éparses parmi tant de volumes, tant de discours, tant de lettres, où tout respire l'indomptable amour de la vraie religion et de la vraie liberté ? Ni les gens qui parlent, ni les gens qui écrivent, ni les gens qui se battent, ne lui demanderont un compte sévère de tous ses traits ; ils savent que la chaleur du discours et l'entraînement du style ne s'achètent guère qu'au prix de certaines imperfections ; ils savent que les plus vaillants capitaines, dans la bataille, dans la mêlée, à travers la fumée et le bruit du canon, égarent quelquefois leur vue et ajustent mal leurs coups. Soldat par tradition et par caractère, M. de Montalembert se fit orateur pour combattre les grands combats de son siècle. Pardonnons-lui d'avoir usé des priviléges et des immunités de sa double profession. L'Eglise jouit des victoires qu'il a poursuivies et gagnées pour elle ; la France a appris à revendiquer à son école toutes les libertés qu'elle aime. Ces libertés, M. de Montalembert les réclama sous le gouvernement de Louis-Philippe, sous la seconde république, sous le second empire ; nous les réclamerons, à son exemple, sans trêve ni merci, jusqu'à ce que la dictature révolutionnaire qui nous opprime cesse tout à fait, que le pays puisse élever sa voix, et qu'il nous soit donné d'élire une assemblée où l'absence de notre grand orateur ne sera que trop sensible, mais où son nom sera sur toutes les lèvres et où ses ouvrages seront une autorité. Tout fut grand, sincère, courageux, dans cet homme de bien. Il écrivit l'histoire avec le scrupule d'un bénédictin, il mit sa parole au service de toutes les causes perdues ou impopulaires, il lutta partout sans regarder le nombre et sans se préoccuper du succès. La vérité dans ses écrits, la justice dans ses discours, la piété dans toute sa conduite, voilà le but, le devoir, la passion de toute sa vie. M. de Montalembert fut pour l'archéologie et pour l'histoire une vraie lumière, pour l'éloquence une vraie gloire, pour l'Eglise un vrai champion, le mot est de Pie IX : *È un vero campione*, pour la France un vrai citoyen, dont le désintéressement égala le patriotisme, pour notre province un vrai Comtois.

Aux Comtois qui liront ces lignes, il faut citer en terminant ces mots extraits de son testament, écrit le 30 mai 1864 :

« Je supplie, du plus profond de mon cœur, ma femme, mes enfants, mes amis, de prier, de beaucoup prier, de prier toujours pour ma pauvre âme, qui aura tant besoin de leur secours. C'est pourquoi je désire que l'on grave sur ma tombe l'inscription suivante : *Miserere meî, Domine, sana animam meam, quia peccavi tibi. Miseremini meî, saltem vos amici mei.* »

Ce passage a été imprimé au dos de deux images commémoratives du nom et de la mort de M. de Montalembert. L'une représente Notre Seigneur portant sa croix et apparaissant à saint Bernard ; l'autre, qui est d'Overbeck, représente sainte Elisabeth faisant la charité à un pauvre qui se cache, tandis que les pains se changent en roses, par un miracle, dans son manteau ducal entr'ouvert par son mari. Ces deux traits conviennent également à l'auteur de l'*Histoire de sainte Elisabeth* et des *Moines d'Occident*. Notre Seigneur a fait à l'ami de saint Bernard une large part de sa croix ; il changera en fleurs, et en fleurs immortelles, ce pain de la vérité et de la parole, que le petit-fils de sainte Elisabeth a rompu et distribué à son siècle, malgré la jalousie, les murmures, les dégoûts de tout genre. Mais l'historien de *Sainte Elisabeth* et des *Moines d'Occident* avait un trait particulier de ressemblance avec « sa chère sainte, » comme on disait au moyen âge, avec « ses chers moines, » comme nous devons dire après avoir lu son grand ouvrage. Il était pendant sa vie, il sera encore après sa mort un véritable aumônier, et il a fait de sa maison, selon l'expression appliquée aux anciens monastères, « un vrai couvent de charité. » L'argent qu'il a reçu de ses éditeurs pour ses *Moines d'Occident* et pour la *Vie de sainte Elisabeth* est destiné, intérêt et capital, à fonder, à la Roche-en-Breny, un asile pour les vieillards. C'est par testament qu'il en a disposé de la sorte, en faisant à tous les siens une recommandation spéciale pour une œuvre si chère à son cœur. Ainsi ses livres, délices des grands esprits, se changeront en pain pour les pauvres qui, peut-être, n'ont pu les lire, mais qui en goûteront d'une façon si particulière le mérite et le prix. Ils profiteront longtemps après lui au corps et à l'âme, et la bénédiction que notre saint-père le pape a donnée à leur auteur demeurera jusqu'à la fin sur son nom, sur sa famille et sur ses bonnes œuvres. Voici le texte de cette bénédiction, écrite tout entière de la main de Pie IX, et que nous avons lue et recueillie au château de Maîche :

« Die 7ª julii 1860.

» Benedico ex corde com. Carolum de Montalembert et totam familiam suam. Dirigat semper Deus cor ejus et intelligentiam ejus, et, ut bonus miles Christi, præliet prælia sua usque in finem.

» Pius P. P. IX. »

Besançon, le 25 janvier 1871.

Les deux lettres suivantes, communiquées trop tard pour entrer dans cette étude, seront lues certainement avec intérêt. La première se rapporte à l'enfance de M. de Montalembert; elle est écrite par l'aïeul paternel du grand orateur :

« ..... Je vous ai dit, ma chère Elisabeth, que je mènerais Charles au collége tout de suite après son jour de naissance, et c'est ce que j'ai fait; car, de même qu'il savait déjà à Paris que je l'aimais trop pour le retenir loin de ses études au collége des Ecossais, quoiqu'il n'eût que sept ans, cette idée agit plus puissamment encore sur lui maintenant qu'il en a huit. Quoi qu'il en soit, le jour de notre séparation est arrivé la semaine dernière, jour d'épreuve plus qu'ordinaire pour moi. Je l'ai profondément ressenti en effet, car, à de rares intervalles près, je n'ai jamais vécu seul depuis cinquante années jusqu'à ce jour.

» Je lui dis que je le mènerais après le déjeuner ou bien qu'il pourrait encore dîner avec moi et n'aller au collége que le soir, s'il le préférait. Il hésita un peu, puis me dit : « Puisque je dois partir, j'aime mieux que ce soit tout de suite. » Nous partîmes donc; arrivés à moitié chemin de Tulham, je m'aperçus qu'il regardait avec soin les environs, et je lui demandai ce qu'il voulait. Il me dit qu'il observait s'il se trouvait des maisons autour de nous. Je lui répondis que cette partie de la route était plus solitaire qu'aucune autre, en ajoutant : Mais qu'importe ? Alors il jeta ses petits bras autour de mon cou avec un sanglot, cacha sa tête dans mon sein et me dit d'une voix à moitié étouffée : « Maintenant, mon cher grand-papa, vous » qui m'avez appris à dire toujours la vérité et à » n'avoir rien de caché pour vous, laissez-moi vous » supplier de répondre tout aussi sincèrement à la » question que je vais vous faire ! » Je le lui promis, et maintenant je reproduis pour vous et Montalembert les paroles mêmes que ce doux enfant m'adressa alors :

« Vous savez, mon cher grand-papa, que j'ai laissé » papa et maman, mon frère et ma sœur, à Stuttgard, » pour être votre enfant, et vous et moi, nous sommes » maintenant tout l'un pour l'autre jusqu'à ce que » nous les retrouvions ; dites-moi donc, mais *dites-* » *moi* VRAIMENT, si depuis mon départ de Paris j'ai » été l'enfant que vous attendiez et désiriez de moi, » et si vous m'aimez autant que lorsque nous y étions » tous réunis ? »

» C'était presque plus que je n'en pouvais supporter, mais je pus lui répondre en toute vérité qu'il avait rempli et au delà toutes mes prévisions.

» Il me dit alors : « Je suis le plus heureux enfant » du monde, et je ne verserai pas une larme quand » vous me quitterez. » Ce qui fut vrai. »

La seconde lettre est adressée à M. le président Clerc :

« Contrexeville (Vosges), ce 18 juillet 1855.

» Monsieur et ami,

» Le chanoine Goguillot m'a remis votre lettre du 1er de ce mois, et, compte quoique je vous revoir sous peu, je ne veux pas différer jusque-là les remerciements que je vous dois pour votre fidèle et précieux souvenir. Au milieu de la solitude qui s'est faite autour de moi, en Franche-Comté surtout, une voix amie comme la vôtre est sûre d'être écoutée avec attention et accueillie avec reconnaissance. Vous jugeriez, je le crois, très sainement de l'état des esprits dans toute la France en l'appréciant d'après le tableau que vous tracez des dispositions de ce qui vous entoure. Je m'y résigne moins facilement peut-être que vous. J'avoue aussi que je reviendrais très volontiers à quarante ans en arrière, pour revivre de cette vie généreuse et féconde qui a donné à la religion et à l'intelligence de si prodigieux développements, plutôt que de contempler indéfiniment la torpeur stupide où sont plongés presque tous ceux qui ne sont pas les auteurs ou les complices des apostasies et des abaissements dont nous sommes témoins. Je crois peu à la solidité d'un progrès religieux qui se développe à l'ombre d'une prostration universelle. Mais nous raisonnerons de tout cela plus à l'aise quand j'aurai l'honneur de vous revoir à Besançon, où je compte passer en revenant de Maîche, dans la seconde semaine d'août. Je veux, en attendant, vous féliciter du travail que vous m'annoncez sur le président Boyvin. Mais j'espère qu'il ne vous aura pas fait perdre de vue l'achèvement du monument que vous avez commencé, et qui dotera enfin la Franche-Comté d'une histoire digne d'elle et des progrès incontestables de la science historique.

» J'ai été rappelé par la session extraordinaire, beaucoup plus tôt que je ne l'eusse voulu, d'un séjour en Angleterre, qui m'a offert le plus grand intérêt. Je reviens très rassuré sur l'avenir de ce grand pays, et très humilié par le contraste qu'il offre avec le nôtre. Il m'a semblé sortir de la terre des vivants pour rentrer dans la *mer Morte*.

» J'espère que je trouverai tout votre cercle de famille en possession de la bonne santé et de la franche gaieté que j'ai admirée il y a deux ans, et je demeure en attendant, avec un sincère attachement, votre dévoué serviteur et ami. »

TABLE.

BESANÇON, IMPRIMERIE DE J. JACQUIN.

SOUS PRESSE :

L'ANNÉE DE GRACE

1870-1871,

SERMONS ET ORAISONS FUNÈBRES

PRÊCHÉS PAR M. L'ABBÉ BESSON.

BESANÇON, IMPRIMERIE DE J. JACQUIN.

www.ingramcontent.com/pod-product-compliance
Ingram Content Group UK Ltd.
Pitfield, Milton Keynes, MK11 3LW, UK
UKHW012158240726
13966UKWH00002B/424